JN185294

商学双書 5

国際経済学

大畑弥七
横山将義

Ohata Yashichi
Yokoyama Masanori

International Economics

成文堂

はじめに

本書は，理論と政策に焦点をあてて，国際経済学の入門部分をまとめたものである。国際経済学は，モノの流れを分析対象とする国際貿易論と，カネの流れを分析対象とする国際金融論（国際マクロ経済学）から構成される。このうち前者はミクロ経済学を，後者はマクロ経済学を基礎とする。国際貿易と国際金融の分析手法は異なるものの，両者は独立しているわけではなく，密接な補完関係にある。経済取引では，モノの流れとカネの流れが表裏の関係で発生し，これらは一体化しているからである。

国際経済（international economy）の分析では国民経済（national economy）間の連関性に着目する。ここで，国民経済における経済循環を考えてみる。それぞれの国民経済では，経済主体（家計・企業・政府）の行動に伴い，モノとカネの流れが発生する。家計は労働などの生産要素を供給し，企業は生産要素を需要（投入）して財・サービスを生産する。反対に，企業は賃金などの要素報酬を支払い，家計は受け取った報酬（所得）をもとに財・サービスを消費する。また，政府は家計や企業から税を徴収し，公共サービスを提供する。同時に，生産要素を需要し，財・サービスを消費する主体でもある。このような経済主体の行動によって，**国民経済間**においては財・サービスの貿易取引，証券売買などの金融取引，生産要素（労働・資本）の移動が生じる。本書では国民経済間の経済取引や経済循環の連関性を考察する。

世界レベルにおいて貿易・金融取引の拡大，生産要素移動の活発化，IT技術の進歩がみられ，各国経済の相互依存関係は深まっている。種々の経済問題は閉鎖経済（closed economy）の枠組みでとらえるだけでは不十分であり，開放経済（open economy）の視点からのアプローチも必要となる。反対に，国際間の経済問題は国内経済にも波及する。地域経済統合を含む貿易自由化は国内産業や雇用に影響を与える。また，環境問題は国際的な次元で議論されている。さらに，一国レベルで発動される財政政策や金融政策の影響は自国経済にとどまらず，外国経済にも伝播する。

今日の経済を取り巻く状況からすれば，開放経済の視点から経済の動きをとらえることが必要であり，そのために国際経済学を学ぶことは意義のあることと思われる。現実の経済問題をみずからの力で考えるには，理論的な基礎を身につけることが不可欠である。本書が想定する主たる読者は，ミクロ経済学・マクロ経済学の基礎を学び終えた人びとである。しかし，復習・確認という意味で，必要に応じてミクロ経済・マクロ経済の基礎理論を補足的に解説している。国際経済学の入門編である本書をきっかけに，中・上級レベルへと学習の歩みを進めてほしいと考えている。

本書の構成

本書の構成はつぎのとおりである。

第Ｉ部「国際貿易の理論と政策」では，国際経済の実物面を考察する。第1章「比較優位と貿易」では，比較優位の理論にもとづき，貿易の発生要因はなにか，貿易はいかなる経済効果をおよぼすかを考える。第2章「貿易のための生産と消費の理論」では，近代貿易理論を学ぶうえで必要不可欠な生産と消費の基礎理論を取り上げる。第3章「近代貿易理論」では，ヘクシャー=オリーン定理を中心に据え，貿易の発生要因と貿易の影響を検討する。第4章「貿易政策」では，関税，生産補助金，輸出補助金，自由貿易地域の理論を考察する。第5章「国際貿易の諸問題」では，外部性（環境問題），経済成長，直接投資，規模の経済など，貿易にかかわるトピックを取り上げる。

第II部「オープン・マクロ経済の理論と政策」は，国際経済の貨幣面を考察対象とする。第6章「国際収支と為替レート」では，GDP（国内総生産）や国際収支の概念，為替レートの決定理論を扱う。第7章「オープン・マクロ経済の基礎モデル― *IS–LM–BP* 曲線―」では，国際マクロ経済分析の基礎となる *IS* 曲線，*LM* 曲線，*BP* 曲線を導出し，その特徴を説明する。第8章「固定為替レート制下のマクロ経済政策の効果と有効性」および第9章「変動為替レート制下のマクロ経済政策の効果と有効性」では，固定為替レート制あるいは変動為替レート制のもとでの財政・金融政策の効果と有効性について比較検討を行う。

学習にあたって

1　本書は，理論と政策に焦点をあて，国際経済学の初歩を解説したものである。国際経済の基礎理論を理解するには，本書を全体にわたって読みとおすことが望ましい。しかし，第I部と第II部はそれぞれ独立して記述しているため，前半部分または後半部分のみを取り上げることも可能である。

2　本書では，視覚的な理解の促進をめざして図を多用している。また，簡単な数式を用いているが，内容を理解するうえで，基礎的な数学の知識で十分に対応できると思う。図と数式との関係に注目して学習することが，理解の促進につながるであろう。

3　本文中では重要語句を太字で表記し，学習の手助けになるように工夫している。また，理論面の補充，現実の経済への応用という観点から，発展的な学習が可能となるように，随所にColumn（コラム）を設けている。

4　*を付した節や項は内容がやや難しく，国際経済学の入門編を学ぼうとする人にとって読みとばしてもさしつかえない箇所である。しかし，中・上級レベルをめざす読者にはぜひ読んでほしいと考えている。

大畑弥七著『国際貿易論』の後継書として

2012年9月，恩師・大畑弥七早稲田大学名誉教授が急逝された。1992年，大畑先生は『国際貿易論』（成文堂）を出版されたが，先生の逝去と時同じくして同書の在庫が底をつき，土子三男成文堂取締役（当時）から，その後継となる本書の企画が提案された。

大畑著『国際貿易論』では国際経済学の入門部分を体系的に扱っていることから，同書のフレームワークを基本に据え，新たな視点も取り入れながら全面的な書き換えを行い，書名も『国際経済学』に変更したうえで出版することとした。このような理由から，共著という形で本書の出版に至ったが，大畑先生の教育・研究の姿勢に身近で接してきたひとりとして，先生の学恩に少しでも報いることができればと考えている。

ここで，大畑著『国際貿易論』との相違を述べておきたい。本書においても，主たる読者として国際経済学の初学者を想定しているが，この点をより明確にするために，第2章において貿易のための基礎理論（生産と消費の理論）

を単独で扱い，同様に，第7章では国際マクロ経済分析の基礎理論（*IS*–*LM*–*BP* 曲線）を独立させた。また，本書は，読者が学習面で消化不良を起こさないようにコンパクト化を図るとともに，Column を設けることで内容が必要以上に高度化することを避け，他方で発展的な問題を取り上げた。

本書の第Ⅰ部では，幾何図形を用いた解説を踏襲している。しかし，部分均衡分析と一般均衡分析との対比，生産可能曲線の導出の厳密化などを図っている。また，外部性，経済成長，幼稚産業保護，直接投資，規模の経済を1つの章の中で扱い，簡単な説明にとどめた。

第Ⅱ部では，図と数式との対応関係に焦点をあてている。とくに1次式を利用してモデルの均衡解を導き出すなど，数学的理解を促すものとした。さらに，国際収支統計において，金融取引の項目が「資本収支」から「金融収支」に変更されたことに伴い，いまだ一般的ではないものの，金融収支を用いてモデルの説明を試みている。

さて，本書の出版に至る過程では多くの方々にお世話になった。大畑先生のゼミで学ばれた佐竹正夫常盤大学教授（東北大学名誉教授）には，再校ゲラに目をとおしていただき，内容に関する有益なご指摘やコメントをいただいた。心より感謝申し上げたい。また，野尻純氏（早稲田大学商学学術院助手）には計算のチェックなど細かなことをお願いした。執筆にあたっては，巻末に掲げた多くの文献を参考にしている。本書は先学のご教示の賜物である。

なお，著者の不勉強と不注意によって説明の不備や謝りがあるかもしれない。読者の方々からご指摘・ご叱正をいただければ幸いである。

成文堂会長阿部耕一氏，同社長阿部成一氏，故土子三男氏には本書の企画段階からお世話になり，飯村晃弘氏，松田智香子氏は多大な編集の労をとってくださった。日頃からのご支援に感謝を申し上げたい。いつものことであるが，本文中の図の入力は妻聖子によるものである。

2016年8月

横　山　将　義

目　次

第Ⅰ部

国際貿易の理論と政策

第1章　比較優位と貿易

この章では貿易の基本原理を取り上げる。まず，リカードの「比較生産費説」にもとづいて貿易の発生要因を考察し，貿易を通じて貿易参加国がいかにして利益を獲得するのかを解説する。また，貨幣を導入して比較生産費説を検討し，貿易を可能とする為替レートはどのように決まるかを説明する。

つぎに，生産可能曲線を導出し，機会費用の観点から貿易の発生要因を考える。さらに需要–供給の両面から，国際取引における交換比率（交易条件）がいかにして決まるか，貿易参加国間で貿易利益がどのように分配されるかを検討する。

1　比較生産費説

はじめに，貿易の発生要因である「比較優位」を考える。また，比較優位の源泉，貿易が資源配分におよぼす影響を説明する。

1-1　比較優位

ここでは，リカード（D.Ricardo）の**比較生産費説**（theory of comparative cost）にもとづき，貿易の発生要因を考察する。比較生産費説は，2国（I国，II国），2財（X財，Y財），1生産要素（労働）モデルによって展開され，分析にあたって以下の仮定を置く。

①生産要素である労働は両国で同質とする。このため，生産費用は労働投入量の大きさによって表すことができる。

②生産物1単位あたりの生産費用は一定であり，価格は費用に等しい。

③生産要素は国内のみを移動し，国際間を移動することはない[1)]。

④生産物の国際取引（貿易）では，関税などの障壁や輸送費は存在しない。

表 1-1　I 国・II 国の生産状況

	I 国	II 国
X 財 1 単位の生産に投入される労働量	100 人	80 人
Y 財 1 単位の生産に投入される労働量	200 人	40 人

⑤生産物市場，生産要素市場では，ともに**完全競争**（perfect competition）が成立する[2)]。

比較生産費説にもとづき，各国は，他国と比較して相対的に安く生産される財を相互に輸出することによって，貿易から利益を得ることを明らかにする。

表 1-1 は，I 国と II 国それぞれの国内で，X 財（たとえば工業製品）1 単位と Y 財（たとえば農産物）1 単位の生産に必要とされる労働量がどれだけかを示したものである。I 国では，100 人を投入して X 財 1 単位を，200 人を投入して Y 財 1 単位を生産している。他方，II 国では，80 人を投入して X 財 1 単位を，40 人を投入して Y 財 1 単位を生産している。両国で労働は同質であるから，投入された労働量をもって生産費を表示することができる。

表 1-1 では，II 国において X 財と Y 財はともに安く生産されている。なぜならば，II 国における両財の生産に投入される労働量は，I 国における両財の労働投入量より少ないからである。つまり，II 国は X 財と Y 財の生産に**絶対優位**（absolute advantage）をもっている。反対に，I 国は X 財と Y 財ともに**絶対劣位**（absolute disadvantage）にある。しかし，絶対優位・劣位によって貿易の方向が決まるわけではない。生産要素が国際間を容易に移動することができれば，I 国の労働は両財の生産に優れている II 国に移動し，両財は II 国で生産される。これによって，一定の資源制約のもとでより多く

1）今日，国際間の労働移動は進展している。しかし，労働市場の開放に関する議論を考慮すると，国際労働移動には規制・障壁が存在し，この仮定は妥当性をもつといえる。

2）完全競争とは，小規模の生産者と消費者が多数存在すること，完全情報（価格や質は等しく知られている），生産物あるいは生産要素の同質性，市場への参入・市場からの退出が自由などの条件がみたされる状態である。ここから，生産物あるいは生産要素の価格は 1 つに決まるという**一物一価**が成立する。また，各経済主体は価格支配力をもたず，価格を与件として行動する**価格受容者**（price taker）になる。

のX財とY財が生産される。ただし，仮定③では，生産要素はそれぞれの国内のみを移動するとされ，この場合，生産における絶対優位・劣位ではなく，他国と比較した相対的な優位・劣位（厳密にいえば比較優位・劣位）が重要となる。

リカードは，ある国が生産において絶対劣位にあるとしても，比較優位をみいだせば，貿易から利益を享受しうることを明らかにした。比較優位・劣位の決定は各国の国内における財の交換比率にもとづく。この交換比率を**相対価格**（relative price）という。表1-1から，各国の相対価格すなわちX財1単位は何単位のY財と交換されるか（反対に，Y財1単位は何単位のX財と交換されるか）を考える。X財とY財の生産に投入される労働量の関係から，I国では，X財はY財のちょうど半分の価値をもち，X財1単位はY財0.5単位（100／200）と交換され，Y財1単位はX財2単位（200／100）と交換される。II国では，X財はY財の2倍の価値をもち，X財1単位はY財2単位と，Y財1単位はX財0.5単位と交換される。両国の交換比率を比べれば，X財はI国のほうが相対的に安く，Y財はII国のほうが相対的に安い。

国際取引において関税や輸送費がないとすれば，I国はX財を輸出しY財を輸入することから，II国はY財を輸出しX財を輸入することから利益を得る。I国の国内では，X財1単位はY財0.5単位としか交換されないが，II国に輸出可能であれば，同じX財1単位でY財2単位を入手することができる。他方，II国の国内では，Y財1単位はX財0.5単位としか交換されないが，I国に輸出可能であれば，同じY財1単位でX財2単位を獲得できる。

このとき，I国はII国に対してX財に**比較優位**（comparative advantage）をもち，Y財は**比較劣位**（comparative disadvantage）にあるという。II国はY財に比較優位をもち，X財は比較劣位にある。比較優位とは他国と比較して割安であることを，比較劣位とは他国と比べて割高であることを意味する。各国は比較優位財を輸出し，比較劣位財を輸入することから利益を得る。各国の相対価格に格差がある場合，相互に交換を行うことで利益が生まれる。貿易の発生要因は**交換の利益**に求められる。

Column　顕示比較優位

	乗用車				自動車部品			
	2000	2005	2010	2013	2000	2005	2010	2013
日本	251.7	286.0	281.4	349.6	165.8	193.8	208.4	252.5
アメリカ	42.6	74.0	80.8	98.5	177.7	156.2	126.0	135.1
ドイツ	233.7	233.8	243.7	278.7	132.0	148.8	156.0	194.5

United Nations, *Internatinal Trade Statistics Yearbook* から計算

比較優位を測定するための1つの指標として，バラッサ（B.Balassa）の**顕示比較優位**（*RCA*：revealed comparative advantage）を紹介する。これは，

$$RCA=\frac{\frac{X_{Ai}}{X_A}}{\frac{X_{Wi}}{X_W}}\times 100$$

で与えられる。ここで，X_W は世界の輸出額，X_{Wi} は世界のｉ財の輸出額，X_A はＡ国の輸出額，X_{Ai} はＡ国のｉ財の輸出額であり，分母は世界輸出に占めるｉ財のシェア，分子はＡ国の輸出に占めるｉ財のシェアを表す。

RCA が100より大きければ，Ａ国にとってｉ財は比較優位財になり，反対に100より小さければｉ財は比較劣位財とみなされる。上表は，日本，アメリカ，ドイツの3か国について，自動車産業（乗用車・自動車部品）の *RCA* を求めたものである。日本とドイツでは，乗用車・自動車部品ともに比較優位度を強めていることがわかる。アメリカでは，乗用車の比較優位化が進みつつあるが，自動車部品の比較優位度は低下する傾向にある。

1-2　相対労働生産性と比較優位

表1-1から，Ⅰ国はＸ財の生産に，Ⅱ国はＹ財の生産に比較優位をもつことがわかった。これは，Ⅰ国ではⅡ国と比較してＸ財産業の労働生産性が相対的に高く，Ⅱ国ではⅠ国と比べてＹ財産業の労働生産性が相対的に高いことを意味する。すなわち，他国と比べて相対的に労働生産性が高い財ほど相対価格は安くなり，比較優位をもつことになる。

X 財と Y 財の生産関数がそれぞれ，つぎの式で与えられるとする。

$$Q_X = aL_X$$

$$Q_Y = bL_Y$$

生産関数（production function）は，生産要素の投入と生産物の産出との間の技術的関係を表す。Q_X，Q_Y は X 財と Y 財の生産量であり，L_X，L_Y は各財の労働投入量である。a または b は労働者 1 人あたりの生産量すなわち**労働生産性**（labor productivity）にあたる。上記の生産関数は，一定の労働生産性のもとで労働が投入されると，生産物がどれだけ産出されるかを示す。

図 1−1（a）は X 財の生産関数，（b）は Y 財の生産関数である。横軸に労働投入量，縦軸に生産量をはかれば，X 財の生産関数の傾きは労働生産性 a に等しく，Y 財の生産関数の傾きは労働生産性 b にあたる。ここから，X 財の**平均生産物**（average product），つまり労働者 1 人あたりの生産量 $Q_X／L_X$ は生産関数の傾き a に等しく，**限界生産物**（marginal product），すなわち労働投入を追加的に 1 人増やしたときの生産量の増加分 $\Delta Q_X／\Delta L_X$（Δ は変化分を表す）も傾き a に等しくなる。同様に，Y 財の生産関数から，平均生産物と限界生産物はともに傾き b に相当する。表 1−1 にあてはめれば，I 国では $a = 1／100$，$b = 1／200$，II 国では $a = 1／80$，$b = 1／40$ である。

X 財と Y 財の価格を P_X，P_Y，X 財と Y 財に投入される労働の価格（名目賃金率）を W_X，W_Y とすれば，各産業は，労働の**限界生産物価値**（value

図 1−1　生産関数

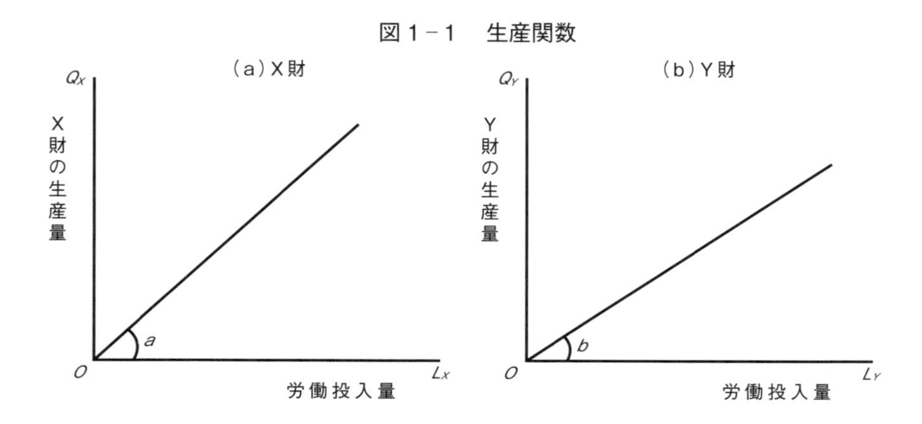

of marginal product）すなわち労働投入を追加的に1人増やした場合の収入の増加分と，名目賃金率つまり労働投入を追加的に1人増やした場合の費用の増加分が一致するところで労働投入を決定する。ゆえに労働投入の最適条件は，

$$P_X a = W_X$$

$$P_Y b = W_Y$$

と記される[3)]。完全競争や労働の国内完全移動を前提とすれば，X財産業とY財産業の名目賃金率は一致し，$W_X = W_Y$が成り立つ。ここから$P_X a = P_Y b$であり，これを変形すればつぎの式を得る。

$$\frac{P_X}{P_Y} = \frac{b}{a}$$

この式は，相対的に労働生産性が高い財ほど相対価格は安くなることを表す。たとえば，X財の労働生産性aが大きいほど右辺の値は小さくなり，左辺でみればX財の相対価格が安いことを意味する。表1–1から，I国では$a = 1/100$，$b = 1/200$，II国では$a = 1/80$，$b = 1/40$であるから，X財の相対価格P_X / P_YはI国で0.5，II国で2になる。I国では，X財の労働生産性が相対的に高く，X財の価格は相対的に安くなる。他方，II国では，Y財の労働生産性が相対的に高く，Y財の価格は相対的に安価になる。

3）労働投入の最適条件は利潤最大化条件（価格＝限界費用）と一致する。**総収入**（TR：total revenue）はPQであり，生産物の追加的1単位の生産増加に対する収入の増加分すなわち**限界収入**（marginal revenue）$\Delta TR / \Delta Q$は価格Pに等しい。他方，投入される生産要素は労働のみであるから，**総費用**（TC：total cost）はWLと表される。生産物の追加的1単位の生産増加に伴う費用の増加分すなわち**限界費用**（marginal cost）は

$$\frac{\Delta TC}{\Delta Q} = W\frac{\Delta L}{\Delta Q}$$

になり，$\Delta L / \Delta Q$は労働の限界生産物$\Delta Q / \Delta L$の逆数に等しい。利潤最大化条件は

$$P = W\frac{\Delta L}{\Delta Q}$$

であり，この式は

$$P\frac{\Delta Q}{\Delta L} = W$$

と書き直すことができる。これは労働投入の最適条件にほかならない。

このように，**相対労働生産性**と相対価格は同時に決まる。労働生産性を左右する要因として，資本の量と質，天然資源，気候などがあげられる。

1-3　生産特化

各国は，比較優位財を互いに輸出することから利益を得る。貿易がはじまると，I国はX財を輸出してY財を輸入しようとする。II国から割安なY財が輸入されると，Y財の価格が相対的に下落し，比較劣位財であるY財の国内生産は縮小せざるをえない。これに伴い，Y財の生産に従事していた生産要素（労働）が放出される。反対に，X財の価格は相対的に上昇するから，比較優位財であるX財の国内生産が増加する。このとき，Y財の生産から放出された生産要素は，比較優位財であるX財の生産に参画することになる。II国においてはY財を輸出してX財を輸入しようとする。このため，X財の生産が縮小しY財の生産が拡大する。

貿易の開始によって，各国では生産要素が比較劣位産業から比較優位産業に移動し，産業構造の転換が生じる。これを**産業調整**（industrial adjustment）とよぶ。貿易参加国では，生産要素が比較優位財の生産に集中し，**生産特化**（specialization）が生じる。生産特化により各国は比較優位財を中心とした産業構造に移行する。各国における産業調整の結果，国際的な生産の分担が生じ，これを**国際分業**（international division of labor）という。貿易は国際分業のうえに成立する。

表1-1を利用して生産特化を考える。貿易前には，I国では100人を投入してX財1単位，200人を投入してY財1単位を生産している。II国では80人を投入してX財1単位，40人を投入してY財1単位を生産している。I国とII国からなる世界では，X財とY財はともに2単位ずつ生産されている。

貿易開始後，I国では300人すべてを投入してX財のみを，II国では120人すべてを投入してY財のみを生産するという「完全特化」が生じると考える。このとき，I国では3単位のX財が生産される。X財1単位あたりの労働投入量は100人であるから，300人の投入によって3単位の生産が実現する。他方，II国では3単位のY財が生産される。生産特化前には，世界全体でＸ財とＹ財はともに２単位ずつ生産されていたが，貿易開始に伴う各国の生産特化によりＸ財の生産量は３単位に，Ｙ財の生産量も３単位に増加する。生産特化によって**資源配分**（resource allocation）が効率化し，生産量は増加する。貿易は経済を効率化させる効果をもち，これを**特化の利益**という。

2　為替レートと比較優位

前節では，労働量で示した生産状況から，労働を価値尺度として比較優位・劣位を考察した。しかし，現実には貨幣を単位とし，為替レートを用いて貿易取引が行われている。ここでは，価格が異なる通貨で表示される場合でも貿易の方向が決まることを明らかにする。また，比較優位にもとづく貿易を可能とする為替レートがどのように決まるかを考える。

表1−2は，日本とアメリカがＸ財とＹ財の２財を生産する状況を想定している。日本ではＸ財１単位とＹ財１単位がともに1000円で，アメリカではＸ財１単位が20ドル，Ｙ財１単位が10ドルで生産されている。表1−2から，日本国内におけるＸ財とＹ財の交換比率を考える。Ｘ財価格とＹ財価格の関係から，Ｘ財１単位はＹ財１単位（1000／1000）と交換され，Ｙ財１単位はＸ財１単位（1000／1000）と交換される。他方，アメリカでは，Ｘ財価格とＹ財価格の関係から，Ｘ財１単位はＹ財２単位（20／10）と交換され，Ｙ財１単位はＸ財0.5単位（10／20）と交換される。ここから，Ｘ財の相対価格は日本のほうが安く，Ｙ財の相対価格はアメリカのほうが安いことがわかる。これより，日本はＸ財に比較優位をもち，Ｙ財は比較劣位にある。アメリカはＹ財に比較優位をもち，Ｘ財は比較劣位にある。

日本とアメリカの貿易取引において関税や輸送費がないとすれば，日本は

表1−2　日米両国の国内価格

	日本	アメリカ
Ｘ財１単位の価格	1000円	20ドル
Ｙ財１単位の価格	1000円	10ドル

X 財を輸出して Y 財を輸入することから，アメリカは Y 財を輸出して X 財を輸入することから利益を得る。日本国内では，X 財 1 単位は Y 財 1 単位としか交換されないが，アメリカに輸出可能であれば，同じ X 財 1 単位で Y 財 2 単位を入手することができる。同様に，アメリカ国内では，Y 財 1 単位は X 財 0.5 単位としか交換されないが，日本に輸出可能であれば，同じ Y 財 1 単位で X 財 1 単位を獲得することができる。ここから，日本は X 財を，アメリカは Y 財を輸出する誘因が生まれる。

つぎに，日本とアメリカにおいて，X 財と Y 財の国内価格を一定とした場合，為替レートが貿易にどのような影響を与えるかを検討する。為替レートの導入により，両国間で X 財と Y 財の価格を直接比較することが可能になる。

(i) 1 ドル＝ 80 円のケース

表 1-3　1 ドル＝ 80 円のケース

	日本	アメリカ
X 財 1 単位の価格	1000 円＝ 12.5 ドル	20 ドル＝ 1600 円
Y 財 1 単位の価格	1000 円＝ 12.5 ドル	10 ドル＝ 800 円

1 ドル＝ 80 円の場合，日本の X 財のドル表示価格は 12.5 ドル，アメリカの Y 財の円表示価格は 800 円であり，X 財は日本のほうが安く，Y 財はアメリカのほうが安い。両国では比較優位にもとづく貿易が行われ，日本は X 財を輸出して Y 財を輸入する一方，アメリカは Y 財を輸出して X 財を輸入する。

(ii) 1 ドル＝ 50 円のケース

表 1-4　1 ドル＝ 50 円のケース

	日本	アメリカ
X 財 1 単位の価格	1000 円＝ 20 ドル	20 ドル＝ 1000 円
Y 財 1 単位の価格	1000 円＝ 20 ドル	10 ドル＝ 500 円

1 ドル＝ 50 円のケースでは，日本の X 財のドル表示価格は 20 ドル，アメリカの Y 財の円表示価格は 500 円である。両国で X 財の価格はともに 20 ド

ルになり，日本から輸出する誘因は発生しない。他方，Y財の価格はアメリカのほうが安く，日本はY財を輸入（アメリカはY財を輸出）するだけとなる。また，1ドル＝50円より円高・ドル安が進めば，アメリカのX財とY財の円表示価格は日本の両財の価格より安くなる。このとき，日本は両財を輸入することになり，比較優位にもとづいた貿易は実現しない。

（ⅲ）1ドル＝100円のケース

表1–5　1ドル＝100円のケース

	日本	アメリカ
X財1単位の価格	1000円＝10ドル	20ドル＝2000円
Y財1単位の価格	1000円＝10ドル	10ドル＝1000円

1ドル＝100円の場合，日本のX財のドル表示価格は10ドル，アメリカのY財の円表示価格は1000円になる。両国でY財の価格はともに1000円になり，日本側の輸入は生じない。また，X財の価格は日本のほうが安く，日本がX財を輸出（アメリカがX財を輸入）するのみとなる。1ドル＝100円より円安・ドル高になれば，日本の両財のドル表示価格はアメリカの両財の価格より安くなり，日本が両財を輸出する。このケースでも比較優位にもとづく貿易は実現しない。

貨幣を導入すると，比較優位・劣位にもとづく貿易を可能とする為替レートの変動域が導かれる。ここでは，為替レートが1ドル＝50円から100円の範囲内にあれば，両国は比較優位にもとづく貿易を行うことができる。しかし，為替レートの変動域が1ドル＝50円から100円の範囲をはずれてしまえば，比較優位にもとづく貿易が実現しないわけである。

ところで，日本の物価が10%上昇し，X財とY財の価格がともに1100円に上昇したとする。日本の物価が上昇しても国内の相対価格は不変であり，比較優位・劣位は変わらない。しかし，比較優位にもとづく貿易が実現するには，為替レートの変動範囲が1ドル＝55円から110円に変化しなければならない。日本の物価が10%上昇すれば，為替レートの変動範囲も10%ほど円安・ドル高の方向に動く。これは，物価に連動して為替レートが決まり，日本の物価上昇は円安・ドル高を，アメリカの物価上昇は円高・ドル安を招くという**購買力平価**（purchasing power parity）が成り立つことを意味する。

3　機会費用と比較優位

この節では，さきに示した生産関数を用いて生産可能曲線を導出し，機会費用と比較優位との関係を考察する。

3-1　生産可能曲線

一定の資源制約のもとで，生産物を最大限どれだけ産出することができるかを表す，**生産可能曲線**（production possibility curve）を導出する。

I国のX財とY財の生産関数を

$$Q_X = aL_X$$

$$Q_Y = bL_Y$$

とする。ここで，Q_X，Q_YはX財とY財の生産量，L_X，L_YはX財とY財の労働投入量，aまたはbは労働者1人あたりの生産量（労働生産性）である。

I国の総労働量（労働賦存量）をL_{I}とし，**完全雇用**（full employment）を仮定すれば，産業間における労働の配分は，

$$L_{\mathrm{I}} = L_X + L_Y$$

である。ここから，Y財の生産関数は，

$$Q_Y = b(L_{\mathrm{I}} - L_X)$$

となり，L_XにQ_X / aを代入すれば，

$$Q_Y = -\frac{b}{a}Q_X + bL_{\mathrm{I}}$$

が導かれる。これがI国の生産可能曲線を表す式である。

同様に，II国のX財の労働生産性をa'，Y財の労働生産性をb'，総労働量をL_{II}とすれば，

$$Q_Y = -\frac{b'}{a'}Q_X + b'L_{\mathrm{II}}$$

が求められ，この式がII国の生産可能曲線となる。

図1-2はI国とII国の生産可能曲線を描いている。I国の生産可能曲線

図１−２　生産可能曲線

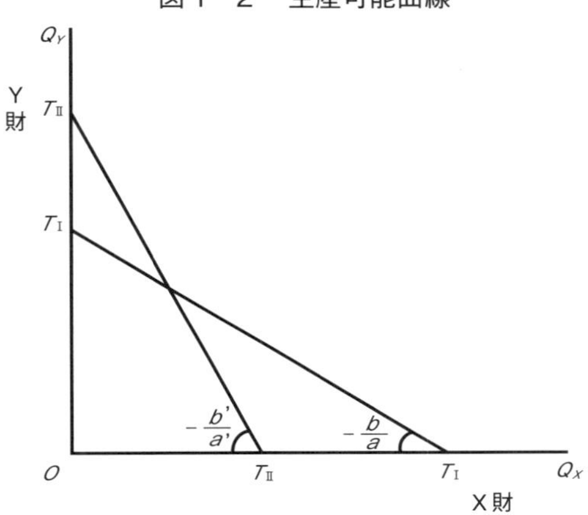

$T_I T_I$ では，縦軸切片 bL_I は労働すべてをＹ財の生産に投入したときの最大生産可能量を，横軸切片 aL_I はＸ財の最大生産可能量を表す。また，生産可能曲線の傾きの絶対値は相対労働生産性 $b／a$ に等しい。II 国の生産可能曲線 $T_{II}T_{II}$ においても，縦軸切片 $b'L_{II}$ は労働すべてをＹ財の生産に投入したときの最大生産可能量に，横軸切片 $a'L_{II}$ はＸ財の最大生産可能量にあたる。生産可能曲線の傾きの絶対値は相対労働生産性 $b'／a'$ である。

3−2　機会費用と国内相対価格

さて，生産可能曲線からＩ国とII 国におけるＸ財１単位あたりの機会費用を求めてみよう。**機会費用**（opportunity cost）とは，ある経済行動を選択した場合の犠牲を費用として測定したものである。ここでは，ある財の生産を増加させたときに，それによって生産を放棄された他財の量がどれだけかをはかることにする。

Ｉ国では，労働投入１人の追加によって労働生産性 a だけＸ財の生産が増加する。他方，労働投入が１人減ると，労働生産性 b だけＹ財の生産が減少する。ここから，Ｘ財１単位あたりのＹ財の犠牲量は $b／a$ になる。これがＩ国におけるＸ財１単位の機会費用にあたる。Ｘ財１単位の機会費用

は生産可能曲線 $T_{\mathrm{I}}T_{\mathrm{I}}$ の傾きの絶対値にほかならない。

II 国では，労働投入 1 人の追加によって労働生産性 a' だけ X 財の生産が増加する。同時に，労働投入が 1 人減ると，労働生産性 b' だけ Y 財の生産が減少する。それゆえ，X 財 1 単位あたりの Y 財の犠牲量は b' ／ a' である。これは II 国における X 財 1 単位の機会費用に等しく，生産可能曲線 $T_{\mathrm{II}}T_{\mathrm{II}}$ の傾きの絶対値と一致する。

生産可能曲線の傾き ΔQ_Y ／ ΔQ_X は，X 財の生産量が追加的に 1 単位増えたときに，Y 財の生産がどれだけ減少するかを表す。ΔQ_Y ／ ΔQ_X にマイナスの符号を付したものを**限界変形率**（MRT：marginal rate of transformation）といい，X 財の生産が増加する（$\Delta Q_X > 0$）とき，Y 財の生産量は減少する（$\Delta Q_Y < 0$）ために絶対値によって表記する。

$$MRT = -\frac{\Delta Q_Y}{\Delta Q_X}$$

I 国と II 国の生産可能曲線はともに直線で描かれ，限界変形率は一定の値をとる。上述のように，X 財 1 単位の機会費用は生産可能曲線の傾きの絶対値と一致し，I 国の限界変形率を MRT_{I}，II 国のそれを MRT_{II} とすれば，

$$MRT_{\mathrm{I}} = -\frac{\Delta Q_Y}{\Delta Q_X} = \frac{b}{a}$$

$$MRT_{\mathrm{II}} = -\frac{\Delta Q_Y}{\Delta Q_X} = \frac{b'}{a'}$$

と示される。限界変形率は相対労働生産性に等しいこともわかる。

さらに，X 財 1 単位の機会費用は，X 財 1 単位が何単位の Y 財と交換されるかという交換比率（X 財の相対価格）P_X ／ P_Y に等しくなる。つまり，I 国の国内では，X 財 1 単位は b ／ a 単位の Y 財と交換され，II 国の国内では，X 財 1 単位は b' ／ a' 単位の Y 財と交換される。図 1-2 では，I 国の生産可能曲線は II 国の生産可能曲線より緩やかに描かれるから，X 財の相対価格は I 国のほうが安く，Y 財の相対価格は II 国のほうが安いことがいえる。I 国の X 財の相対価格を $(P_X / P_Y)_{\mathrm{I}}$，II 国の X 財の相対価格を $(P_X / P_Y)_{\mathrm{II}}$ とすれば，限界変形率あるいは X 財 1 単位の機会費用との間には，

$$MRT_{\mathrm{I}} = -\frac{\Delta Q_Y}{\Delta Q_X} = \frac{b}{a} = \left(\frac{P_X}{P_Y}\right)_{\mathrm{I}}$$

$$MRT_{\mathrm{II}} = -\frac{\Delta Q_Y}{\Delta Q_X} = \frac{b'}{a'} = \left(\frac{P_X}{P_Y}\right)_{\mathrm{II}}$$

が成立する。ここから，X 財 1 単位の機会費用は，限界変形率（生産可能曲線の傾きの絶対値），相対労働生産性，X 財の相対価格と一致することがわかる。

以上から，各国は相対的に機会費用が小さい財に比較優位をもち，相対的に機会費用が大きい財は比較劣位にあるということができる。

4　交易条件と貿易利益

生産特化に伴う世界全体の生産量の増加分が貿易参加国間でどのように分配されるかは，需要–供給の両面を考慮し，国際的な交換比率（国際相対価格）すなわち**交易条件**（terms of trade）に依存することになる。ここでは，交易条件がどのように決まるか，また，貿易参加国間で貿易利益はどのように分配されるか，さらに，交易条件はいかなる要因によって変化するかを考える[4)]。

4–1　交易条件の決定

ここでは交易条件の決定式を導き出す。各国が比較優位財に完全特化し，I 国は X 財のみを，II 国は Y 財のみを生産すると仮定する。

はじめに，需要サイドを導入し，ミル（J. S. Mill）型の需要関数を想定する。各国では，所得のうち一定の割合で各財への支出を行い，どのような価格を与えたとしても，その比率は一定であると考える。つまり，所得に占める各財の支出性向が一定であることを仮定する。

X 財の価格を P_X，Y 財の価格を P_Y とすれば，開放経済下では，貿易に

4) ミルの**相互需要説**（theory of reciprocal demand）では，需要サイドを導入して交易条件と貿易利益との関係を明らかにしている。本節は池間（1979）第 8 章を参照している。同書では，以下で取り上げるリカード=ミル・モデルを詳しく分析している。

参加するⅠ国，Ⅱ国に同じ価格が与えられる。両国は比較優位財に完全特化するために，Ⅰ国の所得（生産額）は P_XQ_X，Ⅱ国の所得は P_YQ_Y である。Ⅰ国のX財の消費量を C_{XI}，Y財の消費量を C_{YI} とし，X財の支出性向を c_{XI}，Y財の支出性向を c_{YI} とすれば，X財の消費額とY財の消費額は，

$$P_XC_{XI} = c_{XI}P_XQ_X$$

$$P_YC_{YI} = c_{YI}P_XQ_X$$

と示される[5)]。なお，所得をすべて消費に振り向けるとすれば $c_{XI} + c_{YI} = 1$ である。

同様に，Ⅱ国のX財の消費量を C_{XII}，Y財の消費量を C_{YII}，X財の支出性向を c_{XII}，Y財の支出性向を c_{YII} とすれば，X財の消費額とY財の消費額は，

$$P_XC_{XII} = c_{XII}P_YQ_Y$$

$$P_YC_{YII} = c_{YII}P_YQ_Y$$

である。ここでも $c_{XII} + c_{YII} = 1$ とする。

両国のX財の消費額を合計すれば，

$$P_XC_{XI} + P_XC_{XII} = c_{XI}P_XQ_X + c_{XII}P_YQ_Y$$

であり，これはX財に完全特化したⅠ国の生産額 P_XQ_X と等しくなる。

$$P_XQ_X = c_{XI}P_XQ_X + c_{XII}P_YQ_Y$$

ここから，交易条件（国際相対価格）P_X / P_Y を求めれば，

$$\frac{P_X}{P_Y} = \frac{c_{XII}}{(1 - c_{XI})} \cdot \frac{Q_Y}{Q_X} = \frac{c_{XII}}{c_{YI}} \cdot \frac{Q_Y}{Q_X}$$

を得る。なお，両国のY財の消費額を加えた値とⅡ国のY財の生産額との関係から交易条件を求めても同じ結果となる。また，前節の生産可能曲線を表す式から，Ⅰ国における完全特化下のX財の生産量 Q_X，Ⅱ国における完全特化下のY財の生産量 Q_Y はそれぞれ，

$$Q_X = aL_I$$

$$Q_Y = b'L_{II}$$

になる。それゆえ，上記の式は，

5）Ⅰ国ではY財は生産されず，Y財の支出性向 c_{YI} は輸入性向に等しい。Ⅱ国においてもX財の支出性向 c_{XII} は輸入性向に等しい。

$$\frac{P_X}{P_Y}=\frac{c_{X\mathrm{II}}}{c_{Y\mathrm{I}}}\cdot\frac{b'}{a}\cdot\frac{L_{\mathrm{II}}}{L_{\mathrm{I}}}$$

と書き換えられる。これが**交易条件の決定式**である。

交易条件 P_X / P_Y は，両国における比較劣位財（輸入財）の支出性向の比率 $c_{X\mathrm{II}} / c_{Y\mathrm{I}}$，比較優位財（輸出財）の労働生産性の比率 b' / a，総労働量の比率 $L_{\mathrm{II}} / L_{\mathrm{I}}$ に依存する。I 国において，輸入財の支出性向 $c_{Y\mathrm{I}}$ の上昇，輸出財の労働生産性 a の上昇，総労働量 L_{I} の増加が生じれば，I 国の輸出財である X 財の国際相対価格が下落する（I 国の交易条件は悪化する）。反対に，II 国において，輸入財の支出性向 $c_{X\mathrm{II}}$ の上昇，輸出財の労働生産性 b' の上昇，総労働量 L_{II} の増加が生じれば，X 財の国際相対価格は上昇する（I 国の交易条件は改善する）。

4-2　貿易利益の分配

図 1-3 では，図 1-2 にもとづき，O_{I} を原点に I 国の生産可能曲線 $O_{\mathrm{I}}AB$ を描き，O_{II} を原点として II 国の生産可能曲線 $O_{\mathrm{II}}AC$ を描いている。A 点は，I 国が X 財に完全特化し，II 国も Y 財に完全特化したところである。I 国の国内相対価格は直線 AB の傾きに，II 国の国内相対価格は直線 AC の傾きに

図 1－3　交易条件の決定

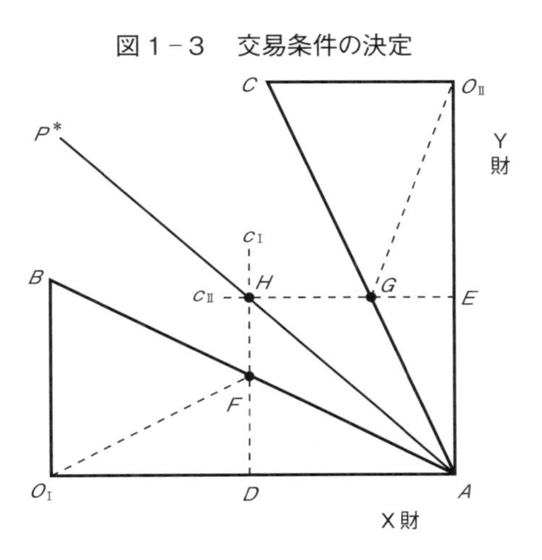

あたる。I 国は X 財に，II 国は Y 財に比較優位をもっている。

I 国の X 財の消費 $c_{XI}Q_X$ が O_ID であるとすれば，AD の部分が X 財ではかった Y 財の消費 $(1-c_{XI})Q_X = c_YQ_X$ である。ここで，D 点を起点として垂直な破線 c_I を描くと，ミル型の需要関数の仮定から，I 国ではいかなる価格のもとでも c_I の破線上で消費を行うことになる。II 国では，Y 財の消費 $c_{YII}Q_Y$ が $O_{II}E$ にあたるとする。このとき，残りの AE の部分が Y 財ではかった X 財の消費 $(1-c_{YII})Q_Y = c_{XII}Q_Y$ に等しくなる。E 点を起点として水平な破線 c_{II} を描けば，II 国ではいかなる価格のもとでも c_{II} の破線上で消費が行われる。

さて，このような状況下において，両国の貿易が均衡するところは，I 国の消費の軌跡 c_I と II 国の消費の軌跡 c_{II} の交点 H である。I 国では，AD の X 財を輸出し DH の Y 財を輸入する。II 国では，AE の Y 財を輸出し EH の X 財を輸入する。図 1-3 から，X 財について，I 国の輸出量 AD と II 国の輸入量 EH が一致していることがわかる。Y 財についても，II 国の輸出量 AE と I 国の輸入量 DH が等しくなっている。このように，両国の貿易が均衡するところで交易条件が決定され　均衡交易条件 P_X / P_Y は A 点を起点として H 点をとおる P^* の直線の傾きにあたる。

I 国の国内相対価格（直線 AB の傾き）と交易条件 P^*（直線 AH の傾き）を比較してみる。閉鎖経済下の国内では，AD の X 財は DF の Y 財としか交換されないが，貿易の結果，DH の Y 財と交換される。つまり，貿易は I 国にとって有利な交換をもたらすわけである。他方，II 国の国内相対価格（直線 AC の傾き）と交易条件を比べると，閉鎖経済下の国内では，AE の Y 財は EG の X 財としか交換されないが，貿易によって EH の X 財を獲得することができる。貿易により II 国でも有利な交換が可能となる。

ところで，F 点，G 点はそれぞれ I 国と II 国の閉鎖経済下の均衡にあたる。閉鎖経済下では，I 国は生産可能曲線 AB 上で，II 国は AC 上で生産を行い，かつ I 国の消費は c_I 上で，II 国の消費は c_{II} 上で決まるからである。

閉鎖経済下の国内均衡の決定をより厳密に示しておく。閉鎖経済における I 国の X 財と Y 財の消費額はそれぞれ，

$$P_{XI}C_{XI} = c_{XI}(P_{XI}Q_{XI} + P_{YI}Q_{YI})$$

$$P_{YI}C_{YI} = c_{YI}(P_{XI}Q_{XI} + P_{YI}Q_{YI})$$

である。閉鎖経済下のX財の価格を P_{XI}，Y財の価格を P_{YI}，X財の生産量を Q_{XI}，Y財の生産量を Q_{YI} とする。ここから両財の消費の比率を求めれば，つぎの関係が得られる。

$$\frac{C_{YI}}{C_{XI}} = \frac{c_{YI}}{c_{XI}} \cdot \frac{P_{XI}}{P_{YI}} = \frac{c_{YI}}{c_{XI}} \cdot \frac{b}{a}$$

閉鎖経済下では，国内相対価格 P_{XI}/P_{YI} は生産可能曲線の傾き b/a に等しい。この式について，c_{XI} はX財の支出性向であり，(O_ID/O_IA) にあたる。$c_{YI}(b/a)$ は，X財でみたY財の支出性向 (AD/O_IA) に生産可能曲線の傾き b/a あるいは相対価格を掛けたものであり，(DF/O_IA) で示される。すなわち，AD のX財をY財ではかれば DF に等しくなる。したがって，X財とY財の消費の比率 C_{YI}/C_{XI} は，原点 O_I と F 点を結んだ破線の傾き (DF/O_ID) と一致し，上記の式は閉鎖経済の均衡を与えるものである。

II国についても，閉鎖経済下のX財の価格を P_{XII}，Y財の価格を P_{YII} とすれば，閉鎖経済の均衡は，

$$\frac{C_{YII}}{C_{XII}} = \frac{c_{YII}}{c_{XII}} \cdot \frac{P_{XII}}{P_{YII}} = \frac{c_{YII}}{c_{XII}} \cdot \frac{b'}{a'}$$

で示され，これは原点 O_{II} と G 点を結んだ破線の傾きに等しくなる。

閉鎖経済下において，I国では，X財を O_ID だけ生産・消費し，Y財を DF だけ生産・消費している。II国では，X財を EG だけ生産・消費し，Y財を $O_{II}E$ だけ生産・消費している。図から明らかなように，閉鎖経済下における両国のX財の生産量 $O_ID + EG$ は，I国の完全特化下の生産量 O_IA より小さい。同様に，閉鎖経済下における世界全体のY財の生産量 $O_{II}E + DF$ も，II国の完全特化下の生産量 $O_{II}A$ より小さい。

また，I国では，DF のY財をX財ではかれば AD に等しく，貿易前にX財ではかった所得は O_IA になる。貿易後においても，完全特化のもとでの所得は O_IA である。同様に，II国でも，貿易前と貿易後にY財ではかった所得はともに $O_{II}A$ になる。I国では，X財の消費量は貿易前後で変わらないが，貿易によってY財の消費が増加する。II国では，Y財の消費量は貿易前後で一定であるものの，貿易を通じてX財の消費が拡大する。これが

両国にとっての貿易利益である。交易条件が貿易相手国の国内相対価格に近づくほど，自国にとっては有利な交換が可能となる。貿易の開始に伴う生産特化によって資源配分は効率化し，世界全体の生産量が拡大するとともに，その利益は交易条件を通じて各国に分配されるわけである。

4-3　交易条件の変化

さきに導いた交易条件の決定式では，たとえばI国における輸入財（Y財）の消費性向 c_{YI} が上昇すると，X財の国際相対価格が下落する。これは，図1-3において D 点（あるいは c_I 線）が左に移動することを意味し，交易条件線 P^* は直線 AB に近づくことになる。すなわち，I国の交易条件は悪化する。I国では，X財と交換されるY財の数量が減少して不利な状況になる（AE のY財を輸入するために輸出すべきX財の数量が増加する）。反対に，II国では，Y財と交換されるX財の数量が増加して有利になる（これまでと同じ AE のY財の輸出に対して，交換されうるX財の数量が増加する）。

つぎに，I国の輸出財（X財）の労働生産性 a が上昇した場合，やはりX財の国際相対価格は下落する。X財の労働生産性が上昇すると，傾きが－（b／a）に等しい AB 線は緩やかになり，かつ原点 O_I が左側に移動する。一定の総労働量のもとでX財の最大生産可能量が増加するからである（Y財の最大生産可能量は不変である）。このような変化が生じたとしても，所得に占める支出の割合は変化しないため，原点 O_I の左への移動に応じて c_I 線も左に移動する。結果として，交易条件線 P^* はいまより緩やかに描かれる。

さらに，I国の総労働量 L_I が増加した場合にもX財の国際相対価格は下落する。このとき，I国の生産可能曲線は AB の傾きを維持したままで相似拡大する。X財の最大生産可能量とY財の最大生産可能量がともに増加するためである。生産可能曲線の相似拡大により原点 O_I は左に移動する。それに応じて原点 O_I の左への移動と同率で c_I 線も左に移動するから，交易条件線 P^* はより緩やかに描かれ，X財の国際相対価格が下落することが理解できる。

ここでは，I国における輸入財の消費性向の上昇，輸出財の労働生産性の上昇，総労働量の増加のケースを取り上げ，これらはいずれもI国の交易条件を悪化させることがわかった。交易条件の決定式から，II 国において同様の変化が生じた場合，I 国の交易条件は改善することがいえる。この点を図示しながら読者自身で確認してほしい。

第2章　貿易のための生産と消費の理論

近代貿易理論を学ぶうえで，ミクロ経済学の基礎づけが必要となる。そこで，この章では，貿易理論と関連する生産と消費の分析を行う。

まず，生産の理論においては，生産関数・等産出量曲線の特徴を述べ，生産要素の最適投入を検討したのちに，貿易理論の分析に用いられる1次同次型生産関数を取り上げる。つぎに，ボックス・ダイアグラムから生産要素の効率的配分を説明し，生産可能曲線を導出したうえで最適生産の決定を考える。さらに，消費の理論では，家計の無差別曲線にもとづいて社会的無差別曲線を導出し，最適消費の決定を考察する。

1　生産の理論

近代貿易理論の基礎となる生産の理論に焦点をあてる。生産関数と等産出量曲線の関係，生産要素の最適投入，1次同次型生産関数の特徴を考える。

1−1　生産関数と等産出量曲線

(1) 生産関数

労働（labor）と**資本**（capital）という2つの生産要素を用いて生産物を産出する状況を想定する。このとき，生産要素の投入量と生産物の産出量との関係を表す**生産関数**が

$$Q = f(L, K)$$

で与えられるとする。Qは生産量，Lは労働投入量，Kは資本投入量である。

この生産関数では，労働投入量Lと資本投入量Kの増加は，ともに生産量Qを拡大させるという関係にある。他の生産要素の投入量を一定として，一方の生産要素の投入を追加的に1単位増加させた場合，生産量がどれだけ

図２－１　生産関数

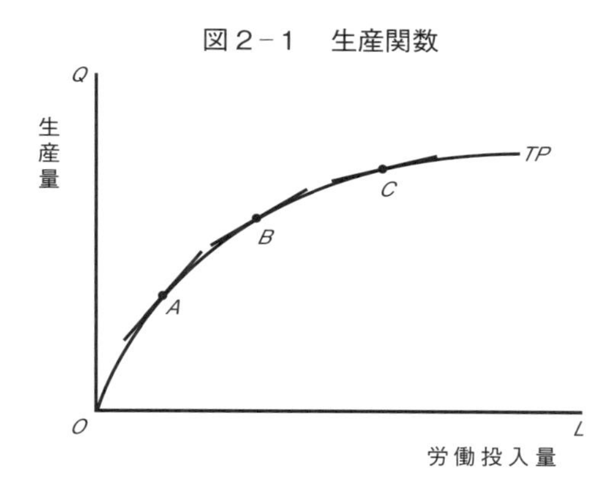

増加するかを**限界生産物**といい，労働の限界生産物 $MP_L=\Delta Q／\Delta L$ と資本の限界生産物 $MP_K=\Delta Q／\Delta K$ はそれぞれ正となる。

図2−1において，資本投入量を一定として労働投入量と生産量との関係を描けば，**総生産物曲線**（TP：total product curve）が導かれる。総生産物曲線上では，労働投入量が増加するほど生産量も増加するという関係にある。労働の限界生産物 $\Delta Q／\Delta L$ は，総生産物曲線上の任意の点における接線の傾きに等しい。総生産物曲線上を労働投入量が増加するにつれて，すなわち A 点，B 点，C 点に進むにつれて，労働の限界生産物は徐々に低下していく。これは，資本投入量を一定として労働投入量を増加させれば，労働１人あたりの資本が不足し，資本の過剰な操業が生じて生産効率が低下することによる。労働投入量を一定として資本投入量を増加させた場合にも同じ現象がみられ，資本の限界生産物は逓減する。

(2)　等産出量曲線

等産出量曲線（equal product curve）は，生産物の産出量を一定に維持する労働 L と資本 K の組み合わせの軌跡である。図2−2（a）は生産量 Q_0，Q_1，Q_2 に応じた等産出量曲線を描いている。等産出量曲線はつぎの５つの特徴をもっている。

①等産出量曲線は生産水準に応じて無数に描かれる。

生産量 Q_0，Q_1，Q_2 に応じた等産出量曲線を取り上げているが，さまざま

図2-2　等産出量曲線

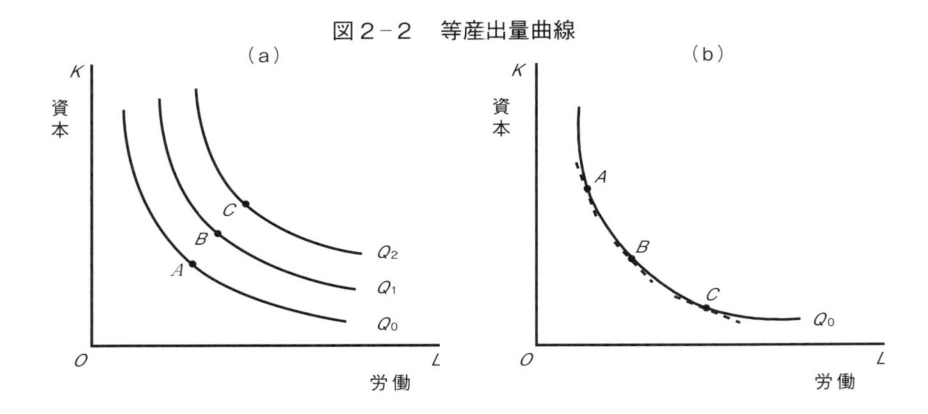

な生産量を与えれば，それに対応した等産出量曲線が描かれる。

②等産出量曲線は右下がりである。

労働投入量と資本投入量の増加はともに生産量を拡大させるから，一定の生産量を維持するには，一方の生産要素投入が増えれば他方の生産要素投入は減らなければならない。

③原点から遠くに描かれる等産出量曲線ほど生産量が大きい。

図2-2(a)では，A 点よりも B 点における労働と資本の投入量はともに多く，それに応じて A 点よりも B 点における生産量のほうが大きくなる。また，B 点よりも C 点における労働と資本の投入量はともに多く，そのため B 点よりも C 点における生産量のほうが大きい。ここから $Q_0 < Q_1 < Q_2$ になる。

④等産出量曲線は交差しない。

図示は省略するが，図2-2 (a) において等産出量曲線 Q_0 と Q_1 が交差するとしよう。両曲線の交点では，労働と資本の投入量は同じであるから生産量も同じになる。その交点と Q_0 上の A 点，Q_1 上の B 点の生産量は同一になるはずである。しかし，③で述べたように A 点と B 点の生産量は同じにならず，等産出量曲線上では生産量が等しくなるという定義と矛盾が生じる。

⑤等産出量曲線は原点に対して凸型である。

図2-2 (b) において，等産出量曲線 Q_0 上を A 点，B 点，C 点に移動するにつれて，労働投入量は増加し，資本投入量は減少する。ある1本の等産出

量曲線上では，労働投入量を増加させるほど，減らすべき資本投入量は徐々に少なくなるという特徴がみられる。生産量を一定に維持する場合，労働投入量の追加的１単位の増加に対して減らすべき資本投入量がどれだけかは，等産出量曲線上の接線の傾き$\Delta K / \Delta L$で示される。A点，B点，C点における接線を求めると，その形状は徐々に緩やかになっている。この点について以下で詳しく説明する。

(3) 技術的限界代替率と限界生産物

等産出量曲線の接線の傾きにマイナスの符号を付した値を，**技術的限界代替率**（$MRTS$：marginal rate of technical substitution）とよび，

$$MRTS = -\frac{\Delta K}{\Delta L}$$

と表される。１つの等産出量曲線上を動く場合，労働投入量が増加すれば（$\Delta L > 0$），資本投入量は減少する（$\Delta K < 0$）。このため，マイナスの符号を付して絶対値で表記する。

特定の等産出量曲線上では，生産量は一定であるから（$\Delta Q = 0$），

$$MP_L \Delta L + MP_K \Delta K = 0$$

が成立する。この式は，労働投入量の増加に伴う生産量の増加$MP_L \Delta L$が，資本投入量の減少に伴う生産量の減少$MP_K \Delta K$によって相殺されることを表す。ここから，技術的限界代替率は，

$$MRTS = -\frac{\Delta K}{\Delta L} = \frac{MP_L}{MP_K}$$

と示される。

技術的限界代替率の低下は，労働投入量が増加するほど労働の限界生産物MP_Lが低下し，反対に減少する資本の限界生産物MP_Kが上昇することを意味する。このような理由から，労働投入量が増加するにつれて技術的限界代替率は逓減し，等産出量曲線は原点に対して凸型に描かれる。

1-2 生産要素の最適投入

完全競争企業は，１単位あたりの労働の価格（賃金率）と資本の価格（資本報酬率）を与件として生産要素の投入を行う。**賃金率**をw，**資本報酬率**を

rとすれば，労働投入の費用はwL，資本投入の費用はrKであり，**総費用**Cは，

$$C = wL + rK$$

と表される。ここで，生産者が一定の費用C_0のもとで要素投入を行う場合，上式はつぎのように書き換えられる。

$$K = -\frac{w}{r}L + \frac{C_0}{r}$$

図2−3において，この式は，傾きが$-(w / r)$，縦軸切片がC_0 / rの直線C_0C_0として描かれる。縦軸切片は資本のみを投入した場合の最大投入可能量にあたり，横軸切片C_0 / wは労働の最大投入可能量である。この直線は**等費用線**（isocost line）とよばれ，一定の費用のもとで労働と資本をどれだけ投入することができるかを表す。図2−3では，総費用がC_1（$C_1 > C_0$）の場合の等費用線C_1C_1も描いている。費用の増加は，等費用線の傾きを維持したままで，縦軸切片を上方に，横軸切片を右方に移動させる。このため，直線C_1C_1はC_0C_0より右に描かれる。また，図2−3では等産出量曲線Q_0も書き加えている。

効率的な生産要素の投入は，一定の生産量を産出するときに，いかにして費用最小化を図るかという視点から求められる。生産量の目標をQ_0とした

図2−3　生産要素の最適投入

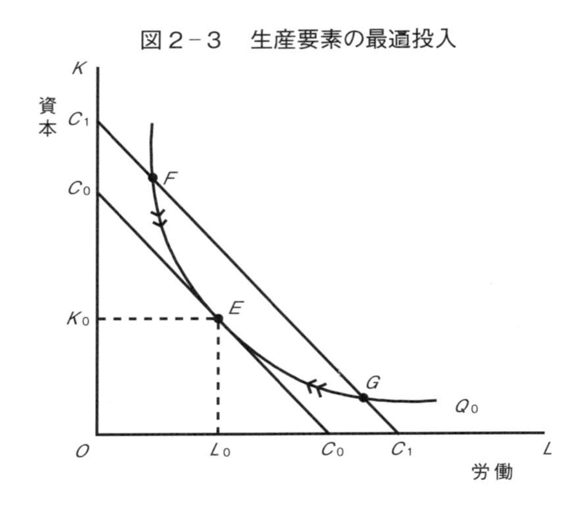

場合，費用最小化は，等産出量曲線 Q_0 と等費用線 C_0C_0 の接点 E において実現する。等産出量曲線 Q_0 と等費用線 C_1C_1 の交点 F では，労働投入量を増やし，資本投入量を減らすことで，同じ生産量をより少ない費用で産出することができる。また，G 点では，労働投入量を減らし，資本投入量を増やすことで，より少ない費用で同じ生産量を得ることができる。この結果，E 点において，費用最小化をもたらす生産要素の最適投入が実現する。

等産出量曲線と等費用線の接点では，前者の接線の傾き $\Delta K / \Delta L$ と後者の傾き $-(w / r)$ が一致する。すなわち，**生産要素の最適投入**は，

$$MRTS = -\frac{\Delta K}{\Delta L} = \frac{MP_L}{MP_K} = \frac{w}{r}$$

が成り立ち，技術的限界代替率，各生産要素の限界生産物比率，各生産要素の価格比率（**要素価格比率**という）が一致するところで実現する。

1−3　1次同次型生産関数の特徴

一般的な生産関数を前提として，等産出量曲線の特徴，生産要素の最適投入を考えたが，貿易理論においては1次同次型生産関数が用いられる。

ここでは，規模に関して収穫不変の特徴をもつ**1次同次型生産関数**を想定する。**規模に関する収穫不変**（constant returns to scale）とは，要素投入量の増加の割合と生産量の増加の割合が等しくなることを意味する。これは，

$$f(\lambda L,\ \lambda K) = \lambda f(L,\ K) = \lambda Q$$

と表され，労働投入量と資本投入量をともに λ 倍すれば，生産量も λ 倍になるという関係にある。

図2−4（a）は規模に関する収穫不変を示している。当初，生産要素の投入が等産出量曲線 Q_0 上の E_0 点にあり，労働投入量は L_0，資本投入量は K_0 である。労働と資本の投入量が同じ比率で増加し，労働投入量が L_1，資本投入量が K_1 に変化したとする。生産要素の投入は E_1 点に移り，生産量は Q_1 に増加する。資本と労働の投入比率 k（$= K / L$）は一定になり，E_0 点と E_1 点は直線 k 上に位置する。この比率を**資本−労働比率**（capital−labor ratio）または**要素集約度**（factor intensity）という。規模に関する収穫不変のもとで，労働投入量，資本投入量，生産量の増加率は一致し，$\frac{L_1}{L_0} = \frac{K_1}{K_0} = \frac{Q_1}{Q_0} = \frac{OE_1}{OE_0}$ が

得られる。

ところで，1次同次型生産関数では，資本–労働比率が与えられると，技術的限界代替率が1つに決まるという関係が導かれる。図2–4 (a) において，資本–労働比率 k を与えれば，E_0 点における接線の傾きと E_1 点における接線の傾きが同じになるわけである。このことを図2–4 (b) から説明する。規模に関する収穫不変の特徴をもつ等産出量曲線 Q_0，Q_1 について，k_0，k_1 という資本–労働比率を与えれば $\frac{OE_1}{OE_0}=\frac{OF_1}{OF_0}$ が成立する。△ OE_0F_0 と△ OE_1F_1 は相似になるから，線分 E_0F_0 と線分 E_1F_1 は平行である。資本–労働比率を k_1 から k_2 に変化させると，$\frac{CE_1}{CE_0}=\frac{OG_1}{OG_0}$ であり，△ OE_0G_0 と△ OE_1G_1 は相似になる。それゆえ，線分 E_0G_0 と線分 E_1G_1 は平行である。このようにして，資本–労働比率を k_0 にかぎりなく近づけると，E_0 点における接線と E_1 点における接線は平行になるという結果が得られる。規模に関する収穫不変の特徴をもつ等産出量曲線群では，ある資本–労働比率（要素集約度）を与えれば，技術的限界代替率（要素価格比率）が1つに決まるわけである。反対に，ある技術的限界代替率を与えれば，資本–労働比率が1つに決定される。

図2－4　規模に関する収穫不変

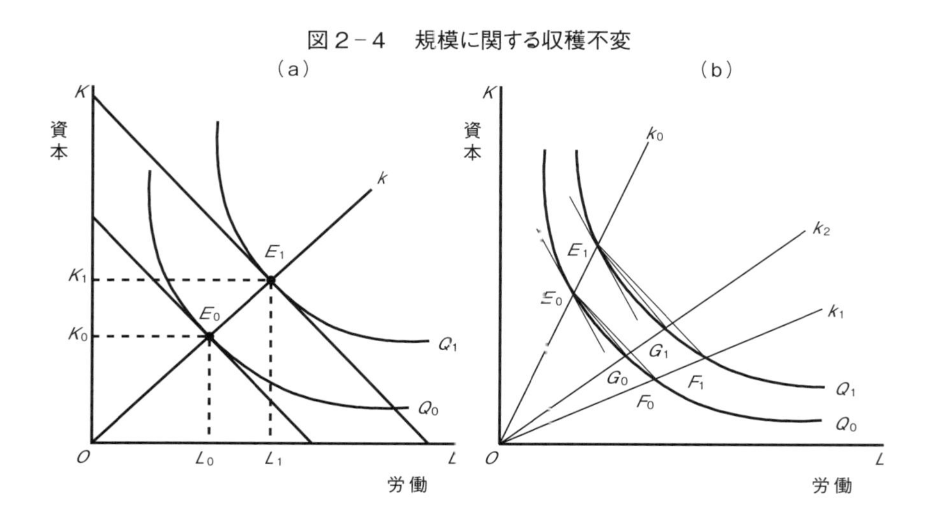

図２−５　労働集約財と資本集約財

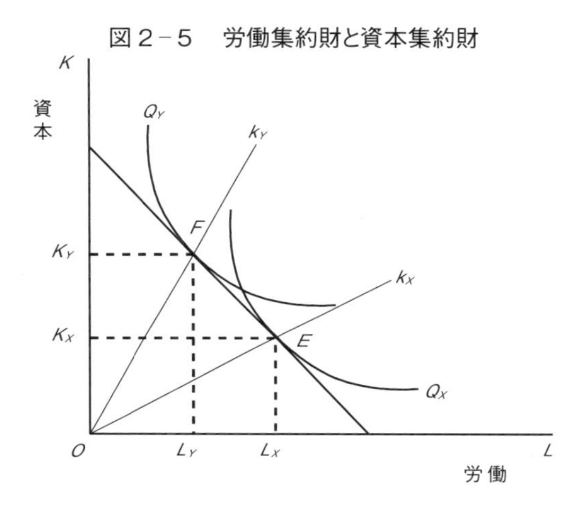

上記をふまえてＸ財とＹ財の２財を取り上げる。Ｘ財とＹ財の生産関数はともに１次同次型である。図２−５では，Ｘ財とＹ財の等産出量曲線 Q_X, Q_Y を描いている。同じ技術的限界代替率（要素価格比率）を与えれば，Ｘ財産業における生産要素の最適投入は E 点，Ｙ財産業におけるそれは F 点にあたる。Ｘ財に関する労働投入量は L_X，資本投入量は K_X であり，Ｙ財に関する労働投入量は L_Y，資本投入量は K_Y である。Ｘ財の資本−労働比率は k_X（$= K_X / L_X$），Ｙ財の資本−労働比率は k_Y（$= K_Y / L_Y$）になり，Ｘ財は労働を集約的に投入して生産され，Ｙ財は資本を集約的に投入して生産されることがわかる。同一の技術的限界代替率を与えれば，いかなる状況でもＸ財の資本−労働比率はＹ財のそれよりも小さく，Ｘ財は**労働集約財**（labor intensive goods），Ｙ財は**資本集約財**（capital intensive goods）になる。以下の説明では，Ｘ財とＹ財の要素集約度が逆転することはないものとする。

第３章の第４節（補論）では，１次同次のコブ=ダグラス型生産関数を取り上げる。そこでは，資本−労働比率（要素集約度）と技術的限界代替率（要素価格比率）との関係を数学的に明確にしている。

2 ボックス・ダイアグラムと生産可能曲線

ボックス・ダイアグラムにもとづき，生産要素の効率的配分を検討する。また，生産可能曲線の導出を行い，最適生産の決定を考える。

2-1　生産要素の効率的配分

ある国に賦存する労働量と資本量を一定とする制約のもとで，X 財（労働集約財）と Y 財（資本集約財）が生産されるとしよう。生産要素市場において**完全競争**が成り立ち[1]，**完全雇用**が実現すると考える。

図 2-6 の上図では，エッジワース（F.Y.Edgeworth）の**ボックス・ダイアグラム**（box diagram）にもとづき，労働 L と資本 K を投入して X 財と Y 財を生産する状況を描いている。ボックスの横軸の長さ O_XA は労働賦存量を，縦軸の長さ O_YA は資本賦存量を表す。ボックスの対角線 O_XO_Y の傾きは**要素賦存比率**（factor endowment ratio）である。左下の O_X を原点として X 財の等産出量曲線 Q_{X0}，Q_{X1} を，右上の O_Y を原点として Y 財の等産出量曲線 Q_{Y0}，Q_{Y1} を描いている。ボックス・ダイアグラムから，X 財産業と Y 財産業の間で労働と資本がどのように配分され，生産が行われるかを理解することができる。

完全競争のもとでは，X 財の生産に投入される生産要素の価格と Y 財の生産に投入される生産要素の価格は均等化する。つまり，両産業の技術的限界代替率（要素価格比率）が等しくなるところで，労働と資本の最適な配分が決まり，**資源配分**は効率的になる。これは，X 財と Y 財の等産出量曲線が接するところ（たとえば e 点や f 点）に求められる。このような接点の軌跡を結ぶと，曲線 O_XefO_Y が導かれる。これを**契約曲線**（contract curve）とよぶ。契約曲線上では，一方の財の生産を減少させることなしに他方の財の生産を増加させることができず，**パレート最適**（Pareto optimum）が実現する。

等産出量曲線 Q_{X0} と Q_{Y0} が交差する g 点を取り上げれば，生産要素の配分

1）生産要素の同質性，生産要素の需要者と供給者は小規模で多数，完全情報（要素価格は等しく知られている），要素移動の完全性などの条件がみたされるとする。

図2－6　ボックス・ダイアグラムと生産可能曲線

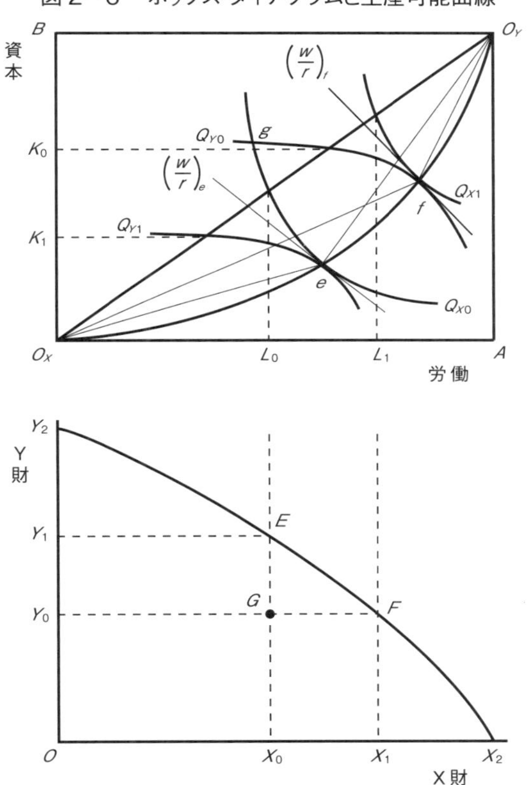

を変更することで，少なくとも一方の財の生産量は増加する。たとえば，X財産業とY財産業の間で労働と資本の配分を変更すれば，Y財の生産量を変化させずにX財の生産量を増やすことができる。このように，契約曲線上にないところでは，資源配分は非効率的な状態にある。

X財は労働集約財，Y財は資本集約財であるから，契約曲線は対角線O_XO_Yの下に位置する。たとえばe点では，X財の要素集約度（資本−労働比率）はO_Xeの傾きで，Y財の要素集約度はO_Yeの傾きで与えられる。O_Xeの傾きはO_Yeの傾きより小さく，X財は労働集約財，Y財は資本集約財になっている。契約曲線上では，どの点をとっても，このような関係が成立する。X 財の資本–労働比率は要素賦存比率より小さく，Y 財の資本–労働比率は要素賦存比率より大きいという関係にある。

つぎに，契約曲線上の e 点と f 点を比較する。まず，要素集約度をみると，e 点よりも f 点において，X 財と Y 財の資本–労働比率はともに高いことがわかる。つまり，O_Xf の傾きは O_Xe の傾きより大きく，O_Yf の傾きも O_Ye の傾きよりも大きい。また，f 点における共通接線の傾き（要素価格比率または技術的限界代替率）は，e 点における共通接線の傾きよりも大きくなる。等産出量曲線 Q_{X0} をみると，直線 O_Xf は e 点より左上を通過している。1 次同次型生産関数では，その交点の接線の傾きと f 点における接線の傾きが一致する。ここから，f 点における要素価格比率 $\left(\frac{w}{r}\right)_f$ は e 点における要素価格比率 $\left(\frac{w}{r}\right)_e$ より大きく，相対的に賃金率が上昇（相対的に資本報酬率が低下）していることがわかる。要素配分が e 点から f 点に移り，労働集約財の生産量が増加して資本集約財の生産量が減少するとき，賃金率が相対的に上昇（資本報酬率が相対的に下落）する。このため，X 財産業，Y 財産業ともに，相対的に高くなった労働から相対的に安くなった資本への要素投入の代替が生じ，資本–労働比率が上昇するわけである。

Column　契約曲線の形状

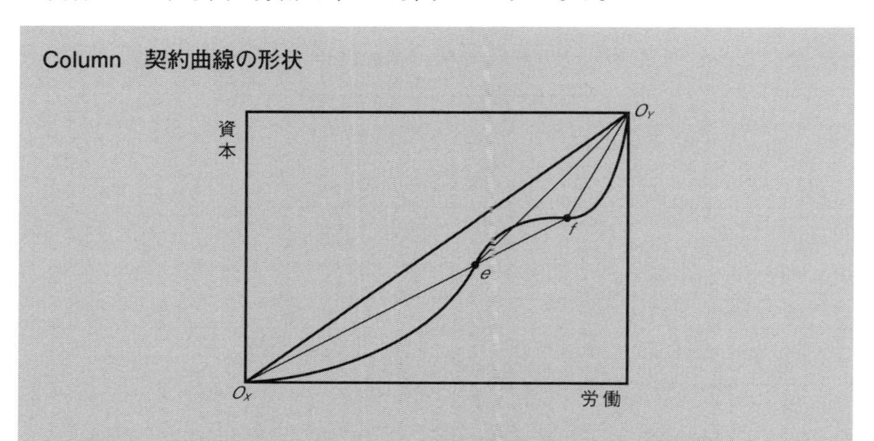

X 財と Y 財の生産関数がともに 1 次同次型である場合，図 2–6 における契約曲線 O_XefO_Y は弓状に描かれる。X 財は労働集約財，Y 財は資本集約財であ

るから，契約曲線は必ず対角線 O_XO_Y の下に示される。上図における契約曲線 O_XefO_Y においても，X 財は労働集約財，Y 財は資本集約財である。しかし，このような形状にならないことを説明する。

図では，e 点と f 点は原点 O_X から発する直線 O_Xf 上に位置している。同じ資本–労働比率のもとで，e 点と f 点における共通接線（要素価格比率）は一致する。しかし，原点 O_Y からみた場合，直線 O_Ye と直線 O_Yf が引かれ，e 点と f 点は同一線上に位置せず，f 点における共通接線の傾きは e 点におけるそれより大きくなる。このような矛盾が生じず，生産関数の 1 次同次性が成り立つためには，契約曲線上のどの点をとっても，その点と原点（O_X または O_Y）を結ぶ直線（要素集約度）の外側に契約曲線が描かれなければならないことを意味する。これが，契約曲線が弓状に描かれる理由である。

2–2 生産可能曲線

(1) 生産可能曲線の導出

図 2–6 の上図では，産業間での生産要素の効率的な配分を説明したが，ここから生産可能曲線を導くことができる。**生産可能曲線**は，一定の生産要素を産業間で配分することにより，X 財と Y 財の 2 財を最大限どれだけ生産することができるかを描いたものである。生産可能曲線は，効率的な資源配分を示す契約曲線上の生産状況を X 財と Y 財の平面に表したものといえる。したがって，生産可能曲線上ではパレート最適が成立する。

図 2–4 (a) でみたように，1 次同次型生産関数では，一定の資本–労働比率を与えれば，生産量は原点から等産出量曲線への距離に比例する。この比例関係は，横軸の労働量，縦軸の資本量に置き換えることもできる。このことを前提として生産可能曲線を求めてみる[2)]。

まず，一定の資本–労働比率を与えるわけであるが，ここでは，X 財と Y 財に共通する資本–労働比率，すなわち要素賦存比率を表すボックスの対角線を利用することが便利である。図 2–6 の上図において，X 財の最大生産可能量は原点 O_Y をとおる等産出量曲線（図示は省略）にあたる。X 財の最大

2) K. M. Savosnick, "The Box Diagram and the Production Possibility Curve", *Sandinavian Journal of Economics*, Vol. 60 No.3, pp. 183–197, September 1958 を参照。

生産可能量はO_XからO_Yまでの距離で示されるが，比例関係を利用すれば，それを横軸のO_XAの距離に置き換えることが可能である。図2-6の下図では，O_XAはOX_2に等しい。他方，上図において，Y財の最大生産可能量は原点O_Xをとおる等産出量曲線（図示は省略）で表される。これはO_YからO_Xへの距離ではかられるが，比例関係を利用して縦軸のBO_Xの距離に投影することもできる。下図では，BO_XはOY_2に相当する。

契約曲線上のX財の生産量は，X財の等産出量曲線とボックスの対角線の交点を，O_Xを原点とする横軸に投影することで表される。Y財の生産量は，Y財の等産出量曲線とボックスの対角線の交点を，Bを原点とする縦軸に投影することで示される。具体的にe点の生産状況を考える。e点をとおるX財の等産出量曲線Q_{X0}と対角線との交点から垂線を下せば，X財の生産量は横軸のO_XL_0に投影される。これは下図のOX_0に等しい。他方，e点をとおるY財の等産出量曲線Q_{Y1}と対角線との交点から水平線を引けば，Y財の生産量は縦軸のBK_1に投影され，下図ではOY_1に等しくなる。契約曲線上のe点は下図のE点と対応する。同様の方法で契約曲線上のf点の生産状況を求めると，X財の生産量は横軸のO_XL_1に，Y財の生産量は縦軸のBK_0に投影され，下図ではF点が導かれる。この結果，契約曲線上の生産状況に対応したX財とY財の生産の組み合わせの軌跡を求めると，Y_2EFX_2の曲線が得られる。これが生産可能曲線である。

なお，非効率な資源配分を表すg点は，X財の生産量がX_0，Y財の生産量がY_0であるから，下図ではG点にあたり，生産可能曲線の内部に位置する。生産可能曲線の内側は，どこをとっても非効率な資源配分の状況にある。

(2) 生産可能曲線の形状

生産可能曲線は原点Oに対して凹型に描かれる。これは，X財の生産量が追加的に1単位増加するにつれて，Y財の生産量の減少幅が大きくなることを意味する。図2-7を用いて，その理由を説明する[3)]。a点を起点として，X財の生産量が追加的に1単位増加する場合と追加的に1単位減少する場合に，Y財の生産量がどのように変化するかを考える。a点におけるX財の等

3) グルーベル（1980）pp. 67-69，植松忠博（1971）「生産関数と生産可能性曲線」『経済論叢』（京都大学経済学会）pp. 60-67を参照。

産出量曲線は Q_{X0}，Y 財の等産出量曲線は Q_{Y0} である。b 点は X 財が追加的に 1 単位増加した場合の要素配分を示し，X 財の等産出量曲線は $Q_{X0}+1$，Y 財の等産出量曲線は Q_{Y1} である。さらに，c 点は X 財が追加的に 1 単位減少した場合の要素配分にあたり，X 財の等産出量曲線は $Q_{X0}-1$，Y 財の等産出量曲線は Q_{Y2} である。

X 財の等産出量曲線群の原点 O_X 方向から Q_{X0} 上の a 点をとおる資本–労働比率を描けば，$Q_{X0}-1$ 上に e 点，$Q_{X0}+1$ 上に d 点が導かれる。a 点，d 点，e 点における技術的限界代替率は同じである。1 次同次型生産関数では，原点から等産出量曲線への距離で生産量をはかることができ，a 点を基準に X 財を 1 単位増減させているので ad と ae の長さは等しい。

他方，Y 財の等産出量曲線群の原点 O_Y 方向から Q_{Y0} 上の a 点をとおる資本–労働比率を描けば，Q_{Y1} 上に f 点，Q_{Y2} 上に g 点が求められ，a 点，f 点，g 点における技術的限界代替率は同じになる（d 点，e 点における技術的限界代替率の直線とも平行になる）。このとき，f 点の技術的限界代替率を示す直線は d 点のそれよりも右に位置し，g 点の技術的限界代替率を示す直線は e 点のそれよりも右に位置している。△ afh と△ agi は相似形であり，af

図 2－7　生産可能曲線の形状

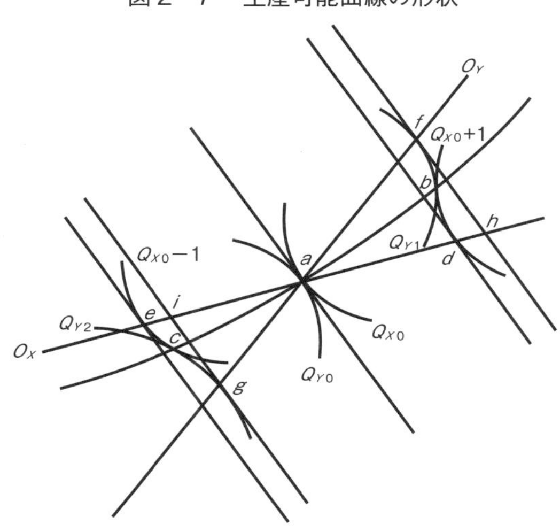

は ag よりも長くなるから，$Q_{Y0}-Q_{Y1}$ に $Q_{Y2}-Q_{Y0}$ より大きいことがわかる。

以上のように，c 点から a 点，a 点から b 点へとX財の生産量を追加的に1単位増加させると，それに応じてY財の生産量の減少幅は徐々に大きくなる。これが，生産可能曲線が原点 O に対して凹型に描かれる理由である。

Column　短期の生産可能曲線

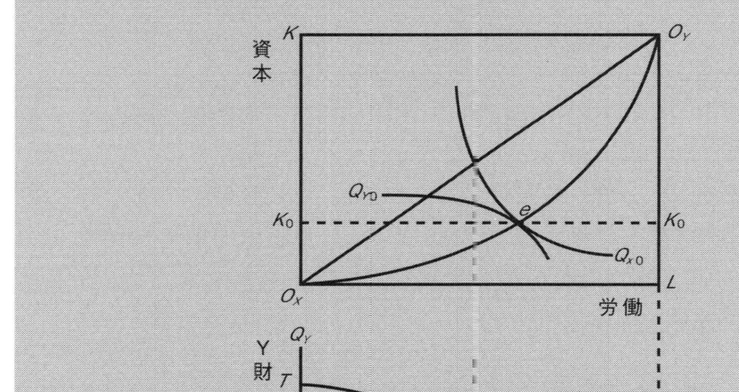

図2-6の下図の生産可能曲線は，労働と資本をともに**可変的インプット**として導出されたものである。したがって，**長期の生産可能曲線**とみなされる。他方，**固定的インプット**が存在する短期では，生産可能曲線がどのように描かれるのかを考える。ここでは，労働を可変的インプット，資本を固定的インプットとして扱う。

上図において，契約曲線 O_XeO_Y 上の e 点を取り上げる。X財の資本投入量は O_XK_0，Y財の資本投入量は O_YK_0 である。資本が固定的インプットで，両財の生産において資本投入量が固定されているとすれば，短期の契約曲線は破線 K_0K_0 になる。図 2-6 と同じ方法で，契約曲線 K_0K_0 から生産可能曲線を導けば，長期の生産可能曲線 TT と E 点で接する曲線 tt が導出される。これが**短期の生産可能曲線**である。長期の契約曲線 O_XeO_Y でみれば，K_0K_0 上の e 点以外は非効率な資源配分になるから，短期の生産可能曲線は，E 点以外では TT 曲線の内側に描かれるわけである。

さまざまな資本投入の水準を与えれば，それに応じて短期の生産可能曲線が描かれる。長期の生産可能曲線は，これら短期の生産可能曲線の外側の点（たとえば E 点）を結んだ包絡線（envelope curve）としてとらえることができる。現実には，生産要素の産業間移動には時間がかかり，財の生産に固有の生産要素が投入されている。このような生産要素を**特殊要素**（specific fator）という。

2-3　最適生産の決定

図 2-6 では，ボックス・ダイアグラムから生産可能曲線を導出したが，ここでは最適生産がどのように実現するかを考える。

生産可能曲線は原点に対して凹型の形状で描かれる。このため，生産可能曲線上では，X 財の生産量が追加的に 1 単位増加するにつれて，Y 財の生産量の減少幅は徐々に大きくなっていく。X 財の生産量が増加すれば（$\Delta Q_X > 0$），Y 財の生産量は減少するため（$\Delta Q_Y < 0$），生産可能曲線の接線の傾きにマイナスの符号を付した値，つまり**限界変形率** MRT は，

$$MRT = -\frac{\Delta Q_Y}{\Delta Q_X}$$

である。第 1 章でみたように，限界変形率は，X 財の生産を追加的に 1 単位増加させるとき，Y 財の生産をどれだけ減少させることが必要かを示す値である。同時に，X 財の生産を 1 単位増やすとき，Y 財の生産をどれだけ犠牲にするかという値でもあり，限界変形率は X 財 1 単位の**機会費用**とみなされる。図 2-8 において，生産可能曲線 TT 上を F 点，E 点，G 点へと動くにつれて，限界変形率は逓増することがわかる。

完全雇用の仮定により，X 財の生産が増加して Y 財の生産が減少すると

き（たとえば，図2-6上図におけるe点からf点への変化），Y財産業から放出された生産要素はX財産業において雇用される。このため，X財産業の費用の増加分とY財産業の費用の減少分は一致し，X財の生産費用をC_X，Y財の生産費用をC_Yで表せば，

$$\Delta C_X + \Delta C_Y = 0$$

である。X財の生産量が追加的に1単位変化した場合の費用の変化分，すなわち**限界費用**を $MC_X = \frac{\Delta C_X}{\Delta Q_X}$，同様に，Y財の限界費用を $MC_Y = \frac{\Delta C_Y}{\Delta Q_Y}$ とすれば，上記の式は，

$$MC_X \Delta Q_X + MC_Y \Delta Q_Y = 0$$

と書き換えられ，ここから，

$$MRT = -\frac{\Delta Q_Y}{\Delta Q_X} = \frac{MC_X}{MC_Y}$$

が得られる。限界変形率はX財とY財の限界費用の比率にほかならない。

また，完全競争下では，価格と限界費用が一致するところで利潤が最大化し，最適生産が実現する。X財の価格をP_X，Y財の価格をP_Yとすれば，

$$MRT = -\frac{\Delta Q_Y}{\Delta Q_X} = \frac{MC_X}{MC_Y} = \frac{P_X}{P_Y}$$

図2－8　最適生産の決定

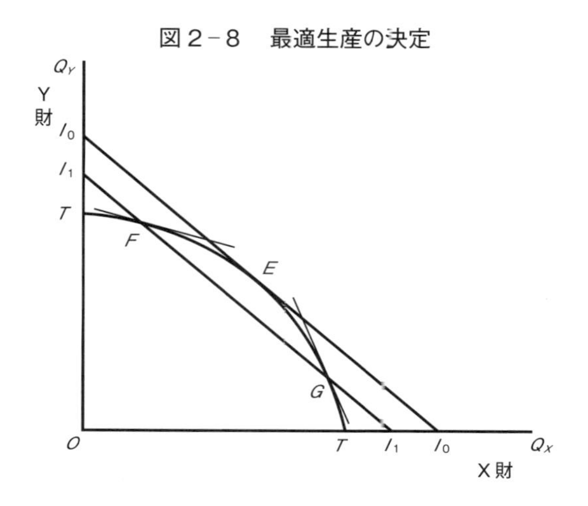

が成立するところで，つまり，限界変形率，限界費用の比率，相対価格が等しいところで最適な生産が決定される。これが**最適生産の条件**である。

さて，図 2–8 において，生産がどのように決定されるかをみる。X 財と Y 財の生産から得られる所得を I とすれば，

$$I = P_X Q_X + P_Y Q_Y$$

である。$P_X Q_X$ は X 財産業が獲得する所得，$P_Y Q_Y$ は Y 財産業が獲得する所得になり，上記の式は，

$$Q_Y = -\frac{P_X}{P_Y}Q_X + \frac{I}{P_Y}$$

と変形される。図 2–8 では右下がりの直線で示され，これを**所得線**とよぶ。所得線の傾きは相対価格 P_X / P_Y にマイナスの符号を付したものに等しく，縦軸切片は Y 財ではかった所得 I / P_Y に，横軸切片は X 財ではかった所得 I / P_X にあたる。直線 I_0I_0 は所得が I_0 のときの所得線，I_1I_1 は所得が I_1 のときの所得線である。I_0I_0 は I_1I_1 の右に描かれ，$I_0 > I_1$ という関係にある。

図 2–8 において，所与の相対価格 P_X / P_Y のもとでの最適生産は，限界変形率（限界費用比率）と相対価格が一致する E 点に求められる。E 点では，与えられた価格のもとで最大の所得 I_0 を獲得する。F 点をみれば，所得線 I_1I_1 が生産可能曲線の接線（限界変形率）より急に描かれ，$\frac{P_X}{P_Y} > \frac{MC_X}{MC_Y}$ の状況にある。この場合，価格と限界費用の関係から，X 財の生産を増やし Y 財の生産を減らすことで，所得を拡大させることができる。つまり，このような生産調整によって上位の所得線に到達する。反対に，G 点では，所得線 I_1I_1 が限界変形率より緩やかに描かれ，$\frac{P_X}{P_Y} < \frac{MC_X}{MC_Y}$ である。ここでは，X 財の生産を減らし Y 財の生産を増やすことで所得が増加する。この結果，最適な生産は所得線 I_0I_0 と生産可能曲線 TT の接点 E に落ち着く。

生産可能曲線とボックス・ダイアグラムにおける要素配分との関係を整理しておく。図 2–6 の下図において，X 財の価格が相対的に上昇し，最適生産が生産可能曲線上を E 点から F 点に移動したとする。このとき，上図のボックス・ダイアグラムでは要素配分が e 点から f 点に移動する。X 財の価格が上昇すると，X 財の生産が増加し，それに集約的に投入される労働への需要が高まり賃金率が相対的に上昇する。また，相対的に高くなった労働か

ら相対的に安くなった資本への要素投入の代替が発生し，資本−労働比率が上昇する。このように，財の相対価格，要素価格比率，要素集約度（資本−労働比率）は連動している。加えて，図2−6の上図と下図から，財の相対価格 P_X / P_Y が1つに決まると，要素価格比率 w / r，両財の要素集約度（K_X / L_X，K_Y / L_Y）も一義的に決まるという関係がみいだされる。

3　消費の理論

この節では，家計の無差別曲線にもとづいて社会的無差別曲線を導き出し，社会の最適消費の決定を考察する。

3−1　家計の無差別曲線

(1)　効用関数

まず，家計の消費の特徴を解説する。家計はX財とY財を消費することで満足を得る。消費から得られる満足の度合いを**効用**（utility）といい，両財の消費と効用 U との関係はつぎの式で表される。

$$U = U(Q_X, Q_Y)$$

この式は**効用関数**（utility function）とよばれる。2財は家計にとって望ましい財（goods）であり，いずれかの財の消費が増えれば家計の満足度も高まる。

ある財の消費を追加的に1単位増やしたときに，どれだけ効用が高まるかを，**限界効用**（MU：marginal utility）という。X財の限界効用 MU_X は $\Delta U / \Delta Q_X$，Y財の限界効用 MU_Y は $\Delta U / \Delta Q_Y$ である。両財は家計にとって望ましい財であるから，限界効用はともにプラスになる。ただし，財の消費量が増加するにつれて，当該財の追加的1単位の消費から得られる満足の度合いは徐々に減少する。すなわち限界効用の逓減が生じる。

(2)　無差別曲線の特徴

効用関数は無差別曲線として描くことができる。ここでいう「無差別」とは満足度が同一という意味である。それゆえ，**無差別曲線**（indifference curve）は，家計に同一の満足度をもたらす2財の組み合わせの軌跡を描いたものである。効用関数における効用 U を特定の水準に固定すれば，その効用を維持するX財とY財の組み合わせが求められる。図2−9 (a) では，U_0，U_1，U_2の効用に応じて3本の無差別曲線を描いている。たとえば，U_0の曲線上では，どの点をとっても2財の組み合わせは同じ効用をもたらすことになる。

無差別曲線はつぎの5つの特徴をもっている。

①無差別曲線は効用水準に応じて無数に描かれる。

図2−9 (a) では，U_0, U_1, U_2の効用水準に応じた無差別曲線を描いているが，さまざまな効用水準を与えれば，無数の無差別曲線を描くことができる。

②無差別曲線は右下がりに描かれる。

X財とY財はともに家計の効用を高める財である。効用を一定に維持するためには，一方の財の消費量が増加すれば，他方の財の消費量は減少する。

③原点から遠くに描かれる無差別曲線ほど効用水準は高い。

図2−9 (a) において，A点，B点，C点を比較すると，B点はA点よりもX財とY財の数量がともに多い。また，C点はB点よりも両財をともに多く含んでいる。このため，満足の度合いはC点，B点，A点の順になり，無差別曲線の効用水準は$U_2 > U_1 > U_0$になる。

④無差別曲線は交差しない。

図示は省略するが，無差別曲線U_0とU_1が交差するとしよう。2つの曲線の交点では，X財とY財の数量は同じであるから満足度も同じになる。そ

図2−9　無差別曲線

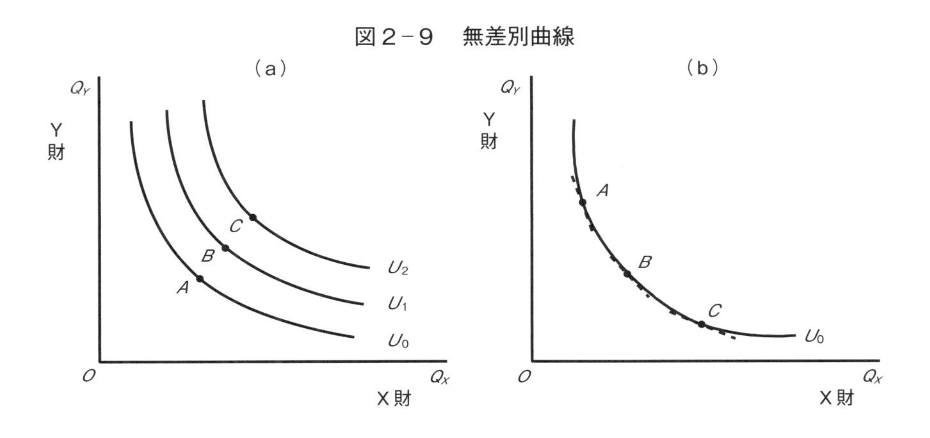

の交点とU_0上のA点，U_1上のB点は同じ効用になる。しかし，③で述べたように，A点よりもB点での満足度のほうが高く，無差別曲線上では同一の効用が得られるという定義と矛盾する。

⑤無差別曲線は原点に対して凸型である。

図2–9 (b) において，無差別曲線U_0上をA点，B点，C点に移動するにつれて，X財の数量は増加し，Y財の数量は減少する。特定の無差別曲線上では，X財の数量が相対的に多くなると，家計にとってX財の価値は相対的に低下し，反対にY財の価値は上昇する。このため，同じ無差別曲線上では，X財の数量が増えるほど，減らすべきY財の数量は徐々に小さくなる。効用を一定に維持しながら，X財を追加的に1単位増加させたときに，減少させるべきY財がどれだけかという関係は，無差別曲線上の接線の傾き$\Delta Q_Y / \Delta Q_X$で示される。A点，B点，C点における接線を求めると，その形状は徐々に緩やかになる。

(3) 限界代替率と限界効用

無差別曲線の接線の傾きにマイナスの符号を付した値は，**限界代替率** (*MRS*：marginal rate of substitution) として定義される。すなわち，

$$MRS = -\frac{\Delta Q_Y}{\Delta Q_X}$$

である。特定の無差別曲線上では，X財の数量が増加すれば ($\Delta Q_X > 0$)，Y財の数量は減少する ($\Delta Q_Y < 0$)。このため，マイナスの符号を付して絶対値で表す。

ところで，特定の無差別曲線上では，効用水準は一定であり，$\Delta U = 0$となるから，

$$MU_X \Delta Q_X + MU_Y \Delta Q_Y = 0$$

が成立する。X財の増加に伴う効用の増加$MU_X \Delta Q_X$は，Y財の減少に伴う効用の減少$MU_Y \Delta Q_Y$によって相殺される。ここから，限界代替率は，

$$MRS = -\frac{\Delta Q_Y}{\Delta Q_X} = \frac{MU_X}{MU_Y}$$

と示される。

限界代替率は無差別曲線上の接線の傾き（絶対値）に等しく，X財の数量

が増えるにつれて限界代替率は逓減する。これは，限界効用の逓減を反映して，X 財の数量が増加するほど X 財の限界効用 MU_X が低下し，反対に減少する Y 財の限界効用 MU_Y が上昇することを意味する。無差別曲線が原点 O に対して凸型になるのは，このような理由による。

3-2　社会的無差別曲線の導出

家計の無差別曲線を用いて社会的無差別曲線を導出する[4)]。**社会的無差別曲線**（social indifference curve）とは，社会に一定の効用をもたらす消費の組み合わせをいう。貿易分析では社会の厚生水準を問題とするために，社会的無差別曲線が用いられる。

家計 A と家計 B から構成される経済を想定する。図 2-10 (a) において，家計 A の無差別曲線群の原点を O_A，家計 B の無差別曲線群の原点を O_B とする。社会的無差別曲線の導出にあたって，家計 A と家計 B の効用水準を特定することが必要となる。そこで，家計 A の効用を U_A，家計 B の効用を U_B に固定する。当初，無差別曲線 U_A と U_B が E 点で接している。E 点における共通接線は家計 A と家計 B の限界代替率である。また，O_B 点は家計 A と家計 B の消費の総量にあたる。家計 A と家計 B がそれぞれの効用を一定に保ちながら，つまり，U_A と U_B が接するように U_B を左上に移動させると，U_A と U_B' の接点 F が得られる。E 点と F 点では，家計 A の効用は変化せず，家計 B の効用も変わらない。しかし，社会の消費総量は O_B 点から O_B' 点に変化し，X 財の消費は減少し Y 財の消費は増加している。

このように，家計 A の効用と家計 B の効用を維持しつつ，社会全体の消費総量がどのように変化するかを求めれば，あるいは O_B 点や O_B' 点のような家計 B の原点の軌跡を結べば，曲線 SIC が導かれる。これが社会に一定の効用をもたらす 2 財の消費の組み合わせ，すなわち社会的無差別曲線である。なお，O_B 点における接線すなわち社会の限界代替率 MRS は E 点における共通接線と平行になり，家計 A の限界代替率 MRS_A，家計 B の限界代

4）ヘラー（1970）第 5 章，宮田亘朗「国際経済理論における社会的無差別曲線と貨幣」『香川大学経済学部研究年報』第 21 巻，pp. 109-127，1982 年 3 月を参照。

替率 MRS_B と等しくなる[5)]。また，O_B' 点における限界代替率も F 点における家計Aと家計Bの限界代替率と一致する。

さて，社会的無差別曲線は，家計Aと家計Bの効用水準を変えずに社会全体の消費総量の変化を示したものである。図2−10（a）では，家計Aの効用を U_A に，家計Bの効用を U_B にそれぞれ固定したうえで，社会の消費総量の変化を求めている。しかし，家計Aと家計Bの効用の選び方によっては，同じ消費総量 O_B をとおる別の社会的無差別曲線が存在しうる。言い換えると，O_B 点を通過する社会的無差別曲線は1本に特定されるとはかぎらないわけである。

そこで，O_B 点をとおる社会的無差別曲線を1つに特定するために，「家計Aと家計Bの選好すなわち効用関数は同じで，かつ各家計の無差別曲線は相似拡大的（homothetic）に描かれる」という仮定を置く[6)]。図2−10（b）は，

5）ここで，O_B 点における限界代替率を求めてみよう。社会全体のX財の消費の変化 ΔQ_X は，家計Aの消費の変化 ΔQ_{XA} と家計Bの消費の変化 ΔQ_{XB} を加えたものであり，同様に，Y財の消費の変化 ΔQ_Y も，家計Aの消費の変化 ΔQ_{YA} と家計Bの消費の変化 ΔQ_{YB} の合計である。したがって，

$$MRS = -\frac{\Delta Q_Y}{\Delta Q_X} = -\frac{\Delta Q_{YA} + \Delta Q_{YB}}{\Delta Q_{XA} + \Delta Q_{XB}}$$

であり，この式を変形すれば，

$$MRS = -\frac{\Delta Q_{YA}\left(1 + \dfrac{\Delta Q_{YB}}{\Delta Q_{YA}}\right)}{\Delta Q_{XA}\left(1 + \dfrac{\Delta Q_{XB}}{\Delta Q_{XA}}\right)} = -\frac{\Delta Q_{YB}\left(\dfrac{\Delta Q_{YA}}{\Delta Q_{YB}} + 1\right)}{\Delta Q_{XB}\left(\dfrac{\Delta Q_{XA}}{\Delta Q_{XB}} + 1\right)}$$

になる。E 点では $MRS_A = MRS_B$ であるから，

$$-\frac{\Delta Q_{YA}}{\Delta Q_{XA}} = -\frac{\Delta Q_{YB}}{\Delta Q_{XB}}$$

が成り立つ。この関係は，

$$-\frac{\Delta Q_{XB}}{\Delta Q_{XA}} = -\frac{\Delta Q_{YB}}{\Delta Q_{YA}} \quad \text{あるいは} \quad -\frac{\Delta Q_{XA}}{\Delta Q_{XB}} = -\frac{\Delta Q_{YA}}{\Delta Q_{YB}}$$

と書き直すことが可能であり，ここからつぎの式が導かれる。

$$-\frac{\Delta Q_Y}{\Delta Q_X} = -\frac{\Delta Q_{YA}}{\Delta Q_{XA}} = -\frac{\Delta Q_{YB}}{\Delta Q_{XB}}$$

6）ヘラー（1970）では，(i) すべての家計の選好が同じで，かつ所得水準も同じケース，(ii) すべての家計の無差別曲線が相似拡大的で，所得が同じケースにおいても，社会的無差別曲線の交差の可能性が排除されることを説明している。

図２−10　社会的無差別曲線

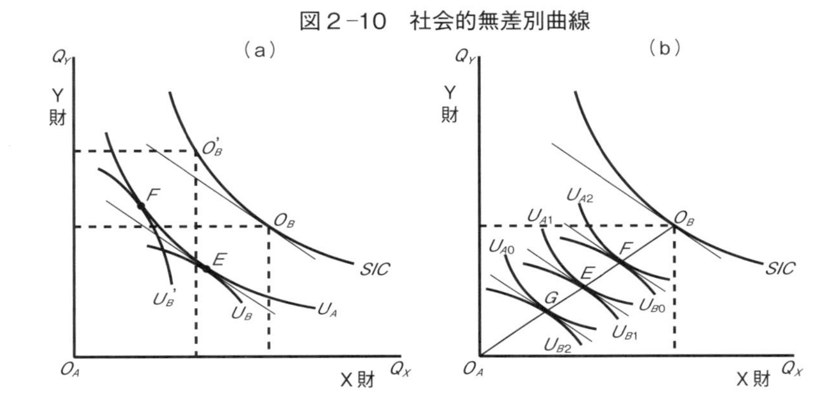

各家計の選好が同じ（家計Ａと家計Ｂの無差別曲線は同じ形状）で，相似拡大的な無差別曲線を描いたものである。この場合，家計Ａと家計Ｂの無差別曲線の接点の軌跡すなわち契約曲線は対角線 O_AO_B と一致する。いずれの接点（E 点，F 点，G 点）をみても，共通接線である家計Ａと家計Ｂの限界代替率は等しく，$MRS_A = MRS_B$ である[7]。それゆえ，社会の消費総量を示す O_B 点における社会的無差別曲線の接線すなわち社会の限界代替率 MRS も１つに決まり，社会的無差別曲線を１本に特定することができる。

社会的無差別曲線はつぎの５つの特徴をもっている。

①社会的無差別曲線は社会の効用に応じて無数に描かれる。

②社会的無差別曲線は右下がりである。

③原点から遠くに描かれる社会的無差別曲線ほど社会の効用水準は高い。

④社会的無差別曲線は交差しない。「各家計の選好すなわち効用関数は同じであり，かつ各家計の無差別曲線は相似拡大的に描かれる」という仮定を置くことで，交差の可能性を排除することができる。

⑤社会的無差別曲線は原点に対して凸型に描かれ，限界代替率は逓減する。

7）F 点と G 点を比べれば，F 点では家計Ａの所得が家計Ｂの所得より大きく，G 点では家計Ｂの所得が家計Ａの所得より大きい。このような所得の違いは生じるものの，家計Ａと家計Ｂは同じ割合で２財を消費する。なお，両者の所得に極端な偏りがある場合，適切な所得分配が行われる。

3-3　最適消費の決定

一定の予算制約のもとで，社会の消費がどのように決まるかを考える。完全競争下では価格を与件として消費が行われる。社会全体の所得がIで示され，X財とY財を消費すると考える。X財とY財の価格はそれぞれP_X，P_Yで与えられ，おのおのの数量がQ_X，Q_Yで示されるとする。

社会全体の所得Iをすべて消費にあてれば，2財に対する支出額の合計は所得と一致し，

$$I = P_X Q_X + P_Y Q_Y$$

が得られる。このうち，$P_X Q_X$はX財に対する支出額，$P_Y Q_Y$はY財に対する支出額である。この式は**予算制約式**（budget ccnstraint）とよばれる。

予算制約式を変形すると，

$$Q_Y = -\frac{P_X}{P_Y}Q_X + \frac{I}{P_Y}$$

になる。縦軸にY財の数量，横軸にX財の数量をはかれば，この式は図2-11における線分ABのように描かれる。A点に対応する縦軸切片$I／P_Y$は，所得すべてをY財の消費にあてたときの最大消費可能量である。横軸上のB点に対応する$I／P_X$は，所得すべてをX財の消費にあてた場合の最大消費可能量である。線分ABは，社会全体ですべての所得を使い果たしたときの2財の消費状況を示している。この線分は**予算線**（budget line）とよばれ，その傾きは$-(P_X／P_Y)$である。$P_X／P_Y$はX財の相対価格または交換比率であり，X財1単位はどれだけのY財と交換されるかを意味する。

予算線と社会的無差別曲線を同一の平面に描くことで，最適消費をみいだすことができる。図2-11では，予算線ABと無差別曲線U_0，U_1，U_2を描いている。社会全体ですべての所得を消費にあてるとすれば，予算線AB上で消費が行われる。予算線AB上のE点，F点，G点を比較してみる。予算線と社会的無差別曲線U_0が交差するF点では，Y財の消費を減らし，X財の消費を増やすことで，より高い効用に到達する余地が残されている。G点では，X財の消費を減らし，Y財の消費を増やすことで，より高い効用を得ることができる。この結果，予算線と社会的無差別曲線U_1が接するE点において，社会の効用はもっとも高くなる。E点におけるX財の消費量は

図２−11　最適消費の決定

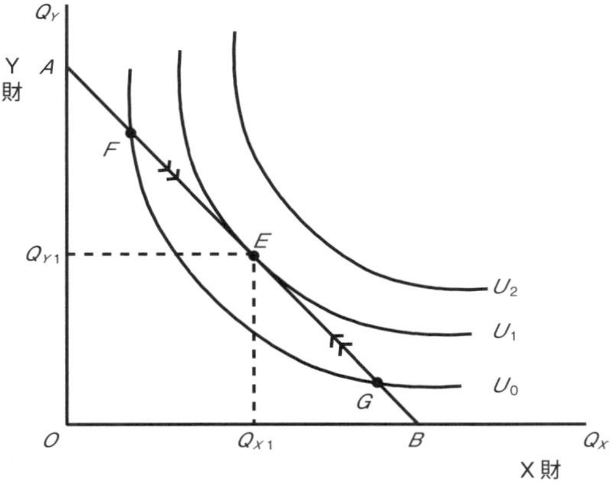

Q_{X1}, Y 財の消費量は Q_{Y1} である。

社会の最適消費は予算線と社会的無差別曲線の接点で実現し，そこでは予算線の傾き $-(P_X / P_Y)$ と社会的無差別曲線の接線の傾き $\Delta Q_Y / \Delta Q_X$ が一致する。すなわち，**最適消費の条件**は，

$$MRS = -\frac{\Delta Q_Y}{\Delta Q_X} = \frac{P_X}{P_Y}$$

であり，限界代替率と相対価格が一致することである。また，

$$MRS = -\frac{\Delta Q_Y}{\Delta Q_X} = \frac{MU_X}{MU_Y}$$

という関係を用いると，上記の最適消費の条件は，

$$\frac{MU_X}{P_X} = \frac{MU_Y}{P_Y}$$

として表すこともできる。これは，各財について貨幣１単位あたりの限界効用が均等化するところで最適消費が実現することを意味する。

なお，財の価格や所得水準が変化すれば予算線も変化し，それに応じて最適消費も変化する。

第3章　近代貿易理論

この章では，前章で考察した生産と消費の理論にもとづき，近代貿易理論を解説する。まず，部分均衡分析にもとづき，輸入競争財市場と輸出財市場それぞれに焦点をあてて貿易利益を検討する。また，一般均衡分析により，生産可能曲線と社会的無差別曲線との関係から貿易利益がどのように示されるかを考える。

つぎに，近代貿易理論の主柱をなすヘクシャー=オリーン定理（要素賦存比率の定理，要素価格均等化の定理）を取り上げ，貿易の発生要因はなにか，貿易の開始はいかなる影響を与えるかを解説する。さらに，貿易均衡を実現する均衡交易条件はどのように決まるかを考える。なお，本章では補論を設け，サムエルソン=ジョンソン図を利用して，ヘクシャー=オリーン定理を数学的に検討してみる。

1　自由貿易と貿易利益

ここでは，自由貿易の利益を部分均衡分析と一般均衡分析にもとづいて考察する。**部分均衡分析**（partial equilibrium analysis）は，他の市場を与件として特定の市場を分析する方法であり，**一般均衡分析**（general equilibrium analysis）は，複数の市場の相互関連性に着目して分析する方法である。

1-1　部分均衡分析

まず，部分均衡図にもとづき自由貿易の利益を考える。自国は**小国**であり，みずからの経済行動は国際市場に影響を与えず，自国の経済主体は所与の国際価格のもとで行動すると仮定する。また，完全競争が成り立つとする。

図3-1（a）は，輸入競争財（たとえば農産物）の国内需要曲線 D と国内供給

図3－1 自由貿易の利益

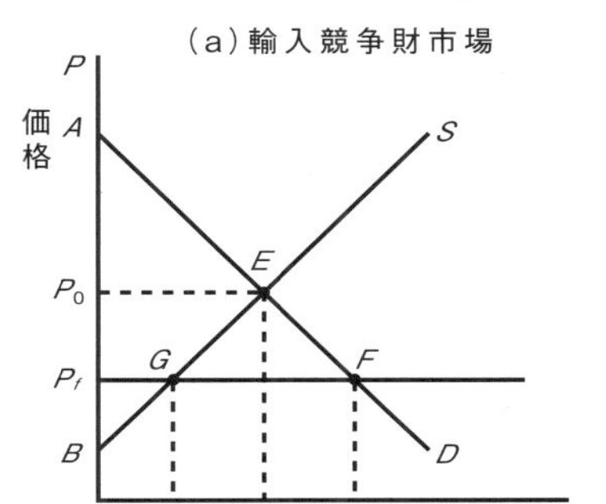

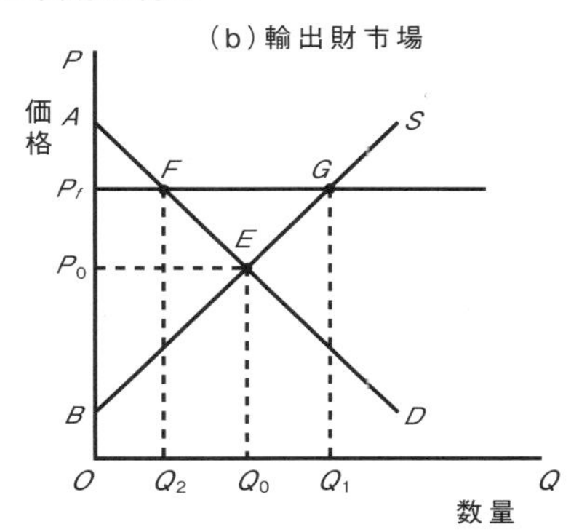

曲線Sを示している。閉鎖経済下では，国内需要は国内供給によってまかなわれ，農産物の需給は需要曲線Dと供給曲線Sの交点Eで一致する。E点は閉鎖経済下の均衡にあたり，国内価格はP_0，取引量はQ_0である。消費者余剰は$\triangle AEP_0$，生産者余剰は$\triangle BEP_0$，総余剰は$\triangle ABE$になる[1)]。

自国が農産物市場を開放し，農産物の国際価格がP_fであるとしよう。自国には国内価格より安い農産物が流入する。国内の生産者と消費者は国際価格のもとで生産または消費を行う。価格の下落によって，消費者は消費量をQ_0からQ_1に増加させる。他方，生産者は生産量をQ_0からQ_2に減少させる。国内では$Q_1 - Q_2$に等しい超過需要が発生するが，市場を開放した場合，超過需要分は輸入によってまかなわれる。貿易の開始とともに，消費者余剰は$\triangle AEP_0$から$\triangle AFP_f$に拡大し，生産者余剰は$\triangle BEP_0$から$\triangle BGP_f$に減少する。消費者余剰の増加分は生産者余剰の減少分より大きく，閉鎖経済下

---

1) **消費者余剰**（consumer' s surplus）は，消費者が支払ってもよいと考える支払意志額と実際の支払額との差額と定義される。図3-1（a）において，価格をP_0とすれば消費量はQ_0である。このとき，消費者の支払意志額は台形$OAEQ_0$，実際の支払額は□OP_0EQ_0である。ここから，消費者余剰は$\triangle AEP_0$になる。

他方，**生産者余剰**（producer' s surplus）は，生産者の収入と生産の継続のために最低限回収しなければならない費用との差額と定義される。図3-1（a）において，価格をP_0とすれば生産量はQ_0になる。このとき，生産者の収入は□OP_0EQ_0，最低限回収すべき費用は台形$OBEQ_0$である。ここから，生産者余剰は$\triangle BEP_0$になる。

と比較して総余剰は△ EFG だけ増加する。これが輸入競争財市場における「自由貿易の利益」にあたる。

輸出財（たとえば工業製品）の市場を表す図 3-1（b）では，閉鎖経済下の均衡が E 点で与えられ，国内価格は P_0，取引量は Q_0，消費者余剰は△ AEP_0，生産者余剰は△ BEP_0，総余剰は△ ABE である。当該財の国際価格が P_f で示されれば，市場開放とともに価格の上昇が生じ，生産量は Q_0 から Q_1 に増加し，消費量は Q_0 から Q_2 に減少する。この結果，国内における超過供給分 $Q_1 - Q_2$ が輸出され，消費者余剰は△ AFP_f，生産者余剰は△ BGP_f になる。生産者余剰の増加分は消費者余剰の減少分を上回り，閉鎖経済と比較して△ EFG だけ余剰が増加する。これが輸出財市場における「自由貿易の利益」に等しい。

1-2　一般均衡分析

(1) 閉鎖経済下の国内均衡

図 3-2 から閉鎖経済下の国内均衡を導き出す。図 3-2 では，生産可能曲線 TT と社会的無差別曲線 U_0，U_1 を同一平面に描いている。**国内均衡**は，国内消費が国内生産によってまかなわれ，**自給自足**（autarky）が成立すると

図 3-2　自由貿易の利益

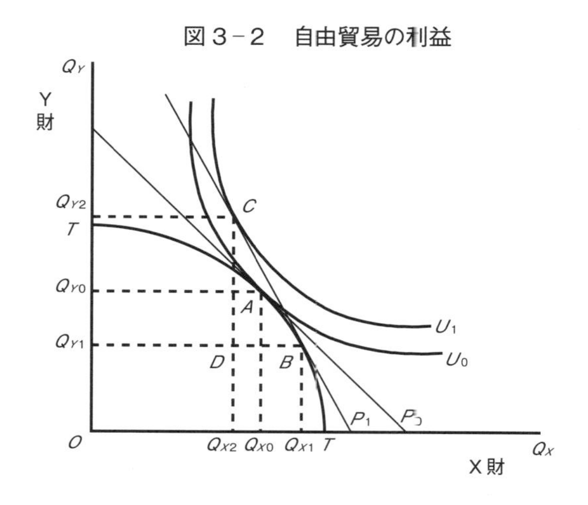

ころに求められる。したがって，生産可能曲線上に消費点が存在する。

生産面では，完全雇用と効率的な生産が実現し，一定の資源制約のもとで最大の所得を獲得することが最適化の条件となる。言い換えると，X 財と Y 財の相対価格と限界変形率（あるいは両財の限界費用比率）が一致するところで最適生産が実現する。他方，消費面では，一定の所得のもとで効用を最大にすることが最適化の条件となる。換言すれば，X 財と Y 財の相対価格と限界代替率が等しくなるところで最適消費が実現する。自給自足とともに，最適生産と最適消費が同時にみたされるのは，生産可能曲線 TT と社会的無差別曲線 U_0 が接する A 点である。

A 点では，X 財の国内生産と国内消費はともに Q_{X0}，Y 財の国内生産と国内消費はともに Q_{Y0} であるから，国内の需給が一致し，自給自足が成立している。また，A 点における共通接線 P_0 は限界変形率 MRT と限界代替率 MRS にあたり，相対価格 $P_X／P_Y$ と一致する。生産面では，A 点において相対価格と限界変形率が一致し，最適生産の条件がみたされる。消費面では，A 点において相対価格と限界代替率が一致し，最適消費が成り立つ。

図示は省略するが，社会的無差別曲線が U_0 より低位に描かれる場合，生産可能曲線と社会的無差別曲線は，A 点以外の生産可能曲線上で交差する。このとき，生産可能曲線に沿って X 財と Y 財の生産を調整することで，高次の社会的無差別曲線 U_0 に到達することができる。

ここで，何らかの要因によって X 財の価格が相対的に上昇（Y 財の価格が相対的に下落）し，相対価格を表す直線（**価格線**とよぶ）が P_0 から P_1 に変化したとする。X 財の相対価格が上昇すれば，X 財の生産の増加と Y 財の生産の減少が生じる。国内生産は価格線 P_1 と生産可能曲線が接する B 点に変化する。X 財の生産量は Q_{X1}，Y 財の生産量は Q_{Y1} である。また，国内消費は価格線 P_1 と社会的無差別曲線 U_1 が接する C 点に移る。相対価格が上昇した X 財の消費が減少し，相対価格が下落した Y 財の消費が拡大する。X 財の消費量は Q_{X2}，Y 財の消費量は Q_{Y2} である。

しかし，この状況では，X 財，Y 財ともに国内生産と国内消費が一致していない。X 財の生産は Q_{X1}，消費は Q_{X2} であるから，$Q_{X1} - Q_{X2}$（あるいは BD）は超過供給に相当する。他方，Y 財の生産は Q_{Y1}，消費は Q_{Y2} であるから，

$Q_{Y2}-Q_{Y1}$（あるいはCD）は超過需要にあたる。閉鎖経済では，国内消費は国内生産によってまかなわれなければならず，需給の不均衡を調整するように価格が変化する。すなわち，超過供給が生じているX財の価格は下落し，超過需要が生じているY財の価格は上昇する。この結果，X財の価格は相対的に下落（Y財の価格は相対的に上昇）するから，価格線はP_1からP_0へと戻り，経済は国内均衡を示すA点へと移動する。

仮に，Y財の価格が相対的に上昇（X財の価格が相対的に下落）し，価格線がP_0より緩やかに描かれる場合，需給の変化によってX財の超過需要とY財の超過供給が生じる。価格調整の結果，Y財の価格は相対的に下落して初期の価格線P_0に戻り，経済は当初の国内均衡点Aに落ち着く。

(2) 自由貿易下の均衡

この国が市場を開放し，閉鎖経済から開放経済に移行したとしよう。この国は小国であり，当該国の経済行動は国際市場に影響をおよぼさず，国際市場で決定された価格を与件として行動する。図3-2では，閉鎖経済下の国内相対価格はP_0線で示され，国内均衡はA点である。**交易条件**を示す国際相対価格がP_1線で示されるとする。仮定にしたがい，国際価格は所与であるから，P_1線の傾きは一定となる。国内相対価格と国際相対価格の関係から，X財の国際価格は国内価格より高く，Y財の国際価格は国内価格より低い。この国にとって，X財は比較優位財，Y財は比較劣位財になる。

価格線P_1のもとで，国内生産はB点に，国内消費はC点に移行する[2)]。これより，X財には$Q_{X1}-Q_{X2}$（あるいはBD）に相当する超過供給が発生するが，国際市場では超過供給分を輸出することができる。他方，Y財には

2）P_1線は，国内生産を示す所得線であり，同時に国内消費を示す予算線でもある。このため，P_1線上では国内生産額と国内消費額が一致し，貿易収支はゼロになる。

X財とY財の国際価格をP_X^*，P_Y^*，X財とY財の生産量をQ_X　Q_Y，X財とY財の消費量をC_X，C_Yとすれば，国内生産点Bと国内消費点Cの関係は，

$$P_X^*Q_X+P_Y^*Q_Y=P_X^*C_X+P_Y^*C_Y$$

と表される。左辺は国内生産額，右辺は国内消費額である。この式を変形すれば，

$$P_X^*(Q_X-C_X)=P_Y^*(C_Y-Q_Y)$$

になる。Q_X-C_XはX財の輸出量，C_Y-Q_YはY財の輸入量にあたる。したがって，左辺の輸出額と右辺の輸入額が等しくなり，貿易収支は均衡することがわかる。

$Q_{Y2}-Q_{Y1}$（あるいは CD）にあたる超過需要が生じるが，国際市場では超過需要分を輸入することができる。図3-2では，△BCD が形成されるが，この三角形を**貿易三角形**とよぶ。

市場を開放し，貿易を開始することで，当該国は閉鎖経済下の社会的無差別曲線 U_0 から高次の社会的無差別曲線 U_1 に到達する。ここでは，関税などの貿易障壁は存在せず，U_0 から U_1 への社会の効用の上昇が**自由貿易の利益**にあたる。なお，国際相対価格が P_0 線より緩やかに描かれれば，Y財が比較優位財，X財が比較劣位財になり，Y財の生産拡大とX財の生産縮小が生じ，Y財が輸出されX財が輸入される。この場合にも，貿易の開始とともに，閉鎖経済下の社会的無差別曲線 U_0 より高次の社会的無差別曲線に到達する。

(3) 交換の利益と特化の利益

第1章でみたように，自由貿易の利益は交換の利益と特化の利益から構成される。また，生産可能曲線 TT は，労働と資本をともに可変的インプットとする長期の視点から導出される。しかし，比較優位財への生産特化と貿易利益との関係を考えるにあたっては時間を考慮することが必要である。

図3-3では，長期の生産可能曲線 TT に加えて，国内均衡点 A に接する短期の生産可能曲線 tt を描いている。この国が開放経済に移行し，国際相

図3-3　交換の利益と特化の利益

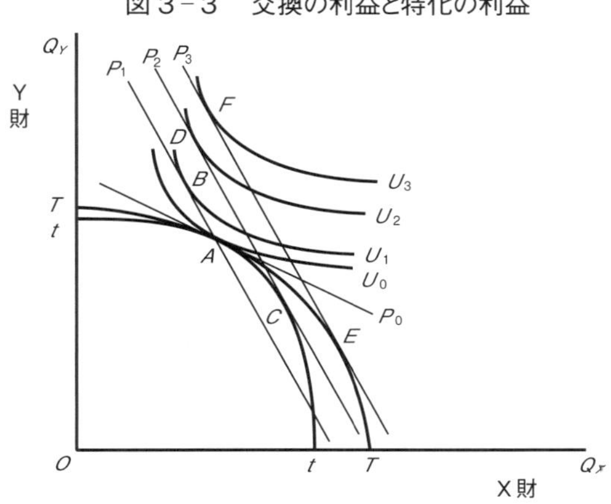

対価格 P_1 が与えられたとしても，即座に生産調整を行うことは難しい。生産要素の移動がまったく生じない「超短期」では，生産点は移動しない。市場が開放されても，生産は当初の国内均衡点 A にとどまることになる。しかし，国際相対価格は P_1 に移行し，P_1 線は A 点を通過するために，国内消費は B 点に変化する。ここから，閉鎖経済下の社会的無差別曲線 U_0 より高次の社会的無差別曲線 U_1 に到達する。これは，生産あるいは資源配分の変更が生じず，交換のみによって得られた社会の効用の増大にあたる。すなわち，**交換の利益**に等しいわけである。

つぎに，労働を可変的インプット，資本を固定的インプットとする「短期」では，国際相対価格 P_2（P_1 線と平行）のもとで，国内生産が tt 曲線上を C 点に移動する。他方，国内消費は D 点に移る。この結果，社会的無差別曲線 U_2 に到達する。短期の生産可能曲線上であっても比較優位財への生産特化は進むから，交換の利益に加えて**特化の利益**も獲得する。労働と資本がともに可変的インプットとなる「長期」では，国際相対価格 P_3 と長期の生産可能曲線 TT が接する E 点に生産が変化し，比較優位財への生産特化がさらに進むことになる。国内消費は F 点に移り，社会的無差別曲線 U_3 に到達する。長期においては，生産特化が進むことで，さらなる特化の利益を獲得することができる。固定的インプットである資本投入の変更が生じると，それによって短期の生産可能曲線も変化する。つまり，つぎからつぎに短期の生産可能曲線を乗り換えながら C 点から E 点への移行が生じる。時間を考慮すれば，生産点は長期の生産可能曲線 TT 上を動くわけではない。

貿易利益を獲得するうえで生産特化が必要となるが，それには比較劣位産業から比較優位産業への資源配分の変更（**産業調整**）が生じなければならない。しかし，現実には，生産要素の産業間移動には時間がかかる。生産が縮小する比較劣位産業では廃業や離職に追い込まれ，労働者の技能，資本の転換などを考えれば，他の産業への要素移動が即座に生じるわけではない。また，市場開放によって生産の縮小を余儀なくされる比較劣位産業では，政府に対して産業保護を求める声が強まるといえる。

Column　日本の貿易構造

図A

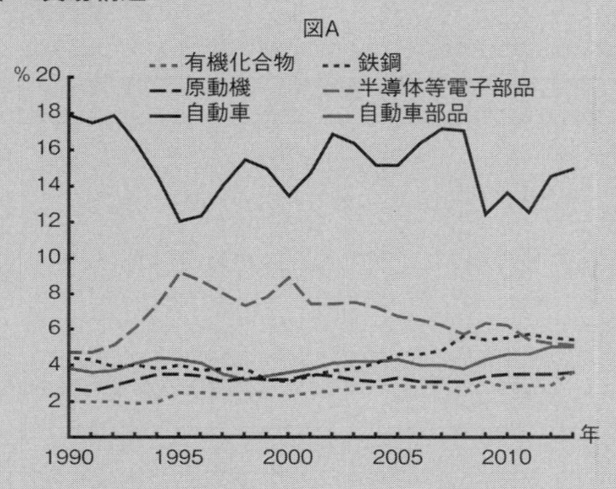

図B

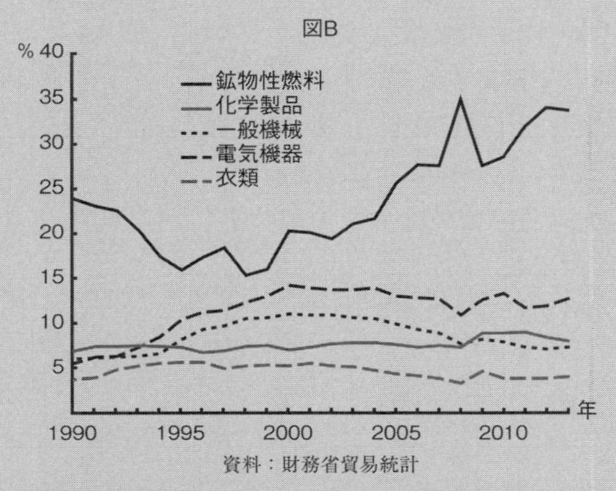

資料：財務省貿易統計

図Aは輸出構成の推移を，図Bは輸入構成の推移を示している。

まず，主要な輸出品目の動きをみることにしよう。輸出財産業は日本の基幹産業ということができる。最大の輸出品目は「自動車」である。自動車および「自動車部品」を合算すると，これらだけで輸出全体の20%を占めている。また，「半導体等電子部品」には一時期の勢いはなく，電気機器全体の輸出は低下している。生産コスト面において発展途上国からの追い上げを受け，比較優位度を失いつつあるといえる。他方で，「鉄鋼」，「原動機」（一般機械）の輸出は堅調であり，近年，「有機化合物」など化学製品の輸出が拡大しつつある。

このように，過去20年の輸出動向をみるだけでも，比較優位や輸出のパターンが変わりつつあることに気づくであろう。
　つぎに，輸入について，「鉱物性燃料」（原油・粗油，液化天然ガスなど）が最大であり，この比率は上昇している。このことは「製品輸入比率」が低下することを意味する。また，「電気機器」の輸入が上昇し，図Aとあわせると，電気機器の競争力が低下していることが読みとれる。さらに，労働集約的な「衣類」の輸入は一定の大きさを維持している。

2　ヘクシャー＝オリーン定理

　ヘクシャー（E.F.Heckscher）とオリーン（B.Ohlin）の定理は，2国（I国，II国），2財（X財，Y財），2生産要素（労働L，資本K）モデルによって展開され，つぎの仮定のもとで構築される。
　①I国は相対的に労働豊富国，II国は相対的に資本豊富国である。
　②X財は労働集約財，Y財は資本集約財であり，おのおのの生産関数は両国で同じである。また，各財の生産関数は1次同次型であり，規模に関する収穫不変の特徴をもつ。
　③生産要素（労働，資本）は両国で同質であり，それぞれの国内のみを移動する。
　④効用関数は両国で同じとする。
　⑤生産物市場，生産要素市場ではともに完全競争が成立する。
　⑥貿易取引において，関税などの障壁は存在せず，輸送費用も発生しない。
　ヘクシャーとオリーンの定理では，比較優位の決定要因を各国の要素賦存比率の違いに求める。また，貿易の結果，生産要素の価格は国際間で均等化するという命題を導いている。

2-1　要素賦存比率と比較優位

(1) 生産可能曲線の描き方

　I国とII国のボックス・ダイアグラムから，それぞれの生産可能曲線を導

図 3-4 ヘクシャー=オリーン定理

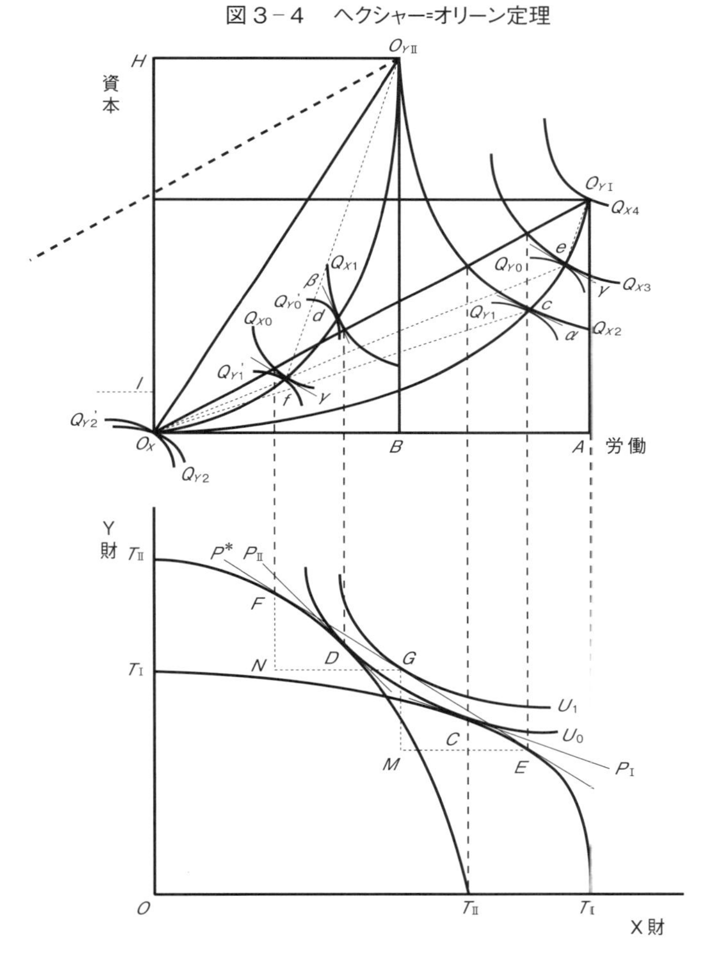

出する。図 3-4 の上図において，I 国の労働賦存量は O_XA，資本賦存量は $O_{Y\text{I}}A$ であり，要素賦存比率はボックスの対角線 $O_XO_{Y\text{I}}$ の傾きに等しい。II 国の労働賦存量は O_XB，資本賦存量は $O_{Y\text{II}}B$ であり，II 国の要素賦存比率は対角線 $O_XO_{Y\text{II}}$ の傾きにあたる。仮定より I 国は労働豊富国，II 国は資本豊富国であるから，要素賦存比率は I 国より II 国のほうが大きい。つまり，

O_XO_{YII} の傾きは O_XO_{YI} の傾きより大きくなる。

X 財の等産出量曲線の原点はⅠ国，Ⅱ国ともに O_X である。X 財の生産関数は両国で同じであるから，同一の等産出量曲線群を与えることができる。また，Y 財の等産出量曲線の原点は，Ⅰ国では O_{YI}，Ⅱ国では O_{YII} である。Y 財の生産関数も両国で共通である。それぞれの原点は異なるが，同じ形状の等産出量曲線群を描くことができる。効率的な要素配分の軌跡である契約曲線は，Ⅰ国では O_XceO_{YI} で，Ⅱ国では O_XfdO_{YII} で表される。X 財は労働集約財，Y 財は資本集約財であるから，それぞれの契約曲線は各国のボックスの対角線より下に描かれる。

図 2–6 で説明したように，生産可能曲線を描くうえで，一定の資本–労働比率を与えることが必要になる。これをⅠ国のボックスの対角線 O_XO_{YI} で示すことにする。対角線 O_XO_{YI} を基準として X 財の生産量を横軸に投影する。原点 O_X から Q_{X0}，Q_{X1}，Q_{X2}，Q_{X3}，Q_{X4} の順に X 財の等産出量曲線を描いている。Ⅰ国の X 財の最大生産可能量は O_{YI} をとおる Q_{X4} である。Q_{X4} の生産量は原点 O_X から O_{YI} への距離で示されるが，比例関係を利用し，これを横軸の長さ O_XA に移し替える。他方，原点 O_{YI} から Q_{Y0}，Q_{Y1}，Q_{Y2} の順に Y 財の等産出量曲線を描いている。Ⅰ国の Y 財の最大生産可能量は O_X をとおる Q_{Y2} になり，Q_{Y2} の生産量は原点 O_{YI} から O_X までの距離ではかられる。同時に，これは縦軸の長さ $O_{YI}A$ に置き換えることができる。図 2–6 と同じ方法で，対角線 O_XO_{YI} を基準にしてⅠ国の生産可能曲線を導くと，図 3–4 の下図において T_IT_I が求められる。

Ⅱ国の生産可能曲線もⅠ国のボックスの対角線 O_XO_{YI} を基準にして導出される。両国に同じ資本–労働比率を与えることで，生産可能曲線上の X 財と Y 財の目盛りが同じになるからである。Ⅱ国における X 財の最大生産可能量は O_{YII} をとおる Q_{X2} であり，原点 O_X から対角線 O_XO_{YI} 上の Q_{X2} までの距離を横軸に移し替える。他方，原点 O_{YII} を起点として，Y 財の等産出量曲線 Q_{Y0}'，Q_{Y1}'，Q_{Y2}' を描いている。Y 財の測定にあたっては若干の操作が必要となる。原点 O_{YII} から対角線 O_XO_{YI} に平行な補助線を書き込む。この補助線を与えることで，両国の Y 財の目盛りを同じにすることができる。Ⅱ国の Y 財の最大生産可能量は O_X をとおる Q_{Y2}' である[3)]。対角線 O_XO_{YI} に

平行な補助線と Q_{Y2}'との交点を描いていないが，生産量は原点 O_{YII} から補助線と Q_{Y2}'との交点までの距離ではかられる。これを縦軸に投影したものが HI の長さであるとする[4)]。このような方法で II 国の生産可能曲線を求めると，図 3–4 の下図で $T_{II}T_{II}$ が導出される。

(2)　比較優位の決定

図 3–4 の下図では，両国の生産可能曲線が求められたが，ここに社会的無差別曲線を書き加える。仮定から両国の効用関数は同じであり，原点 O を起点として共通の社会的無差別曲線 U_0，U_1 を描くことができる。

いま，社会的無差別曲線 U_0 が両国の生産可能曲線に接すると考える。T_IT_I と U_0 の接点 C は I 国の国内均衡を，$T_{II}T_{II}$ と U_0 の接点 D は II 国の国内均衡を表す。C 点における共通接線 $P_I = \left(\frac{P_X}{P_Y}\right)_I$ は I 国の X 財の相対価格になり，D 点における共通接線 $P_{II} = \left(\frac{P_X}{P_Y}\right)_{II}$ は II 国の X 財の相対価格に等しい。価格線 P_I と P_{II} の傾きを比較すれば，P_I のほうが緩やかに示され，X 財の価格は I 国のほうが相対的に安くなる。反対に，Y 財の価格は II 国のほうが相対的に安くなる。この結果，I 国は X 財に比較優位をもち，Y 財は比較劣位にある。II 国は Y 財に比較優位をもち，X 財は比較劣位にある。

図 3–4 の上図では，I 国の国内均衡 C 点と対応する要素配分点は c，II 国の国内均衡 D 点に対応する要素配分点は d である。c 点，d 点における共通接線は要素価格比率に等しく，c 点における共通接線 $\alpha = \left(\frac{w}{r}\right)_c$ は d 点における共通接線 $\beta = \left(\frac{w}{r}\right)_d$ より緩やかである。原点 O_X から c 点に破線（資本–労働比率）を書き加え，等産出量曲線 Q_{X1} との交点を求めると，その交点における技術的限界代替率は c 点における技術的限界代替率と等しい。また，その交点での技術的限界代替率は d 点における技術的限界代替率より小さい。すなわち，労働豊富な I 国では賃金率が相対的に安く，労働を集約的に投入して生産される財の価格が相対的に安価になる。反対に，資本豊富な II

---

3) I 国の Y 財の等産出量曲線 Q_{Y2} と II 国の Y 財の等産出量曲線 Q_{Y2}' はともに O_X を通過する。このとき，II 国の Y 財の要素集約度（要素賦存比率と一致）は I 国のそれより大きいから，技術的限界代替率（O_X における接線の傾き）も大きくなっている。

4) Y 財の等産出量曲線 Q_{Y0}'，Q_{Y1}' について，対角線 O_XO_{Y1} に平行な補助線との交点を求め，それを縦軸に投影したものが D 点，F 点の高さにあたる。

国では資本報酬率が相対的に安く，資本を集約的に投入して生産される財の価格が相対的に安くなる。ここから，労働豊富国は労働集約財に，資本豊富国は資本集約財に比較優位をもつことになる。

さきの仮定①～⑥をみれば，I 国と II 国の間で異なるものは要素賦存比率のみである。生産関数の共通性，生産要素の同質性，効用関数の共通性を前提とすれば，比較優位の源泉は要素賦存比率の違いに求められるわけである。以上が「要素賦存比率の定理」である。

Column　レオンティエフの逆説

レオンティエフ（W. W. Leontief）は，ヘクシャー=オリーン定理の検証を行い，資本豊富国とされるアメリカが必ずしも資本集約財を輸出するわけではないことを明らかにした。これを**レオンティエフの逆説**（Leontief paradox）という。ヘクシャー=オリーン定理は，生産関数の共通性，生産要素の同質性，効用関数（社会的無差別曲線）の共通性という仮定に依拠する。これらの仮定のうち１つでも緩和されれば，「要素賦存比率の定理」が成り立たない場合がある。

(i) 生産関数の相違

I 国は労働豊富国，II 国は資本豊富国であり，X 財は労働集約財，Y 財は資本集約財である。効用関数は両国で同じとする。両国で生産関数が同じという仮定をはずし，II 国の X 財産業の生産関数が改善すると考える。このとき，図 3-4 の下図における II 国の生産可能曲線は横軸方向に拡大し，その拡大幅が十分に大きければ，II 国の国内相対価格 P_{II} が I 国の国内相対価格 P_I より緩やかに描かれる。この結果，比較優位が逆転し，労働豊富国である I 国は資本集約財に，資本豊富国である II 国は労働集約財に比較優位をもつことになる。

(ii) 効用関数の相違

両国の効用関数が異なり，自国に豊富に賦存する生産要素を投入して生産される財に需要が偏る場合，比較優位が逆転する可能性がある。図 3-4 の下図において，I 国での需要が労働集約財（X 財）に偏る場合，社会的無差別曲線は急な形状で描かれる。他方，II 国での需要が資本集約財（Y 財）に偏れば，社会的無差別曲線は緩やかに表される。このとき，I 国の生産可能曲線が $T_I T_I$，II 国の生産可能曲線が $T_{II} T_{II}$ であれば，I 国の国内均衡は C 点より右下に，II 国のそれは D 点より左上に移動する。I 国の国内相対価格 P_I は II 国の国内

相対価格 P_{II} より急に描かれ，I 国は資本集約的な Y 財に比較優位をもち，II 国は労働集約的な X 財に比較優位をもつ可能性が高くなる。

2-2　要素価格均等化

I 国，II 国がともに市場を開放して貿易を行うものとする。貿易の開始が両国にどのような影響をおよぼすかを検討する。労働豊富な I 国では賃金率が低く，労働集約的な X 財がより安く生産されている。他方，資本豊富な II 国では資本報酬率が低く，資本集約的な Y 財がより安く生産されている。I 国は X 財に比較優位をもち，II 国は Y 財に比較優位をもつことになる。ここから，I 国は X 財を輸出して Y 財を輸入する一方，II 国は Y 財を輸出して X 財を輸入するという貿易パターンが成立する。

貿易が開始されると，両国の貿易を成立させる国際相対価格（交易条件）は$P_{\text{I}}=\left(\dfrac{P_X}{P_Y}\right)_{\text{I}}$ と$P_{\text{II}}=\left(\dfrac{P_X}{P_Y}\right)_{\text{II}}$ の間に決まる。I 国にとって，交易条件が II 国の国内相対価格に近づくほど，I 国の国内で財の交換を行うよりも，国際的な財の交換（貿易）を行うことが有利になる。反対に，II 国では，交易条件が I 国の国内相対価格に近いほど，II 国の国内で財の取引を行うよりも，I 国との間で貿易を行うことが有利になる。図 3-4 の下図では，このような調整によって国際相対価格（交易条件）が$P^*=\left(\dfrac{P_X}{P_Y}\right)^*$ に決まるものとする。

市場開放により，I 国では，国際相対価格 P^* のもとで生産が C 点から E 点に変化し，X 財の生産増加と Y 財の生産減少がみられる。また，消費は C 点から社会的無差別曲線 U_1 上の G 点に移行する。II 国では，生産が D 点から F 点に移り，Y 財の生産増加と X 財の生産減少が図られる。消費は D 点から G 点に移動する。貿易の開始により，両国とも高次の社会的無差別曲線に到達する。このとき，I 国は EM の X 財を輸出し GM の Y 財を輸入する。II 国は FN の Y 財を輸出し GN の X 財を輸入する。国際相対価格は貿易を均衡させるように決まり，I 国の X 財の輸出量 EM と II 国の X 財の輸入量 GN は等しくなる。同時に，II 国の Y 財の輸出量 FN と I 国の Y 財の輸入量 GM も一致する。それゆえ，貿易三角形を示す△ EGM と△ FGN は合同になる。

これらの生産の変化は，両国の要素価格比率が近づくことを意味する。労働豊富なI国では労働集約財への生産特化が進み，労働需要が高まることで賃金率の相対的上昇（資本報酬率の相対的下落）が生じる。資本豊富なII国では資本集約財への生産特化がみられ，資本への需要が高まり，資本報酬率が相対的に上昇（賃金率が相対的に下落）する。図3–4の上図のボックス・ダイアグラムにおいて，I国では要素配分がc点からe点に移り，II国の要素配分はd点からf点に変化する。I国では，要素価格比率が$\alpha=\left(\frac{w}{r}\right)_c$から$\gamma=\left(\frac{w}{r}\right)_e$に変化し，労働集約財の生産増加に伴い賃金率が相対的に上昇することがわかる。II国では，要素価格比率が$\beta=\left(\frac{w}{r}\right)_d$から$\gamma=\left(\frac{w}{r}\right)_f$に変化し，資本集約財の生産増加によって資本報酬率が相対的に上昇することがみてとれる。原点O_Xとe点を結ぶ破線（X財の資本–労働比率）を描けば，e点とf点はともに同じ資本–労働比率のもとで要素配分を行っていることになる。両国において，同一の資本–労働比率のもとで要素配分が行われれば，e点とf点における共通接線すなわち要素価格比率が一致し，$\left(\frac{w}{r}\right)_e=\left(\frac{w}{r}\right)_f$が成立する。なお，$e$点と$f$点で要素価格比率が均等化する場合，原点$O_{YI}$と$e$点を結んだ破線（Y財の資本–労働比率）と原点$O_{YII}$と$f$点を結んだ破線は平行になる。

自由貿易の結果，両国が貿易均衡を実現するところでは，要素価格比率が均等化することがわかる[5)]。図2–6では，財の相対価格，要素価格比率，要素集約度は一義的な関係にあることを説明した。各財の生産関数は両国で共通であるから，国際相対価格が決まれば，それに応じて要素価格比率，要素集約度が両国で等しくなるわけである。

さらに，要素価格の均等化は，貿易が生産要素の移動を代替する効果をもつことを意味する。国際間で生産要素の移動が認められる場合，賃金率や資本報酬率に格差が生じれば，その格差を解消するように労働と資本の移動が発生する。つまり，I国の労働は，より高い賃金を求めてII国に移動するであろう。労働が流出するI国では賃金率が上昇し，労働が流入するII国で

5）I国とII国の要素賦存比率が極端に乖離する場合（I国のボックスが極端に横長，II国のボックスが極端に縦長というケース），I国はX財に完全特化し，II国もY財に完全特化する。この結果，要素価格の均等化は生じない。

は賃金率が下落する。ここから，両国の賃金率が均等化する。また，II 国の資本は，より高い資本報酬を求めて I 国に移動するであろう。資本が流出する II 国では資本報酬率が上昇し，資本が流入する I 国では資本報酬率が下落する。ここから，両国の資本報酬率が均等化する。

しかし，貿易を通じて生産要素価格が均等化するとき，貿易は実質的に生産要素の移動を生じさせたということができる。資本集約財を輸入する I 国の国内では資本報酬率が下落し，資本を輸入したことと同等の効果が生まれる。他方，労働集約財を輸入する II 国の国内では賃金率が下落し，労働を輸入したことと同じ効果がもたらされる。

Column　要素価格の絶対的均等化

貿易は国際間の要素価格比率を均等化させることを導いたが，要素価格は絶対的にも均等化することが証明される[6]。

1 次同次のコブ=ダグラス（Cobb-Douglas）型生産関数を想定し，Q_X を X 財の生産量，L_X を労働投入量，K_X を資本投入量とすれば，I 国，II 国に共通の X 財の生産関数は，

$$Q_X = L_X^{\alpha} K_X^{1-\alpha}$$

であり，L_X，K_X がともに n 倍になれば Q_X も n 倍になるという関係にある。

労働と資本の限界生産物を求めれば，

$$\frac{\Delta Q_X}{\Delta L_X} = \alpha \left(\frac{K_X}{L_X}\right)^{1-\alpha} = \alpha \frac{Q_X}{L_X} \qquad \frac{\Delta Q_X}{\Delta K_X} = (1-\alpha)\left(\frac{K_X}{L_X}\right)^{-\alpha} = (1-\alpha)\frac{Q_X}{K_X}$$

を得る。要素投入の最適条件から，労働の限界生産物は実質賃金率 w と，資本の限界生産物は実質資本報酬率 r と等しくなる。

$$w = \alpha \frac{Q_X}{L_X} \qquad r = (1-\alpha)\frac{Q_X}{K_X}$$

ここから，

$$\alpha = \frac{wL_X}{Q_X} \qquad 1-\alpha = \frac{rK_X}{Q_X}$$

となり，α は労働分配率，$1-\alpha$ は資本分配率に相当する。両者を加えると，

$$Q_X = wL_X + rK_X$$

6）グルーベル（1980）pp.72−74 を参照。

が得られる。X財の生産量は労働と資本に完全分配され，つぎの式で表される。

$$Q_X = MP_L \cdot L_X + MP_K \cdot K_X$$

上記の式から，労働の平均生産物（労働1人あたりの生産量）を求めると，

$$\frac{Q_X}{L_X} = MP_L + \frac{K_X}{L_X} \cdot MP_K = MP_L\left(1 + \frac{K_X}{L_X} \cdot \frac{MP_K}{MP_L}\right)$$

である。貿易後の両国の要素配分点（図3–4の上図のe点，f点）では資本–労働比率K_X／L_Xが一致する。また，e点，f点での共通接線である両国の限界生産物の比率MP_K／MP_L（要素価格比率w／rの逆数）も等しくなる。

生産関数から平均生産物は，

$$\frac{Q_X}{L_X} = \left(\frac{K_X}{L_X}\right)^{1-a}$$

であり，両国のX財の資本–労働比率が等しければ平均生産物も同じになる。

結局，平均生産物，資本–労働比率，要素価格比率は両国で共通となるので，労働の限界生産物MP_L（賃金率w）も等しくなる。同様に，資本の平均生産物を求めた場合にも，資本報酬率が絶対的に均等化するという結論を得る。

3　貿易均衡と交易条件

図3–4の下図では，I国とII国の貿易均衡を前提として，交易条件（国際相対価格）がP^*で与えられるものとした。ここでは，オファー・カーブを導出し，2国間の貿易を均衡させる交易条件がどのように決まるかを考える。労働豊富国であるI国は労働集約財（X財）に，資本豊富国であるII国は資本集約財（Y財）に比較優位をもつと仮定する。

3–1　オファー・カーブの導出

再び図3–4の下図をみよう。I国において，閉鎖経済下の国内均衡は，生産可能曲線$T_I T_I$と社会的無差別曲線U_0が接するC点で与えられ，国内相対価格はP_Iで示されている。この時点で貿易量はゼロである。

X財の相対価格が上昇し，価格線がP_IからP^*に変化すれば，生産はC点からE点に移り，X財の生産量が増加しY財の生産量が減少する。消費

は価格線 P^* と社会的無差別曲線 U_1 が接する G 点に変化する。相対価格 P^* のもとでは，X 財の超過供給分 EM を輸出し，Y 財の超過需要分 GM を輸入することになり，貿易三角形 EGM が形成される。

図示は省略するが，X 財の相対価格がさらに上昇し，価格線が P^* より急に描かれれば，X 財の生産量の増加と Y 財の生産量の減少が進む。他方，価格が相対的に上昇する X 財の消費量は減少し，価格が相対的に下落する Y 財の消費は増加する。ここから，X 財の超過供給（輸出量）は拡大し，Y 財の超過需要（輸入量）も拡大する。

図 3-5(a) は，I 国における相対価格と貿易量との関係を描いたものである。横軸は X 財の輸出量，縦軸は Y 財の輸入量である。図 3-4 の下図において，相対価格が P_{I} のとき，貿易量はゼロであるから，図 3-5 (a) の原点 O は閉鎖経済下の国内均衡 A 点と対応している。相対価格が P^* の場合，図 3-4 の下図では貿易三角形は△ EGM となるが，原点 O に貿易三角形の E 点をあわせると，△ OGM が示される。貿易三角形 EGM における X 財の輸出量 EM は横軸の OM にあたり，Y 財の輸入量 GM は図 3-5 (a) においても GM の高さに等しい。OG の傾きは相対価格 P^* にあたる。

原点 O を起点として，相対価格と貿易量との関係を示す G 点のような組み合わせを結ぶと，I 国のオファー・カーブ O_{I} が導出される。**オファー・カーブ** (offer curve) は，相対価格の変化に応じて貿易量がどのように変わるかを

図 3－5　オファー・カーブ

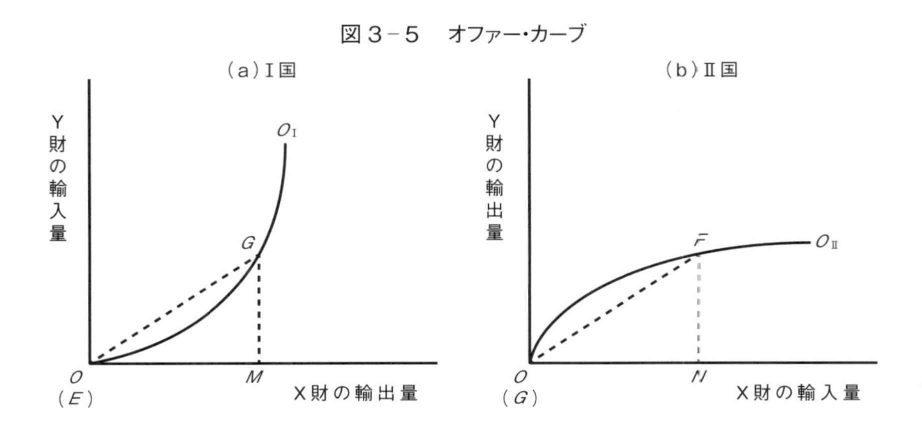

表す軌跡である[7]。

図3−4の下図では，II国の国内均衡は生産可能曲線 $T_{II}T_{II}$ と社会的無差別曲線 U_0 の接点 D で示され，国内相対価格は P_{II} である。このとき，貿易量はゼロである。比較優位財であるY財の相対価格が上昇し，価格線が P_{II} から P^* に変化するとしよう。生産は F 点に変わり，Y財の生産量が増加しX財の生産量が減少する。消費は価格線 P^* と社会的無差別曲線 U_1 が接する G 点に移る。相対価格 P^* のもとでは，超過供給のY財を FN だけ輸出し，超過需要のX財を GN だけ輸入する。それゆえ貿易三角形 FGN が描かれる。

ここでも図示は省くが，Y財の相対価格がさらに上昇し，価格線が P^* より緩やかになると，Y財の生産増加とX財の生産減少が加速する。また，Y財の消費は減少し，X財の消費は増加する。すなわち貿易は拡大する。

図3−5 (b) は，横軸をX財の輸入量，縦軸をY財の輸出量として，II国のオファー・カーブ O_{II} を示している。図3−4の下図において，閉鎖経済下の国内均衡 D 点では，相対価格が P_{II} で貿易量はゼロである。したがって，原点 O は閉鎖経済下の国内均衡 D 点と対応する。相対価格が P^* のとき，貿易三角形は△ FGN となるが，原点 O に貿易三角形 FGN の G 点をあわせると，△ OFN が描かれる。貿易三角形 FGN のうちY財の輸出量 FN は，図3−5 (b) においても FN である。他方，X財の輸入量 GN は ON に等しい。OF の傾きは相対価格 P^* にあたる。原点 O を起点として，相対価格と貿易量との関係を表す F 点のような組み合わせを結べば，II国のオファー・カーブ O_{II} が導かれる。

3−2　均衡交易条件の決定

図3−6は，I国とII国のオファー・カーブ O_I, O_{II} を同時に表したものである。相対価格 P_X / P_Y が P_1 のとき，I国の貿易状況は A 点，II国の貿易状況は B 点である。このとき，I国のX財の輸出量はII国の輸入量より小さく，X財の国際市場では超過需要が発生する。また，I国のY財の輸入量はII国の輸出量より小さく，Y財の国際市場は超過供給の状態にある。結果として，

7）ミード（J. E. Meade）は，生産可能曲線と社会的無差別曲線から「貿易無差別曲線」（社会に一定の効用をもたらす輸出量と輸入量の組み合わせ）を求め，そこからオファー・カーブを導いている。

図３－６　交易条件の決定

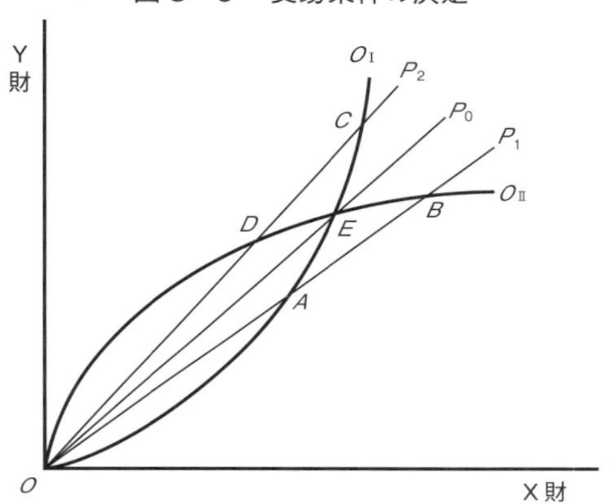

X 財の価格は上昇し，Y 財の価格は下落するから，X 財の相対価格は上昇し，P_1 の傾きは大きくなる。

相対価格が P_2 の場合，I 国の貿易状況は C 点，II 国の貿易状況は D 点である。I 国の X 財の輸出量は II 国の輸入量より大きく，X 財の国際市場は超過供給の状態にある。他方, I 国の Y 財の輸入量は II 国の輸出量を上回り，Y 財の国際市場では超過需要が生じる。このため，超過供給の X 財の価格は下落し，超過需要の Y 財の価格は上昇する。X 財の相対価格の下落は P_2 の傾きを小さくする。

以上のような価格調整の結果，E 点において貿易均衡が実現し，そこでは，I 国の X 財の輸出量と II 国の輸入量が等しく，I 国の Y 財の輸入量と II 国の輸出量も一致する。両国の貿易均衡が成り立つときの相対価格 P_0 が**均衡交易条件**にあたる。

4　補論：サムエルソン＝ジョンソン図による分析*

サムエルソン（P.A.Samuelson）とジョンソン（H.G.Johnson）の図式にもとづき，「要素賦存比率の定理」と「要素価格均等化の定理」を解説する[8)]。第 2 節で述べた①～⑥の仮定を踏襲する。

4−1　サムエルソン=ジョンソン図の導出

両国のX財とY財の生産関数がコブ=ダグラス型で与えられ，Q_XをX財の生産量，L_XをX財の労働投入量，K_XをX財の資本投入量，αをX財産業の労働分配率，$1-\alpha$をX財産業の資本分配率，Q_YをY財の生産量，L_YをY財の労働投入量，K_YをY財の資本投入量，βをY財産業の労働分配率，$1-\beta$をY財産業の資本分配率とすれば，

(1)　$Q_X = L_X^{\alpha} K_X^{1-\alpha}$

(2)　$Q_Y = L_Y^{\beta} K_Y^{1-\beta}$

である。

ここから，X財産業の労働と資本の限界生産物はそれぞれ，

(3)　$\dfrac{\Delta Q_X}{\Delta L_X} = \alpha k_X^{1-\alpha}$

(4)　$\dfrac{\Delta Q_X}{\Delta K_X} = (1-\alpha) k_X^{-\alpha}$

になる。k_XはX財の資本−労働比率K_X / L_Xである。

同様に，Y財産業の労働と資本の限界生産物はおのおの，

(5)　$\dfrac{\Delta Q_Y}{\Delta L_Y} = \beta k_Y^{1-\beta}$

(6)　$\dfrac{\Delta Q_Y}{\Delta K_Y} = (1-\beta) k_Y^{-\beta}$

であり，k_YはY財の資本−労働比率K_Y / L_Yを表す。

要素の限界生産物は要素価格に等しく，実質賃金率をw，実質資本報酬率をrとし，(3)式〜(6)式から各財の要素価格比率R（$=w / r$）を求めれば，

(7)　$R = \dfrac{\alpha}{1-\alpha} k_X$　　$R = \dfrac{\beta}{1-\beta} k_Y$

を得る。図2−4でみたように，要素集約度が1つに与えられれば，要素価

8）以下は，横山将義「ヘクシャー=オリーン定理の再考―貿易依存度の決定を中心として―」『商学研究科紀要』（早稲田大学大学院）第33号，pp.109−137，1991年12月の一部を修正したものである。池間誠「要素賦存比率と商品相対価格」『商学討究』第23巻第1号，pp.51−62，1972年6月なども参照している。

格比率（技術的限界代替率）も1つに決まることになる。X財は労働集約財，Y財は資本集約財であるから，同じ要素価格比率に対して $k_X < k_Y$ である。資源配分の効率化は両産業の要素価格比率が一致するところで実現し，(7)式において両財の要素価格比率を同じとすれば，

$$k_Y - k_X = \frac{\alpha - \beta}{\alpha\ \beta} R$$

が得られ，$k_Y > k_X$ ならば $\alpha > \beta$ または $(1-\alpha) < (1-\beta)$ である。労働集約産業の労働分配率 α は資本集約産業の労働分配率 β より大きく，資本集約産業の資本分配率 $1-\beta$ は労働集約産業の資本分配率 $1-\alpha$ より大きくなる。

図3-7の第Ⅰ象限は(7)式を描いたものである。x 線はX財産業の要素集約度と要素価格比率の関係を，y 線はY財産業の要素集約度と要素価格比率の関係を示している。α と β の値から，x 線は y 線よりも急に描かれる。また，要素価格比率の上昇（賃金率の相対的上昇）によって，労働から資本への投入の代替が発生し，両産業で資本−労働比率が上昇する。

つぎに，財の相対価格と要素価格比率との関係を求める。完全競争や要素の完全移動性のもとでは，産業間で名目賃金率（労働の限界生産物価値）は等しくなる。P_X をX財の価格，P_Y をY財の価格とし，(3)式と(5)式を用いて各産業の名目賃金率を求め，相対価格 P（$= P_X / P_Y$）を表せば，

$$(8)\quad P = \frac{\beta}{\alpha} \cdot \frac{k_Y^{1-\beta}}{k_X^{1-\alpha}}$$

であり，ここに(7)式から k_X，k_Y を代入すれば，

$$(9)\quad P = \frac{\beta}{\alpha}\left(\frac{\alpha}{1-\alpha}\right)^{1-\alpha}\left(\frac{1-\beta}{\beta}\right)^{1-\beta} R^{\alpha-\beta}$$

を得る。(9)式は，要素価格比率 R の上昇（賃金率の相対的上昇）に伴い，労働集約財の相対価格 P も上昇することを表す。財の相対価格と要素価格比率の関係は，図3-7の第Ⅱ象限において S 線として描かれる[9]。

これまでは供給サイドの分析であるが，ここに需要サイドを導入する。X

---

9) 通常，第Ⅰ象限と第Ⅱ象限の関係すなわち(7)式と(9)式の関係から，「要素賦存比率の定理」と「要素価格均等化の定理」が説明される。ここでは，需要サイドを導入し，要素賦存比率と財の相対価格，要素価格比率の関係を求め，2つの定理の解説を試みる。

図３－７　サムエルソン=ジョンソン図

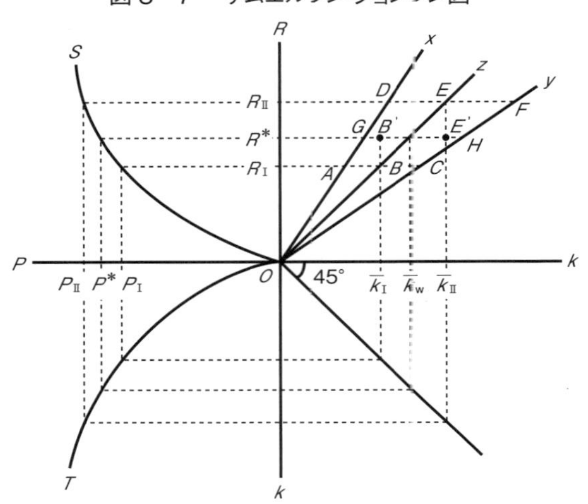

財に対する支出性向を c_X，Y 財に対する支出性向を c_Y とする。ただし，$c_X + c_Y = 1$ である。また，Y 財の消費量を C_Y とする。Y 財を基準に所得をはかれば $PQ_X + Q_Y$ であり，そのうち c_Y の割合で Y 財の消費が行われ，

$$C_Y = c_Y(PQ_X + Q_Y)$$

である。

閉鎖経済下では $Q_Y = C_Y$ であるから，相対価格は，

$$(10)\quad P = \frac{c_X}{c_Y} \cdot \frac{Q_Y}{Q_X}$$

になる。ところで，(8)式から相対価格を

$$(11)\quad P = \frac{\beta}{\alpha} \cdot \frac{L_X}{L_Y} \cdot \frac{Q_Y}{Q_X}$$

と示すことができる。(10)式と(11)式の関係から，

$$(12)\quad \frac{L_X}{L_Y} = \frac{\alpha}{\beta} \cdot \frac{c_X}{c_Y}$$

を得る。(12)式は，産業間で配分される労働投入量の比率が労働分配率と支出性向に依存することを示している。I 国，II 国では生産関数と需要条件は

共通であるから，閉鎖経済下における産業間の労働配分比率も同じになる。

要素賦存比率 $\bar{k}$ $(=\bar{K}/\bar{L})$ は，$\bar{k}=(K_X+K_Y)/(L_X+L_Y)$ であり，産業間の労働配分比率を求めれば，

$$(13)\quad \frac{L_X}{L_Y}=\frac{k_Y-\bar{k}}{\bar{k}-k_X}$$

である。(7) 式，(12) 式，(13) 式から，要素賦存比率と要素価格比率の関係は，

$$(14)\quad R=\frac{\alpha+c_Y(\beta-\alpha)}{1-\alpha+c_Y(\alpha-\beta)}\bar{k}$$

になる。係数の分子は $\alpha(1-c_Y)+\beta c_Y$ と書けるから，分数全体は正になる。(14)式は要素賦存比率が高いほど要素価格比率も高いことを示し，資本豊富国ほど賃金率が相対的に高くなるわけである。

また，係数部分は，

$$\frac{\alpha+c_Y(\beta-\alpha)}{1-\alpha+c_Y(\alpha-\beta)}<\frac{\alpha}{1-\alpha}$$

であり，c_Y を $1-c_X$ と書き換えれば，

$$\frac{\beta+c_X(\alpha-\beta)}{1-\beta+c_X(\beta-\alpha)}>\frac{\beta}{1-\beta}$$

である。したがって，図 3–7 において，要素賦存比率と要素価格比率の関係を示す z 線は，x 線より緩やかで，y 線より急に描かれることになる。

さらに，(14)式を(9)式に代入すれば，

$$(15)\quad P=\frac{\beta}{\alpha}\left(\frac{\alpha}{1-\alpha}\right)^{1-\alpha}\left(\frac{1-\beta}{\beta}\right)^{1-\beta}\left[\frac{\alpha+c_Y(\beta-\alpha)}{1-\alpha+c_Y(\alpha-\beta)}\right]^{\alpha-\beta}\bar{k}^{\alpha-\beta}$$

が得られ，資本豊富国では労働集約財の価格が相対的に高くなることを示している。要素賦存比率と財の相対価格の関係を表す T 線は図 3–7 の第Ⅲ象限に描かれる。

4–2 「要素賦存比率の定理」と「要素価格均等化の定理」

図 3–7 を用いて，要素賦存比率の定理と要素価格均等化の定理を検討する。

I 国の要素賦存比率を $\bar{k}_{\mathrm{I}}$，II 国の要素賦存比率を $\bar{k}_{\mathrm{II}}$ とすれば，I 国は労働豊富国，II 国は資本豊富国であるから，$\bar{k}_{\mathrm{I}}<\bar{k}_{\mathrm{II}}$ である。図 3–7 において，

各国の要素賦存比率から出発して回転させると，要素価格比率は $R_{\mathrm{I}} < R_{\mathrm{II}}$ であり，労働豊富国では賃金率が相対的に安く，資本豊富国では資本報酬率が相対的に安くなる。また，財の相対価格は $P_{\mathrm{I}} < P_{\mathrm{II}}$ になり，X 財の相対価格は労働豊富な I 国で安くなる。すなわち，労働豊富国は労働集約財に，資本豊富国は資本集約財に比較優位をもつことが明確になる。

図 3-7 の第 I 象限では，(13)式で示された産業間の労働配分比率を示すこともできる。(13)式の分子（$k_Y - \bar{k}$）は X 財に配分された労働に，分母（$\bar{k} - k_X$）は Y 財に配分された労働にあたる。I 国における X 財への労働の配分は BC，Y 財への配分は AB で示される。II 国における X 財への労働の配分は EF，Y 財への配分は DE で表される。これらの間には $AB:BC = DE:EF$ が成立し，両国で産業間の労働配分比率は同じになることがわかる。

さて，貿易が開始されると，I 国は X 財を輸出し Y 財を輸入する。反対に，II 国は Y 財を輸出し X 財を輸入する。国際相対価格（交易条件）を P^* とし，I 国の Y 財の輸入量 $M_{Y\mathrm{I}}$ と II 国の Y 財の輸出量 $N_{Y\mathrm{II}}$ を示せば（以下，I 国の変数には右下添字 I，II 国の変数には右下添字 II を付す），

(16)　$M_{Y\mathrm{I}} = c_Y(P^* Q_{X\mathrm{I}} + Q_{Y\mathrm{I}}) - Q_{Y\mathrm{I}}$

(17)　$N_{Y\mathrm{II}} = Q_{Y\mathrm{II}} - c_Y(P^* Q_{X\mathrm{II}} + Q_{Y\mathrm{II}})$

である。(16)式と(17)式の間には $M_{Y\mathrm{I}} = N_{Y\mathrm{II}}$ が成り立つ。

ここから，均衡交易条件は，

(18)　$$P^* = \frac{c_X}{c_Y} \cdot \frac{Q_{Y\mathrm{I}} + Q_{Y\mathrm{II}}}{Q_{X\mathrm{I}} + Q_{X\mathrm{II}}}$$

になる。生産量を国内でみるか，両国合計でみるかの違いはあるが，(18)式は(10)式と同じ形であることがわかる。これは，(15)式に世界の要素賦存比率 $\left(\bar{k}_w = \dfrac{\bar{K}_{\mathrm{I}} + \bar{K}_{\mathrm{II}}}{\bar{L}_{\mathrm{I}} + \bar{L}_{\mathrm{II}}}\right)$ を代入することで均衡交易条件が求められることを意味する。また，(14)式に世界の要素賦存比率を代入すれば，要素価格比率が得られる。加えて，(9)式から国際相対価格と要素価格比率の関係が導かれる。

世界の要素賦存比率と両国の要素賦存比率の間には $\bar{k}_{\mathrm{I}} < \bar{k}_W < \bar{k}_{\mathrm{II}}$ が成り立つ。世界の要素賦存比率を I 国と II 国の経済規模に応じてウェイトづけして示してみる。ウェイトは世界の労働賦存量に対する各国の労働賦存量の割合で表す。I 国のウェイトを θ_{I}，II 国のウェイトを θ_{II} とすれば，

$$\theta_{\mathrm{I}}=\frac{\overline{L}_{\mathrm{I}}}{\overline{L}_{\mathrm{I}}+\overline{L}_{\mathrm{II}}} \qquad \theta_{\mathrm{II}}=\frac{\overline{L}_{\mathrm{II}}}{\overline{L}_{\mathrm{I}}+\overline{L}_{\mathrm{II}}}$$

であるから（$\theta_{\mathrm{I}}+\theta_{\mathrm{II}}=1$），世界の要素賦存比率はつぎの式で示される。

$$\overline{k}_W=\theta_{\mathrm{I}}\overline{k}_{\mathrm{I}}+\theta_{\mathrm{II}}\overline{k}_{\mathrm{II}}$$

図 3−7 において，世界の要素賦存比率 $\overline{k}_W$ を与えれば，均衡交易条件 P^*，要素価格比率 R^*が定まることになる。I 国のウェイト θ_{I} が 1 に近いほど，世界の要素賦存比率と I 国の要素賦存比率が近似し，国際相対価格と I 国の国内相対価格も近似する。それゆえ，ウェイトが大きい国ほど交易条件は不利化する。貿易の開始によって両国の要素価格比率は均等化することがわかる。また，I 国における産業間の労働配分比率は $BC／AB$ から $B'H／GB'$ に変化し，X 財への生産特化が進むことを示している。他方，II 国における産業間の労働配分比率は $EF／DE$ から $E'H／GE'$ に変化し，Y 財への生産特化がみられる。

開放経済下における産業間の労働配分比率を求めておく。I 国の Y 財の輸入性向（Y 財ではかった所得に占める輸入の割合）を $m_{Y\mathrm{I}}$，II 国の Y 財の輸出性向（Y 財ではかった所得に占める輸出の割合）を $n_{X\mathrm{II}}$ とすれば，(16) 式と(17)式はそれぞれつぎの式で示される。

(19)　$M_{Y\mathrm{I}}=m_{Y\mathrm{I}}(P^*Q_{X\mathrm{I}}+Q_{Y\mathrm{I}})=c_Y(P^*Q_{X\mathrm{I}}+Q_{Y\mathrm{I}})-Q_{Y\mathrm{I}}$

(20)　$N_{Y\mathrm{II}}=n_{Y\mathrm{II}}(P^*Q_{X\mathrm{II}}+Q_{Y\mathrm{II}})=Q_{Y\mathrm{II}}-c_Y(P^*Q_{X\mathrm{II}}+Q_{Y\mathrm{II}})$

(19)式から均衡交易条件を求めると，

(21)　$$P^*=\frac{c_X+m_{Y\mathrm{I}}}{c_Y-m_{Y\mathrm{I}}}\cdot\frac{Q_{Y\mathrm{I}}}{Q_{X\mathrm{I}}}$$

であり，(11)式との関係から I 国における産業間の労働配分比率を導くと，

(22)　$$\frac{L_{X\mathrm{I}}}{L_{Y\mathrm{I}}}=\frac{\alpha}{\beta}\cdot\frac{c_X+m_{Y\mathrm{I}}}{c_Y-m_{Y\mathrm{I}}}$$

を得る[10)]。(12)式と(22)式を比べると，貿易開始後に I 国では X 財への生産特化が進むことがわかる。

同様に，(20)式から均衡交易条件を求め，(11)式を利用して II 国におけ

10）均衡交易条件の決定と要素価格の均等化について，別の証明方法を紹介しておく。
(7)式，(13)式，(22)式から，貿易開始後の I 国の要素賦存比率と要素価格比率の関係は，

る産業間の労働配分比率を求めれば,

$$(23)\quad \frac{L_{X\mathrm{II}}}{L_{Y\mathrm{II}}}=\frac{\alpha}{\beta}\cdot\frac{c_X-n_{X\mathrm{II}}}{c_Y+n_{X\mathrm{II}}}$$

である。(12)式と(23)式を比較すると，貿易の開始によってII国ではY財に生産特化することが示される。

$$R=\frac{\alpha+(c_Y-m_{Y\mathrm{I}})(\beta-\alpha)}{1-\alpha+(c_Y-m_{Y\mathrm{I}})(\alpha-\beta)}\bar{k}$$

であり，これを(9)式に代入して要素賦存比率と財の相対価格の関係を求めると,

$$P=\frac{\beta}{\alpha}\left(\frac{\alpha}{1-\alpha}\right)^{1-\alpha}\left(\frac{1-\beta}{\beta}\right)^{1-\beta}\left[\frac{\alpha+(c_Y-m_{Y\mathrm{I}})(\beta-\alpha)}{1-\alpha+(c_Y-m_{Y\mathrm{I}})(\alpha-\beta)}\right]^{\alpha-\beta}\bar{k}^{\alpha-\beta}$$

を得る。

上式から，図3-7において，X財を輸出するI国では，第I象限におけるz線はx線に近づく。また，第III象限のT線は横軸方向（左方向）に広がる。他方，(7)式，(9)式，(13)式，(23)式から同様の計算を行うと，Y財を輸出するII国では，第I象限のz線がy線に近づき，第III象限のT線が縦軸方向に近づく。この結果，一定のI国の要素賦存比率とII国の要素賦存比率のもとで，両国に共通となる交易条件が定まり，要素価格比率の均等化がみいだされる。

第４章　貿易政策

前章では自由貿易の理論を考察した。しかし，現実には，関税，補助金（生産補助金，輸出補助金），輸入割当，輸入数量制限など，種々の貿易政策が発動されている。この章では，関税，生産補助金，輸出補助金の効果を取り上げる。また，経済統合の動きが加速していることをふまえ，自由貿易地域の理論も検討する。それぞれのケースを部分均衡分析と一般均衡分析によって考える。

なお，以下では，所与の国際価格のもとで行動する「小国」を前提とする。これまでＸ財を労働集約財，Ｙ財を資本集約財としてきたが，ここでは，単にＸ財を比較優位財（輸出財），Ｙ財を比較劣位財（輸入財）とし，必要に応じてＸ財とＹ財の特性に言及する。

1　関税

国内の輸入競争財産業（たとえばＹ財を農産物とする）を保護することを目的として，外国からの輸入に**関税**（tariff）を賦課する場合を想定する。

1-1　部分均衡分析

貿易自由化は海外から安価な財の輸入をもたらし，国内では多数の消費者が割安な財を消費することを可能とする。消費者余剰は増加するものの，消費者１人あたりの利益はわずかにすぎない。他方，生産者余剰は減少し，生産者の不利益は少数かつ特定の人びとに集中する。市場開放に伴う産業調整の進展とともに所得分配も変化する。生産の縮小に追い込まれる輸入競争財産業では，廃業・倒産，失業，生産要素報酬の減少などが生じる。このため，不利益を被った生産者から，政府に対して保護貿易政策の発動が要求される可能性が高い。

図4－1　輸入関税と生産補助金

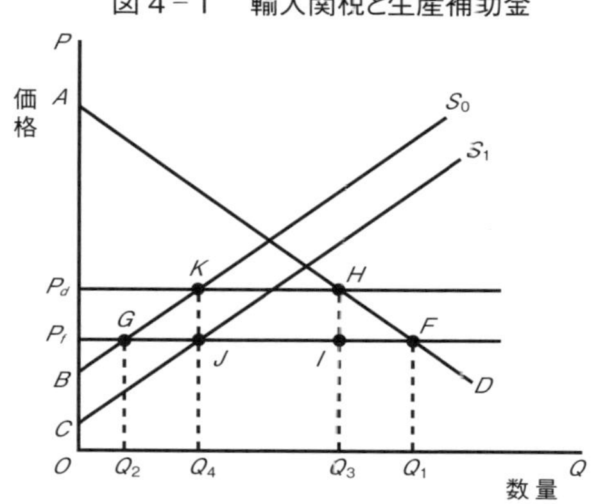

図4-1は，輸入競争財産業の保護を目的として，輸入に関税を課す場合の効果を表している。当該財の国内需要曲線はD，国内供給曲線はS_0である。この国は小国であり，国際価格はP_fで与えられる。自由貿易下の国内消費量はQ_1, 国内生産量はQ_2, 輸入量（国内の超過需要）はQ_1-Q_2である。消費者余剰は△AFP_f，生産者余剰は△BGP_fである。

政府が輸入競争財産業を保護するために，輸入財1単位あたりT円の関税を賦課したとする。輸入財の国内価格はP_d（$=P_f+T$）に上昇し，関税下では，消費者と生産者はともに国内価格P_dのもとで行動する。価格の上昇により，消費量はQ_1からQ_3に減少し，生産量はQ_2からQ_4に増加する。それゆえ，輸入量はQ_1-Q_2からQ_3-Q_4に減少する。輸入関税は，国内生産の拡大をもたらし，輸入競争財産業の保護を実現する。

しかし，自由貿易と比較して経済余剰は減少する。関税下の消費者余剰は△AHP_dであり，自由貿易下と比較して台形P_fFHP_dだけ余剰が減少する。生産者余剰は△BKP_dで示され，自由貿易下と比較して台形P_fGKP_dだけ余剰が増加する。関税賦課により政府は関税収入を獲得する。それは，輸入財1単位あたりの関税T円と輸入量（Q_3-Q_4）を掛けた値すなわち□$HIJK$の面積に等しい。関税収入は，いずれ政府支出として民間に還元され，□$HIJK$はプラスの余剰とみなされる。

消費者余剰の減少分である台形P_fFHP_dから，生産者余剰の増加分であ

る台形 P_fGKP_d と関税収入□ $HIJK$ を差し引くと，自由貿易と比較して△ FHI と△ GJK の余剰が減少する。このうち，△ FHI は価格の上昇に伴う消費者余剰の純減少にあたり，△ GJK は輸入競争財の生産拡大に伴う生産の非効率化を示している。保護貿易は国内生産者を保護する効果を発揮するが，自由貿易と比較して経済余剰を減少させることになる。

1-2　一般均衡分析

まず，関税の賦課と相対価格との関係を考える。輸入関税により輸入財の国際価格と国内価格に乖離が生じる。X 財を輸出財，Y 財を輸入財とし，X 財と Y 財の国際価格を P_X^*，P_Y^*，関税率を t とすれば，X 財の国際価格と国内価格は P_X^* で一致するが，Y 財の国内価格は国際価格 P_Y^* に関税 tP_Y^* を上乗せした $(1+t)P_Y^*$ になる。このため，関税込みの国内相対価格 $(P_X/P_Y)_d$ は，

$$\left(\frac{P_X}{P_Y}\right)_d = \frac{P_X^*}{(1+t)P_Y^*}$$

になる。国際相対価格 P_X^*/P_Y^* と比べると，関税によって輸入財（Y 財）の国内相対価格が上昇する。反対に，輸出財（X 財）の国内相対価格は下落する。

つぎに，輸入関税の賦課が民間部門の生産と支出にいかなる影響を与えるかを考える。X 財の国内生産量と国内消費量を Q_X，C_X，Y 財の国内生産量と国内消費量を Q_Y，C_Y とし，国内における民間部門の生産と支出をとらえると，つぎの式が成立する。

$$P_X^*C_X + (1+t)P_Y^*C_Y = P_X^*Q_X + (1+t)P_Y^*Q_Y + tP_Y^*(C_Y - Q_Y)$$

左辺は，X 財への支出額 $P_X^*C_X$ と，国内価格ではかった Y 財への支出額 $(1+t)P_Y^*C_Y$ の合計である。右辺は，X 財の生産額 $P_X^*Q_X$ と，国内価格ではかった Y 財の生産額 $(1+t)Q_Y$ の和に，関税収入 $tP_X^*(C_Y - Q_Y)$ を加えたものである。なお，$C_Y - Q_Y$ は，Y 財の輸入量にあたる。国内価格を基準にすれば，政府が獲得した関税収入はすべて民間に還元され，国内生産（所得）と民間に還元された関税収入をもとに国内支出が行われる。

また，上記の式を整理すると，つぎのように簡単化される。

$$P_X^*C_X + P_Y^*C_Y = P_X^*Q_X + P_Y^*Q_Y$$

この式は，国際価格でみると国内生産額と国内支出額が一致し，貿易収支が

均衡することを示している。

図4-2は関税賦課の効果を描いたものである。輸入に関税を課した場合，上で示した3つの式，すなわち相対価格の変化，民間部門の生産と消費の制約（予算制約），貿易収支の均衡が同時に成立しなければならない。自由貿易下において国際相対価格がP_0^*で与えられれば，生産はA点，消費はB点である。社会の効用は社会的無差別曲線U_0によって表される。このとき，貿易三角形は△ABCになり，X財の輸出はAC，Y財の輸入はBCである。

政府がY財産業を保護するために輸入に関税を課すと，Y財の国内価格は関税分だけ上昇し，国内相対価格はP_0に変化する。国際相対価格P_0^*と比較すれば，価格線P_0はより緩やかに描かれる。生産者は新たな国内相対価格P_0のもとで行動し，生産はA点からD点に移り，Y財の生産の増加とX財の生産の減少が生じる。関税は輸入競争財の生産拡大をもたらし，産業保護を実現する。

生産の背後にある要素配分を考えると，関税による輸入競争財の生産拡大に伴い，その生産に集約的に投入される生産要素の需要が高まる。このため，当該要素の価格が相対的に上昇する。所得分配面では，関税は，輸入競争財の生産にかかわる生産要素を保護する効果をもつわけである。

つぎに，輸入関税下の消費点を求めてみよう。さきの式から，国際価格の

図4-2　輸入関税

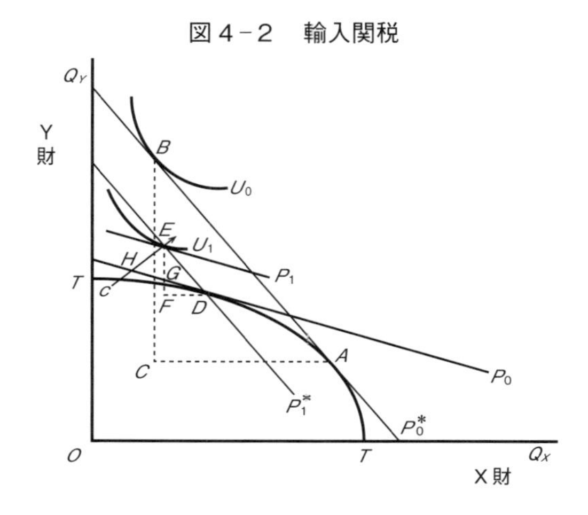

もとでは，国内支出額と国内生産額が一致し，貿易収支は均衡する。これは，消費点が自由貿易下の価格線P_0^*と平行で，かつ生産点DをとおるP_1^*上に位置することを意味する。ところが，消費者が消費を行うときの価格は関税込みの国内相対価格である。したがって，価格線P_1^*上に位置し，P_0に平行な価格線と社会的無差別曲線が接するところを探すことが必要となる。この条件をみたすのは，価格線P_1と社会的無差別曲線U_1が接するE点になる。ここで，P_0またはP_1にあたる国内相対価格のもとでの所得–消費曲線を導出してみる。**所得–消費曲線**（income–consumption curve）は，価格を一定として所得が変化したときの最適消費の軌跡である。所得–消費曲線が導かれれば，所得–消費曲線cと価格線P_1^*の交点Eが関税下の消費点となる。関税下の効用U_1は自由貿易下の効用U_0より低位にある。

関税下では，国内価格でみると，生産額は価格線P_0で，支出額は価格線P_1で示される。さきの式が示すように，国内価格でみた場合の民間の生産と支出の制約では，国内支出額は国内生産額に関税収入を加えたものに等しい。それゆえ，価格線P_0とP_1の垂直差（X財ではかれば水平差）が関税収入にあたる。図4–2では，関税下の貿易三角形は△DEFである（自由貿易下の△ABCより小さい）。国際市場では，X財の輸出DFに対してY財の輸入はEFになる。しかし，消費者は関税込みの国内価格で消費を行うから，DFのX財に対して国内で交換されるY財はFGになる。このため，EGの部分が関税収入に相当する。政府が獲得した関税収入EGを民間に還元することで，消費者はE点において消費を行うことができる。なお，政府が関税収入を民間に還元しない場合，消費は価格線P_0上のH点になる[1)]。

---

1) H点は所得–消費曲線と価格線P_0の交点でもある。国際相対価格P_0^*に平行でH点をとおる直線P_2^*を描けば（図示は省略），国際価格でみた国内支出に相当する。国内生産を示す価格線はP_1^*であるから，国内生産が関税収入分だけ国内支出を上回る。それゆえ，関税収入と同規模の貿易収支黒字が発生する。

以上を数式で確認しておく。国内価格のもとでD点とH点は価格線P_0上にあるから，

$$P_X^*Q_X + (1+t)P_Y^*Q_Y = P_X^*C_X + (1+t)P_X^*C_Y$$

が成り立つ。また，この式を整理すればつぎの式を得る。

$$P_X^*(Q_X - C_X) - P_Y^*(C_Y - Q_Y) = tP_Y^*(C_Y - Q_Y)$$

左辺はX財の輸出額からY財の輸入額を差し引いた貿易収支にあたる。右辺はY財の関税収入に等しい。国際価格のもとでは，関税収入に等しい貿易収支黒字が発生する。

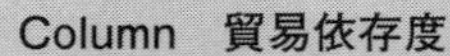

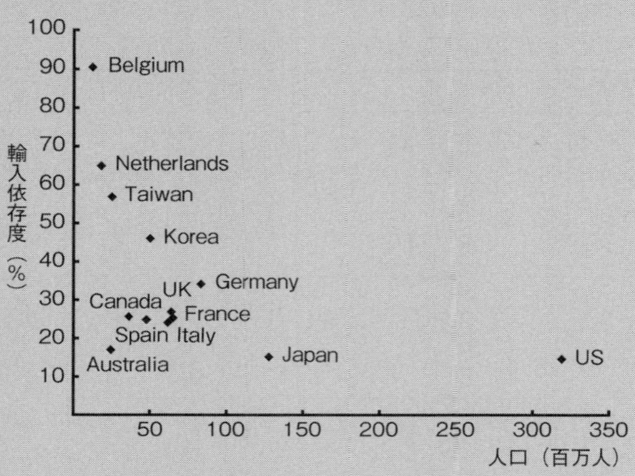

（注）人口は2013年，輸入依存度（輸入額／GDP）は2012年
資料：矢野恒太記念会『世界国勢図会』2014／15

『経済財政白書』（長期経済統計）によれば，日本の「関税負担率」（関税収入／輸入額）は，1970年6.9%，1980年2.9%，1990年2.7%，2000年2.1%と徐々に低下し，2012年には1.3%の水準にある。もちろん，個別品目（たとえば農産物）では，高関税率の賦課，補助金の交付といった部分は残っている。また，セーフガード（緊急輸入制限）が発動される場合もある。

ところで，各国の市場開放度をはかる指標として，「輸入依存度」（輸入額／名目GDP）が利用される。つまり，輸入依存度が高いほど市場開放度も高いという考え方である。しかし，輸入依存度の高低は国（あるいは市場規模）の大きさによるとみることが妥当である。図は，横軸に人口，縦軸に輸入依存度をはかっている。1人あたり所得が近似する主要国では，人口規模が大きくなるにつれて，輸入依存度は低下する傾向にあることが読みとれる。

一般に，1人あたり所得が高いほど需要は多様化する。供給サイドが多様な需要をみたすことができるか否かは，経済規模によると考えられる。人口が多く，需要規模が大きいほど，量産化による規模の経済を実現することができる。多品種の供給は大きな需要規模をもつ国で可能になるといえる。国内供給が需要の多様化に対応可能であれば，需要は国内供給によってまかなわれ，その結果，輸入依存度は低くなる。日本やアメリカの輸入依存度の低さは人口規模（市場規模）と関係していると考えられる。

2　生産補助金

政府が輸入競争財産業に**生産補助金**（production subsidy）を交付するケースを検討する。関税による産業保護と比較して，どのような相違が生じるかを考える。

2-1　部分均衡分析

産業保護を目的として，輸入関税を課した場合，生産者と消費者は国際価格より高い国内価格のもとで行動することになる。このため，生産の拡大が実現するが，他方で消費は減退せざるをえない。それに対して，生産補助金は，生産者に関税と同等の産業保護の効果をおよぼす一方で，消費者には国際価格のもとで消費することを可能とする。

再び図4-1をみよう。当初，生産者と消費者は国際価格P_fに直面する。輸入競争財1単位について，政府が関税T円と同額のV円の生産補助金を交付するとしよう。供給曲線はS_0からS_1へとV円分だけ下方にシフトし，価格P_fのもとでの生産量はQ_4に増加する。生産補助金の交付により，関税下の国内価格P_dに等しい費用のもとで生産を行うことができる。つまり，生産補助金の交付は生産者にP_dの価格を与えることになる。生産者余剰は，自由貿易下の△BGP_fと，補助金の交付によって新たに獲得した四辺形$BCJG$を加えたものになる。他方，消費者は生産補助金の交付の影響を受けず，消費量はQ_1のままである。消費者余剰は自由貿易下と同じ△AFP_fで示される。ところで，政府は，平行四辺形$BCJK$に相当する補助金を交付するが，これは税金によってまかなわれ国民負担となる。このため，総余剰は，消費者余剰△AFP_fと生産者余剰△CJP_fの合計から，補助金交付額の平行四辺形$BCJK$を引いたものとなる。自由貿易下と比較すれば，△GJKの余剰が失われる。本来，Q_4の生産量を確保するためには，台形$OBKQ_4$の費用を最小限必要とするのに対して，生産者が得る収入は□OP_fJQ_4である。それゆえ，生産補助金による産業保護が実現しても生産の非効率化が生じる。

関税下と比較すれば，生産補助金交付下の余剰の損失は小さいことがわかる。関税は，生産者と消費者に国際価格より高い国内価格を与えることになる。産業保護という目的のために，消費者にも高い価格を与え，消費者余剰を減少させる。しかし，生産補助金のケースでは，消費に対する価格の歪みは生じず，消費者余剰は変わらない。

2-2　一般均衡分析

X 財を輸出財，Y 財を輸入財とし，X 財と Y 財の国際価格をP_X^*，P_Y^*，Y 財産業に対する補助金率を v とする。X 財の国際価格と国内価格はP_X^*である。生産補助金の交付により，Y 財の生産者が直面する国内価格は$(1+v)P_Y^*$に上昇する。生産者にとっての国内相対価格 $(P_X / P_Y)_d$ は，

$$\left(\frac{P_X}{P_Y}\right)_d = \frac{P_X^*}{(1+v)P_Y^*}$$

で示される。ただし，生産補助金の交付は消費に影響を与えず，消費者は国際相対価格P_X^*/P_Y^*のもとで消費を行う。

生産補助金が民間部門の収支にどのような影響をおよぼすかを考える。X 財の国内生産量と国内消費量を Q_X，C_X，Y 財の国内生産量と国内消費量を Q_Y，C_Y とすれば，

$$P_X^*C_X + P_Y^*C_Y = P_X^*Q_X + (1+v)P_Y^*Q_Y - vP_Y^*Q_Y$$

が成り立つ。消費者は国際価格のもとで両財を消費する。他方，Y 財の生産者の収入は生産補助金分だけ大きくなる。しかし，生産補助金交付額 $vP_Y^*Q_Y$ は国民負担になるから，国内生産額から控除されなければならない。

上の式を変形すれば，

$$P_X^*C_X + P_Y^*C_Y = P_X^*Q_X + P_Y^*Q_Y$$

になり，国際価格のもとでは国内生産額と国内支出額が一致し，貿易収支は均衡する。

図 4-3 は生産補助金の効果を表している。はじめに，自由貿易下において国際相対価格がP_0^*で与えられれば，生産は A 点，消費は B 点である。社会の効用は社会的無差別曲線 U_0 で示される。

図 4-1 でみたように，輸入競争財である Y 財産業の保護を目的として，政府が関税と同率で生産補助金を交付すると，生産者からみた Y 財の国内

価格は関税賦課時と同じだけ上昇する。したがって，国内相対価格は P_0 に変化し，価格線 P_0 は価格線P_0^*より緩やかな直線となる。生産者は国内相対価格 P_0 に直面し，生産は C 点に移動する（図4-2における輸入関税下の生産点 D と同じになる）。ここから，Y財の生産の増加とX財の生産の減少が生じることがわかる。関税と同様に，生産補助金によっても輸入競争財の生産は拡大するから，産業保護の目的は達成される。また，生産補助金の交付に伴う輸入競争財産業の生産拡大は，輸入競争財の生産に集約的に投入される生産要素の需要を高め，当該要素の価格を相対的に上昇させる。関税と同様，輸入競争財の生産にかかわる生産要素を保護することになる。

輸入関税は生産者だけでなく，消費者が直面する価格も高める。それに対して，生産補助金は消費者が直面する価格に影響を与えず，国際相対価格のもとでの消費を可能とする。すなわち，国際相対価格P_0^*に平行で，生産補助金下の生産点 C をとおる価格線P_1^*を描くと，消費者はP_1^*上で消費を行うことになる。消費は価格線P_1^*と社会的無差別曲線の接点に求められ，それは D 点になる。このとき，社会の効用は U_1 によって示される。

生産補助金下と輸入関税下の効用の比較を行うため，関税賦課時の消費点を書き加えてみる。前節で説明したように，それは，価格線P_1^*上で国内相

図4－3　生産補助金

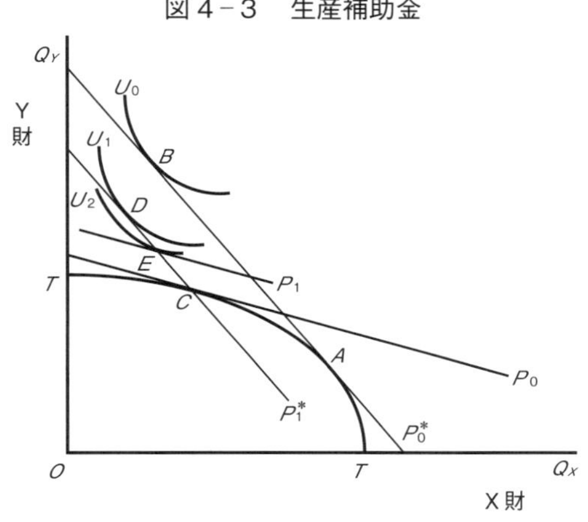

対価格 P_1 と社会的無差別曲線 U_2 が接する E 点になる。生産補助金のもとでの社会的無差別曲線 U_1 は，関税のもとでの社会的無差別曲線 U_2 より上方に描かれ，社会の効用が高いことがわかる。これは，関税下では，保護の対象である生産者に加えて，消費者にもより高い国内価格を与え，価格体系を歪めることによる。生産補助金下では，生産者はより高い国内価格に直面するものの，消費者は国際価格のもとで消費することができる。産業保護という目的に対して，関税より生産補助金を用いることが望ましいといえる。生産補助金は価格体系の歪みを小さくし，社会の効用の低下を抑制することができる。産業保護を目的とする解決策としては，関税を用いた対外政策より補助金を用いた国内政策が効率的な手段となる。

Column　消費税

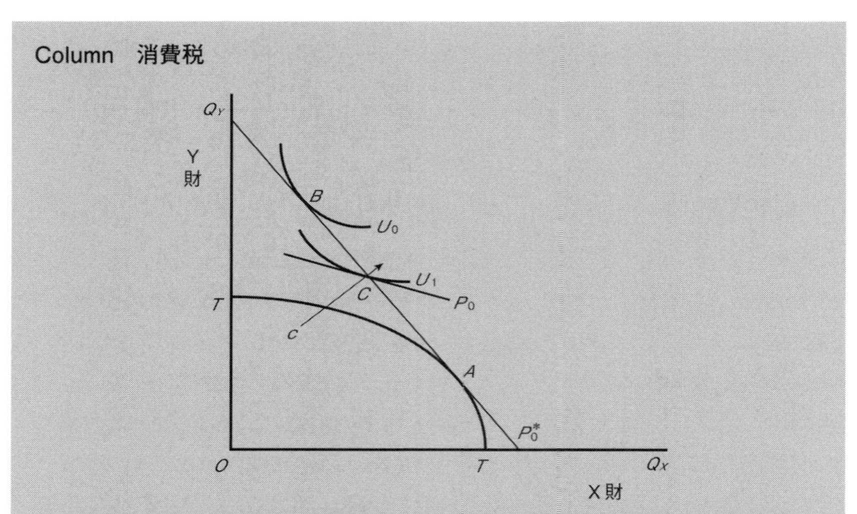

輸入の抑制という観点から関税と消費税の効果を比較する。関税は国内相対価格を高め，国内消費（輸入）を抑制する。この場合，消費者だけでなく，生産者にも同じ国内相対価格を与える。他方で，消費税は生産者の価格に影響を与えず，国内消費の減退を通じて輸入を抑制する。

図は消費税の効果を表している。自由貿易下では国際相対価格が P_0^* で与えられ，生産は A 点，消費は B 点である。社会の効用は社会的無差別曲線 U_0 にあたる。ここで，輸入財であるＹ財に消費税を課すとしよう。消費税を課しても，生産者は国際相対価格P_0^*のもとで生産を行い，生産はA点のままである。他方，消費税によってY財の国内価格は相対的に上昇し，消費者が直面する国内相対価格は国際相対価格P_0^*から乖離する。貿易は国際相対価格のもとで行われるが，国内取引は国内相対価格のもとで行われ，消費点は，価格線P_0^*上で国内相対価格と社会的無差別曲線が接するところに求められる。それは，価格線P_0（Y財の国内相対価格が上昇し，価格線P_0はP_0^*より緩やかになる）と社会的無差別曲線U_1の接点Cである。消費税によってY財の国内消費が減退し，輸入は抑制される。

ところで，消費税下の社会の効用はU_1にあたるが，関税下の効用は下位の社会的無差別曲線で示される。関税下の生産はA点より左上に移動する。同じ関税率と消費税率を与えれば，同じ国内相対価格のもとでの所得-消費曲線cが描かれ，関税下の消費点は消費税下の消費点Cより左下に位置する。輸入の抑制という目的に対しては，関税より消費税のほうが望ましいといえる。

3　輸出補助金

一部の国では，農産物の輸出に補助金を与え，輸出を促進する政策を採用している。ここでは**輸出補助金**（export subsidy）の効果を検討する。

3-1　部分均衡分析

図4-4は輸出補助金の効果を描いている。輸出財（たとえば農産物）の国際価格がP_fで示されるとすれば，自由貿易下の輸出財の国内生産量はQ_1，国内消費量はQ_2であり，輸出量は$Q_1 - Q_2$になる。このとき，消費者余剰は△AFP_f，生産者余剰は△BGP_fになる。

いま，政府が輸出量を$Q_3 - Q_4$に拡大することを意図しているとする。輸出を拡大させるには，政府が輸出財1単位あたりZ円の補助金を交付することが必要となる。輸出補助金の交付によって国際価格はP_fのままであるが，国内価格は輸出補助金分だけ上昇し，P_d（$= P_f + Z$）に変化する。自由貿易下と比較すれば，国内生産量はQ_1からQ_3に増加し，国内消費量はQ_2からQ_4に減少する。国内生産と国内消費の差に等しい輸出量はQ_1 −

図４－４　輸出補助金

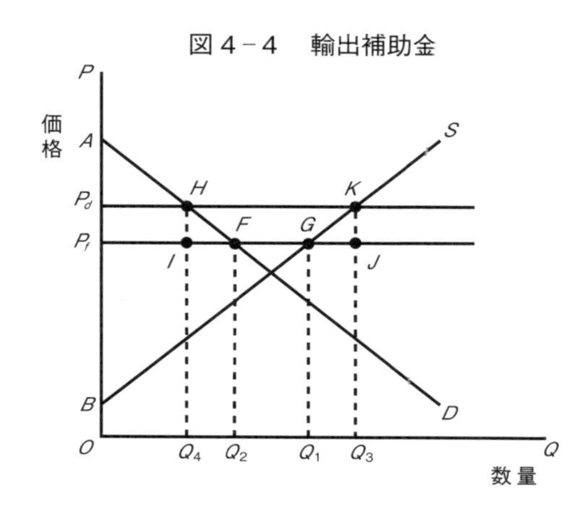

Q_2 から $Q_3 - Q_4$ に拡大し，輸出補助金は輸出の促進に効果を発揮することがわかる。

ただし，経済厚生をみれば，輸出補助金の交付によって余剰の損失が発生する。輸出補助金下では，消費者余剰は△ AFP_f から△ AHP_d に減少し，生産者余剰は△ BGP_f から△ BKP_d に増加する。政府が交付する補助金総額は，輸出財１単位あたりの補助金 Z 円と輸出量を掛けたものであるから，□ $HIJK$ にあたる。補助金は国民負担とみなされ，総余剰は，消費者余剰と生産者余剰の合計から輸出補助金総額を差し引いたものに等しくなる。すなわち，自由貿易下と比べれば，△ FHI と△ GJK の余剰の損失が生じる。輸出財市場における保護貿易も経済余剰を減少させるわけである。

3-2　一般均衡分析

輸出補助金は輸出財の国内価格を国際価格から乖離させ，生産者と消費者はともに割高な国内価格のもとで行動することを余儀なくされる。X 財を輸出財，Y 財を輸入財とし，X 財と Y 財の国際価格を P^*_X，P^*_Y，輸出補助金率を z とする。X 財の国内価格は $(1 + z)P^*_X$ に上昇し，Y 財の国際価格と国内価格は P^*_Y である。ここから，国内相対価格 $(P_X / P_Y)_d$ はつぎの式で与えられる。

$$\left(\frac{P_X}{P_Y}\right)_d=\frac{(1+z)P_X^*}{P_Y^*}$$

X 財の国内生産量と国内消費量を Q_X, C_X, Y 財の国内生産量と国内消費量を Q_Y, C_Y とすれば，輸出補助金下における民間部門の収支の制約式は，

$$(1+z)P_X^*C_X+P_Y^*C_Y=(1+z)P_X^*Q_X+P_Y^*Q_Y-zP_X^*(Q_X-C_X)$$

である。国内では，$(1+z)P_X^*$の価格のもとで X 財の生産と消費が行われる。また，輸出補助金 $zP_X^*(Q_X-C_X)$ は国民負担であるから，国内生産額から控除される。

上記の式は，

$$P_X^*C_X+P_Y^*C_Y=P_X^*Q_X+P_Y^*Q_Y$$

と簡略化され，国際価格でみると，国内生産額と国内支出額が一致する。

図 4−5 は輸出補助金の効果を表している。自由貿易下の価格線はP_0^*で示され，生産は A 点，消費は B 点である。また，社会の効用は社会的無差別曲線 U_0 にあたる。△ ABC は自由貿易下の貿易三角形である。図 4−4 で示したように，輸出補助金が交付されると，輸出財の国内相対価格が上昇する。国内相対価格は国際相対価格P_0^*から乖離して P_0 に変化し，生産者は P_0 の相対価格のもとで生産を行う。このため，生産は A 点から D 点に移動し，X 財の生産拡大と Y 財の生産縮小が生じる。生産の変化に伴い，輸出財産

図 4−5　輸出補助金

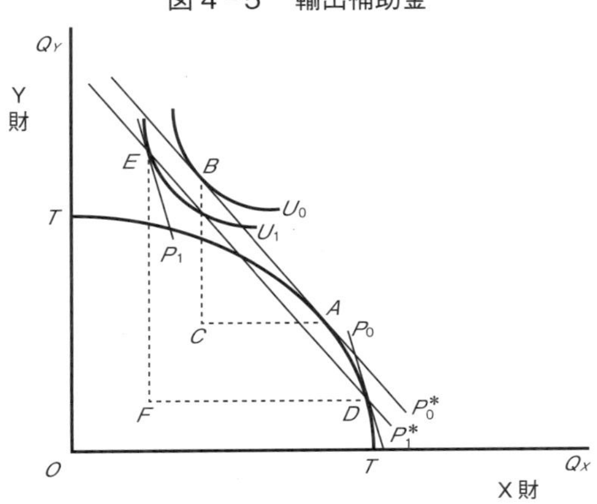

業では生産に集約的に投入される生産要素の価格が相対的に上昇し，当該要素が保護されることになる。

つぎに消費点を求めてみる。国際取引は自由貿易下の国際相対価格のもとで行われる。価格線P_0^*に平行で，輸出補助金下の生産点Dをとおる国際相対価格P_1^*を描くと，消費点はP_1^*上に位置しなければならない。しかし，消費者は新たな国内相対価格のもとで消費を行う。X財に輸出補助金が交付されると，X財の国内相対価格が上昇し，国際相対価格からの乖離が生じるからである。この場合，価格線P_1^*上に国内相対価格と社会的無差別曲線の接点を求めれば，それが輸出補助金下の消費点にあたる。具体的には，消費点は価格線P_1と社会的無差別曲線U_1の接点Eになる。関税下の消費点の導出と同様に，P_0またはP_1の国内相対価格のもとでの所得–消費曲線を求めれば，輸出補助金下の消費点Eは価格線P_1^*と所得–消費曲線の交点と一致する。

輸出補助金下では，貿易三角形は$\triangle DEF$として形成されるが，これは自由貿易下の$\triangle ABC$より大きい。輸出補助金の交付によって輸出量の拡大という目的は達成される。しかし，経済厚生をみると，自由貿易下の効用U_0に対して，輸出補助金下の効用はU_1であり，効用の低下がみてとれる。社会的無差別曲線U_1は，生産可能曲線TTの外側に描かれているから，閉鎖経済下の効用よりは高いといえる。しかし，政府が輸出補助金の交付を通じて輸出量のさらなる拡大を図れば，それに応じて効用もさらに低下し，閉鎖経済下の効用水準を下回る可能性がある。

4　自由貿易地域

バラッサ（B.Balassa）は地域経済統合を段階別に分類している。第1に，**自由貿易地域**（free trade area）であり，協定国は域内貿易の自由化を推進し，域外に対しては各国が独自の貿易政策を発動する。第2に，**関税同盟**（customs union）であり，域内貿易の自由化と域外に対する共通の貿易政策の発動をめざす。第3に，**共同市場**（common market）である。これは，関税同盟を基盤として，域内における生産要素移動の自由化を加えたものである。第4に，

経済同盟（economic union）であり，共同市場を基盤として経済政策の調整を図る。第5に，**完全な経済統合**（perfect economic integration）であり，財政・金融政策の統一化など超国家機関の創設をめざすものである。

4-1　部分均衡分析

図4-6は，ヴァイナー（J. Viner）による自由貿易地域（自由貿易協定）の理論を描いたものである。自国が輸入競争財の市場を開放し，外国（I国とII国）との間で貿易を行うとする。国際市場において，I国はP_{I}，II国はP_{II}の価格で財を供給する。I国の価格P_{I}はII国の価格P_{II}より低いため，自国はI国から輸入を行い，II国からの輸入は生じない。消費者余剰は△AFP_{I}，生産者余剰は△BGP_{I}であり，自由貿易下の総余剰は両者の合計に等しい。

自国が輸入財1単位に対して関税T円を賦課した場合，I国からの輸入については国内価格がP_d（$= P_{I} + T$）に，II国からの輸入についても国内価格が$P_{II} + T$に上昇する。I国とII国の価格差（$P_d < P_{II} + T$）によりI国から輸入が行われる。関税下における総余剰は，消費者余剰△AHP_d，生産者余剰△BKP_d，関税収入□$HIJK$の合計に等しい。自由貿易と比較すれば，△FHIと△GJKが余剰の減少分に相当する。

図4-6　自由貿易地域

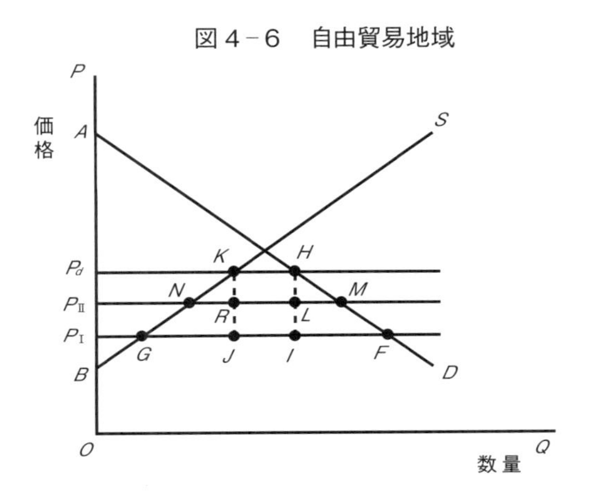

いま，地理的な要因や歴史的な背景から，自国がII国と間で自由貿易地域を創設したとする。域内では貿易自由化が推進され，自国がII国からの輸入に賦課している関税はゼロになる。しかし，域外に対しては各国が独自の貿易政策を発動し，I国にはT円の関税が課せられる。このため，I国からの輸入財の関税込みの価格はP_dであるが，II国からの輸入価格は$P_{II} + T$からP_{II}に下落する。ここから$P_{II} < P_d$が成り立ち，輸入先はI国からII国に変更される。

自由貿易地域の形成に伴い，国内の消費者と生産者はP_{II}の価格のもとで行動し，消費量は増加して生産量は減少する。消費者余剰は$\triangle AHP_d$から$\triangle AMP_{II}$に変化し，台形P_dHMP_{II}だけ増加する。生産者余剰は$\triangle BKP_d$から$\triangle BNP_{II}$に縮小し，台形P_dKNP_{II}だけ減少する。自由貿易地域のもとでの総余剰は，$\triangle AMP_{II}$と$\triangle BNP_{II}$の合計に等しく，関税賦課時に比べて，$\triangle HLM$と$\triangle KNR$の余剰が回復する。これらの余剰の回復分を**貿易創造効果**（trade creation effect）とよぶ。

他方，輸入関税下の総余剰は，$\triangle AHP_d$，$\triangle BKP_d$，$\square HIJK$の合計に等しいから，自由貿易地域の形成により，$\square IJRL$に相当する関税収入が失われる。この余剰の損失分を**貿易転換効果**（trade diversion effect）とよぶ。結局，貿易創造効果（$\triangle HLM$と$\triangle KNR$の合計）が貿易転換効果$\square IJRL$より大きければ，自由貿易地域を形成することが有利になる。

4-2　一般均衡分析

図4-7は，自由貿易地域の形成と経済厚生との関係を描いたものである[2)]。I国との貿易取引における相対価格をP_I，II国との貿易取引における相対価格をP_{II}とする。P_IとP_{II}を比べると，自国の輸出財の相対価格はP_Iのほうが高く，輸入財であるY財の価格はP_Iのほうが安い。自由貿易下では，自国はI国と貿易を行うことが有利になり，II国との貿易は成立しない。したがって，自国に与えられる国際相対価格は価格線P_Iになり，生産はA点，消費はB点で示され，社会の効用は社会的無差別曲線U_0によって表される。ところで，II国と貿易が行われると仮定した場合，相対価格はP_{II}で与えられ，

2）ここでは小田（1997）第12章を参照。

図4－7　自由貿易地域

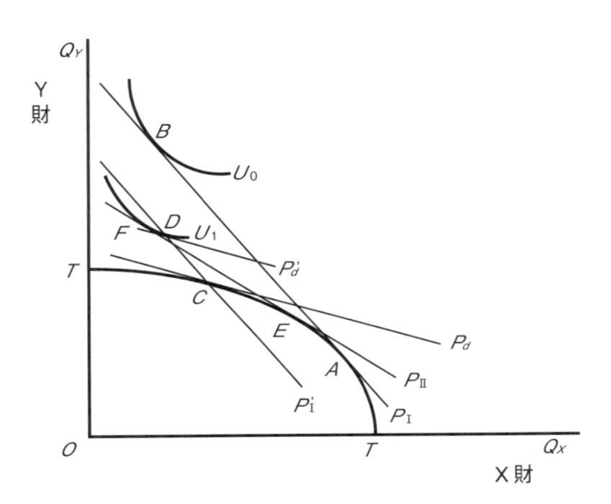

生産はE点，消費はF点になる。このとき，社会の効用は社会的無差別曲線U_1で表される。したがって，I国との貿易から得られる効用U_0はII国との貿易によってもたらされる効用U_1より高いことがわかる。

自国がY財の輸入に関税を課すとしよう。関税はY財の国内価格を相対的に上昇させる。自国がI国，II国に同じ関税を課すとすれば，Y財の国内価格はI国のほうが安い。それゆえ，関税下においても自国はI国との間で貿易を行うことが有利である。依然としてII国との貿易は行われない。関税下の国内相対価格をP_dとすれば生産はA点からC点に移動し，Y財の生産の増加とX財の生産の減少が生じる。消費は，生産点Cをとおる価格線P_{I}'上で国内相対価格P_d'と社会的無差別曲線U_1が接するD点になる。なお，政府が獲得した関税収入は民間に還元されるものとする。

ここで，自国がII国との間で自由貿易地域の創設に合意したとしよう。自由貿易地域のもとでは，自国とII国の間では貿易自由化が実施され，それに伴って自国がII国からの輸入に課していた関税は撤廃される。しかし，I国からの輸入に対しては関税が課される。I国との貿易は相対価格P_{I}で行われるが，国内取引は相対価格P_dで行われる。他方，II国との間では，関税撤廃によりP_{II}の相対価格で貿易取引が行われる。

さて，II 国との間では P_{II} の相対価格のもとで貿易が行われるから，それに応じて生産は E 点に変化する。関税下と比較して，X 財の生産増加と Y 財の生産減少が生じる。輸出財である X 財の相対価格が上昇し，輸入財である Y 財の相対価格は下落するからである。II 国との間では自由貿易が行われ，消費点は価格線 P_{II} 上に位置する。ここでは，価格線 P_{II} と社会的無差別曲線 U_1 が F 点で接しているとする。関税から自由貿易地域に移り，生産と消費の変化から貿易の拡大がみられる。しかし，図 4-7 では，関税下の社会の効用と自由貿易地域下の社会の効用が同じである。図 4-6 でみたように，自由貿易地域の形成は，自国に対して，余剰の改善となる「貿易創造効果」と余剰の損失となる「貿易転換効果」をもたらすが，ここでは，それらが完全に打ち消しあっている。

この状況はつぎのことを示唆する。自国と II 国との間で成立する相対価格 P_{II} が I 国との間で成立する相対価格 P_I に近く，価格線 P_{II} がいまよりも急であるほど，消費点は U_1 より高位の社会的無差別曲線上にみいだされ，自由貿易地域の形成は自国に利益をもたらす。このとき，貿易創造効果が貿易転換効果を上回るわけである。ただし，自由貿易下の国際取引を考慮すれば，相対価格 P_I のもとで I 国と貿易を行うことが有利であるから，自由貿易地域のもとでの国際相対価格 P_{II} は自国にとって最善ではない。反対に，自国と II 国の間で成立する相対価格 P_{II} が関税下の国内相対価格 P_d に近く，価格線 P_{II} がいまより緩やかであるほど，消費点は U_1 より低位の社会的無差別曲線上に求められ，自由貿易地域を形成するよりも関税政策を維持することで自国の利益は大きくなる。このケースでは，貿易転換効果が貿易創造効果を上回る。また，他の条件を一定として，I 国に課した関税が大きいほど，生産は C 点より左上に位置し，関税下の消費点は U_1 より低位の社会的無差別曲線上に位置する。これは，自国が課した関税率が高いほど，自由貿易地域の形成を通じて自国に利益がもたらされることを意味する。

ところで，最近の地域経済統合は，貿易自由化のみならず，生産要素の自由移動，相互投資の拡大，規制緩和や法整備などの国内措置を含むものである。貿易創造効果や貿易転換効果のような静態的な効果に加えて，域内における市場規模の拡大など動態的な効果を議論することも必要である。地域経済統合は，市場の拡大を通じて規模の経済を実現する。また，生産要素価格に格差が生じれば，価格差に応じて生産要素が移動し，域内における資源配分の効率化に寄与する。生産要素移動の自由化は，資本や人的資本が蓄積されることに伴う生産技術の向上を通じて経済成長を促す[3)]。

WTO（World Trade Organization）は，すべての財・サービスを対象として域内における貿易自由化を実施すること，また，域外に対して貿易障壁を引き上げないことを条件に地域経済統合との整合を図っている。WTO が指向する多国間の枠組みのもとで貿易自由化が推進される場合，図 4–7 において自国の効用は社会的無差別曲線 U_0 によって表され，貿易創造効果のみが発生する。多角的な自由貿易のもとで経済厚生はもっとも大きくなる。

Column　ゲーム理論と国際政策協調

		外国	
		自由貿易	保護貿易
自国	自由貿易	自国＋20 外国＋20	自国－10 外国＋30
	保護貿易	自国＋30 外国－10	自国－20 外国－20

自由貿易地域の形成は，国際的な政策協調の一環としてみることができる。ここでは，**ゲーム理論**にもとづき，なぜ国際政策協調が必要とされるのかを検討する。

いま，各国が自由貿易，保護貿易のいずれかを選択するとしよう。自国と外国がともに自由貿易を選べば，おのおのの利益は＋20 である。しかし，自国と外国がともに保護貿易を選択すれば，おのおのの利益は－20 である。自国が自由貿易，外国が保護貿易を選択すれば，外国の利益は＋30 であるが，自国の利益は－10 になる。自国が保護貿易，外国が自由貿易を選択すれば，自国の利益は＋30，外国の利益は－10 である。

自国と外国が協調せず，各国がみずからの利益を大きくしようとする場合，

3）これは，マクロ経済学の分野において**内生的経済成長**（endogenous economic growth）として取り上げられる。嶋村（2015）やマンキュー（2012）などで，内生的成長理論の詳しい解説が行われている。

両国はともに保護貿易を選択する。この結果，自国と外国の利益はともに－20になり，両国ともに損失を被って**囚人のジレンマ**（prisoner's dilemma）に陥る。このような非協調は損失をもたらすが，合意形成による政策協調をとおして両国がともに自由貿易を行えば，各国の利益は＋20になり，世界全体の利益も＋40で最大になる。自由貿易地域の形成は，囚人のジレンマからの脱却を意図したものと解釈することができる。

第5章　国際貿易の諸問題

この章では，外部性，経済成長，直接投資，規模の経済を取り上げ，貿易理論との関係を簡潔に解説する。
はじめに，外部不経済（たとえば環境問題）と貿易について理論を応用し，政策的含意を導き出す。つぎに，要素供給の増加という視点から経済成長を検討する。発展途上国の経済発展や工業化を考えるうえで有効である。また，直接投資と貿易の類型を整理する。直接投資も発展途上国の工業化戦略と関係する。さらに，規模の経済を取り入れて，先進国間でみられる同種の製品の貿易すなわち産業内貿易の理論を説明する。

1　外部性と貿易

ある経済主体の行動が，第3者に無償で有利な影響を与える場合を**外部経済**（external economy），反対に，第3者に不利な影響をおよぼす場合を**外部不経済**（external diseconomy）という。ここでは，外部不経済のもとで生産・消費・貿易はどのようになるのかを考え，外部不経済の解決策を検討する。

1-1　部分均衡分析

地球環境問題（たとえば二酸化炭素の排出）は国際的な次元から解決すべき課題であるために，貿易にも少なからず影響を与える。輸出財産業が外部不経済を発生させる場合，政府はどのような介入を行うべきかを検討する。ここから，環境税導入の正当性をみいだすことができる。

図5-1では，需要曲線がD，私的限界費用曲線がS_0，社会的限界費用曲線がS_1として描かれている。**私的費用は**生産者が直接負担する費用のことである。私的限界費用は，生産の追加的1単位の増加に伴う私的費用の増加

分にあたり，S_0として表される。ある生産者の行動が第3者に損害を与える場合，これも費用として計上される。第3者に対する損害を**外部費用**といい，生産の追加的1単位の増加に伴う外部費用の増加分を限界外部費用という。なお，限界外部費用は一定とする。生産活動における真の費用は，私的費用と外部費用の合計であり，これを**社会的費用**という。このため，社会的限界費用曲線S_1は私的限界費用に限界外部費月を加えたものになる。社会的にみて最適な生産は社会的限界費用曲線上に求められる。

当該国が小国で，国際価格がP_fで与えられるとする。外部不経済が発生しない場合，生産者は社会的限界費用曲線上で生産活動を行い，自由貿易下の最適な生産量はQ_1，消費量はQ_2である。ここから最適な輸出量は$Q_1 - Q_2$になる。消費者余剰は△AFP_f，生産者余剰は△BGP_fであり，総余剰は両者の合計に等しい。しかし，外部不経済が生じる場合，輸出財産業は適正な費用負担をせず，私的限界費用曲線上で生産活動を行うから，生産量は過剰となってQ_0である[1)]。これに伴って輸出量は$Q_0 - Q_2$になる。このとき，消費者余剰は△AFP_f，生産者余剰は△CHP_fである。ただし，当該産業が発生させる外部費用を考慮する必要がある。外部費用は，限界外部費用（BCの長さ）と生産量Q_0を掛けたもの，すなわち平行四辺形$BCHI$に相当する。

図5－1　環境と貿易

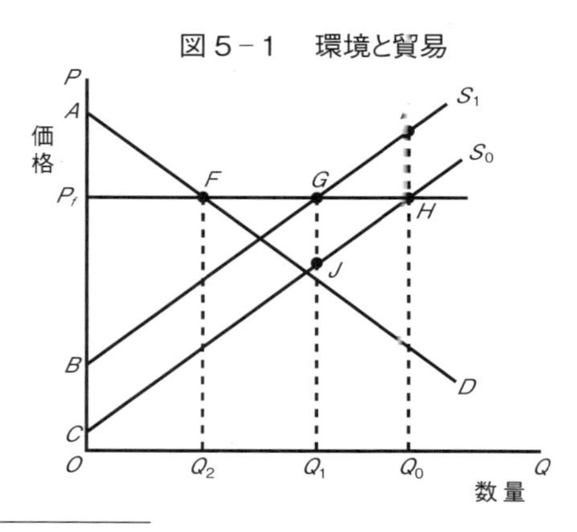

1）閉鎖経済下の国内均衡は需要曲線Dと私的限界費用曲線S_0の交点に求められる。社会的限界費用曲線はS_1であるから，閉鎖経済下における生産量は，社会的にみて最適な供給（需要曲線Dと社会的限界費用曲線S_1の交点）より過剰である。

この結果，社会的に最適な自由貿易下と比較して△ GHI だけ余剰の損失が生じる。

社会的に最適な生産を実現するために，輸出財産業に対して1単位あたり限界外部費用 BC に等しい課税（環境税）を行えば，私的限界費用曲線 S_0 は社会的限界費用曲線 S_1 と一致する。生産量は Q_0 から Q_1 に抑制され，輸出量は Q_1-Q_2 になる。Q_1 の生産を行う場合でも外部費用が発生し，それは平行四辺形 $BCJG$ で示される。他方，政府の税収も平行四辺形 $BCJG$ であり，これはいずれ国民に還元される。それゆえ，外部費用（マイナスの余剰）と税収（プラスの余剰）は互いに打ち消しあう。環境税を導入することで社会的に最適な生産と貿易が達成され，総余剰は△ AFP_f ＋△ BGP_f で表される。

Column　独占と貿易

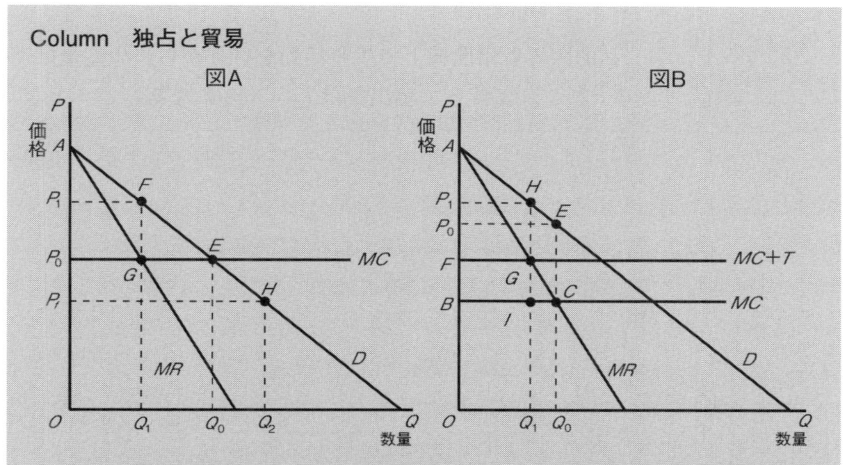

ここでは生産者が1社のみである**独占**（monopoly）と貿易の関係を検討する。

独占企業はプライス・メイカー（価格設定者）として行動する。独占企業にとって供給曲線は存在せず，直面する需要曲線にもとづいて行動する。図Aは国内企業による独占を描いたものである。需要曲線を D，限界収入曲線を MR，限界費用曲線を水平の MC とする[2)]。

2）需要曲線を

$$P=-aQ+b$$

とすれば，総収入 TR は $P\times Q$ であるから，

独占企業の利潤最大化は「限界収入 MR= 限界費用 MC」が成り立つところ，すなわち G 点において限界収入と限界費用が一致する。このとき，生産量は Q_1 に決まり，価格は P_1 に設定される。ところで，限界費用曲線 MC を完全競争下の供給曲線とみなせば，競争均衡は E 点になり，価格は P_0，取引量は Q_0 である。完全競争を想定すれば，消費者余剰（総余剰）は△ AEP_0 である。他方，独占下では，消費者余剰は△ AFP_1，生産者余剰は□ P_0P_1FG であり，総余剰は△ AEP_0 －△ EFG で示される。

この国が市場開放を実施するとしよう。当該国は小国であり，経済主体は国際価格 P_f のもとで行動する。$P_f < MC$ であるから独占企業の生産量はゼロになり，国内消費量 Q_2 は輸入量に等しくなる。消費者余剰は△ AHP_f で表され，市場開放によって資源配分は効率化する。

図Bは外国企業による独占のケースである。この国では財の生産は行われず，需要曲線 D は輸入需要曲線に相当する。需要曲線にもとづく外国の独占企業の限界収入曲線が MR，限界費用曲線が水平の MC で示されている。

外国の独占企業は $MR=MC$ となる C 点において利潤最大化を実現し，そのときの生産量（自国の輸入量）は Q_0，国内価格は P_0 である。自国の消費者余剰は△ AEP_0，外国企業の余剰は□ P_0BCE である。

ここで，外国の独占企業が生産している財の輸入に T 円の関税を課すとしよう。これは外国企業にとって費用の増加を意味し，限界費用曲線 MC が関税 T 円分だけ上方にシフトする。このとき，利潤最大化は G 点に求められ，外国企業の生産量（自国の輸入量）は Q_1 に減少し，国内価格は P_1 に上昇する。自国の消費者余剰は△ AHP_1，外国企業の余剰は□ P_1FGH である。また，自国政府は関税収入□ $BFGI$ を獲得する（関税収入は民間に還元される）。自国では台形 P_1P_0EH の消費者余剰が失われるが，他方で□ $BFGI$ の関税収入が生まれる。関税により消費者が直面する価格は上昇するものの，経済余剰は増加する可能性がある。外国企業の独占に対して，自由貿易より保護貿易を選択することが望ましいといえる。

$$TR = -a^2Q + bQ$$

となり，ここから限界収入 MR（$\Delta TR/\Delta Q$）は，

$$MR = -2aQ + b$$

と表される。

限界収入曲線と需要曲線の縦軸切片は同じになる。限界収入曲線の傾きは需要曲線の傾きの2倍になり，横軸切片は原点 O と需要曲線の横軸切片 b/a の中点にあたる。

1-2　一般均衡分析

図5-2は，外部不経済のもとでの生産・消費・貿易を表し，X財の生産がY財の生産に外部不経済をおよぼしていると想定する。本来，閉鎖経済下の国内均衡は生産可能曲線と社会的無差別曲線の接点に求められる。しかし，X財の生産がY財の生産に外部不経済を与える場合，社会的な最適生産よりX財の生産は過剰（Y財の生産は過小）になり，A点が国内均衡にあたると考える。A点では生産可能曲線TTと社会的無差別曲線U_0が交差し，国内相対価格は社会的無差別曲線上の接線P_0になる。A点における生産可能曲線の接線（図示は省略）を求めれば，相対価格P_0より急に描かれる。P_0で示されるX財の相対価格は，両財の社会的限界費用比率（限界変形率）より小さく，これはX財の私的限界費用を反映したものといえる。

当該国が市場を開放し，自由貿易に移行するとしよう。国際相対価格がP_1で与えられるとする。国内相対価格P_0と国際相対価格P_1の関係から，国際市場ではX財が輸出財，Y財が輸入財となる。国際相対価格P_1のもとでは，生産がA点からB点に移り，X財の生産が拡大しY財の生産が縮小する。消費は価格線P_1上のC点となる。社会の効用は社会的無差別曲線U_1で示され，市場開放によって社会の効用は上昇している。

図5-2　外部不経済と貿易

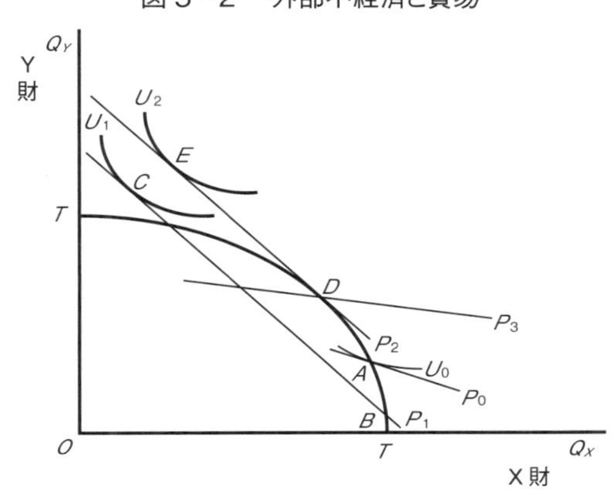

ところが，国際相対価格 P_1 のもとでの最適な生産は，価格線 P_1 に平行となる価格線 P_2 が生産可能曲線と接する D 点である。価格線 P_2 上では消費は E 点に求められ，社会の効用は社会的無差別曲線 U_2 によって示される。最適下と比べれば，外部不経済の発生によって社会の効用が低下することがわかる。現在の生産点 B は，閉鎖経済下と同様に，X 財の生産が過剰で Y 財の生産が過小な状態であることに変わりがない。資源配分の観点からすれば，生産点 B は非効率な状況にある。生産を E 点から D 点に移行させ，効率的な生産を実現するために政府の介入が必要とされる。政府による市場介入によって，現在の効用水準 U_1 より高次の効用水準 U_2 に到達することができる。生産を変化させるための介入手段は，外部不経済の発生源である X 財産業に課税を行い，反対に外部不経済の影響を受けている Y 財産業に補助金を交付することである。

自国は小国で国際価格が一定であることを前提とすれば，X 財産業には，税金込みの価格が国際価格に等しくなるように課税を行う。図 5-1 で示されるように，課税によって最適な生産が実現するとき，生産者が直面する私的限界費用は J 点の高さに相当する。つまり，X 財の生産に課税を行えば，X 財産業が直面する私的限界費用は低下し，生産の縮小がみられる。他方，前章の生産補助金の効果でみたように，Y 財の生産に補助金を交付すれば，Y 財産業はより高い国内価格のもとで生産を行うことができ，生産の拡大が生じる。このような課税と補助金の組み合わせにより，国内相対価格が P_3 になれば（X 財の価格が相対的に下落あるいは Y 財の価格が相対的に上昇すれば），生産は B 点から D 点に移行し，社会的に最適な生産を実現することができる。また，消費は E 点に移り，社会の効用は社会的無差別曲線 U_2 で表される。このような生産面における課税と補助金の組み合わせは，消費者が直面する相対価格に影響を与えることがない[3)]。

以上の考察は，環境問題などの外部不経済に対して，環境税の導入が有効な手段となることを示唆している。自由貿易下で最大の貿易利益を獲得する

3）Y 財の輸入に関税を課した場合にも生産は B 点から D 点に移る。しかし，消費者にも同じ国内相対価格を与えることになる。消費点は価格線 P_2 上に求められ，社会の効用は社会的無差別曲線 U_2 より低くなる。関税は効率的な解決策とはいえないわけである。

ためには，完全競争が実現し，**市場の歪み**（market distortion）が存在しないことが前提となる。独占，外部性などの市場の歪みが存在するとき，自由貿易を行ったとしても貿易利益を最大化できるとはかぎらない。このような場合には，むしろ政府が積極的に市場に介入して歪みを是正することが望ましいのである。

2　経済成長と貿易

ここでは，小国における生産要素供給の増加，大国における経済成長，輸入代替工業化と貿易との関係を取り上げる。

2−1　生産要素の供給増加

(1) 生産可能曲線の描き方

生産要素のうち資本の供給が増加した場合，いかなる経済効果が生じるかを考える。当該国は小国であり，所与の国際相対価格P_0^*のもとで経済活動を行うと仮定する。X 財は労働集約財，Y 財は資本集約財である。

図 5−3 の上図は，ボックス・ダイアグラムにもとづき資本の増加を描いたものである。また，図 5−3 の下図は資本の増加が生産可能曲線にどのような影響を与えるかを示している。O_X は X 財の等産出量曲線の原点であり，O_Y は Y 財の等産出量曲線の原点である。O_XA が労働賦存量，O_YA（または BO_X）が資本賦存量であるから，対角線 O_XO_Y の傾きは要素賦存比率にあたる。なお，ここでは効率軌跡を省略している。X 財と Y 財の生産関数はともに 1 次同次型であり，等産出量曲線は相似拡大の形状で描かれる。図 2−6 で説明したように，要素賦存比率にあたる O_XO_Y の資本−労働比率を基準軸として，ボックスの横軸に X 財をはかると，X 財の最大生産可能量 Q_{X0} は労働賦存量の大きさに投影される。他方，ボックスの縦軸に Y 財をはかれば，Y 財の最大生産可能量 Q_{Y0} は資本賦存量の大きさに投影される。このようにして求められた生産可能曲線が X_0Y_0 である。

資本の供給が増加すると，ボックスが縦方向に拡大し，Y 財の等産出量曲線の原点 O_Y が O_Y^1に変化する。新たな資本賦存量は O_Y^1A（または CO_X）に

図５－３　資本供給の増加

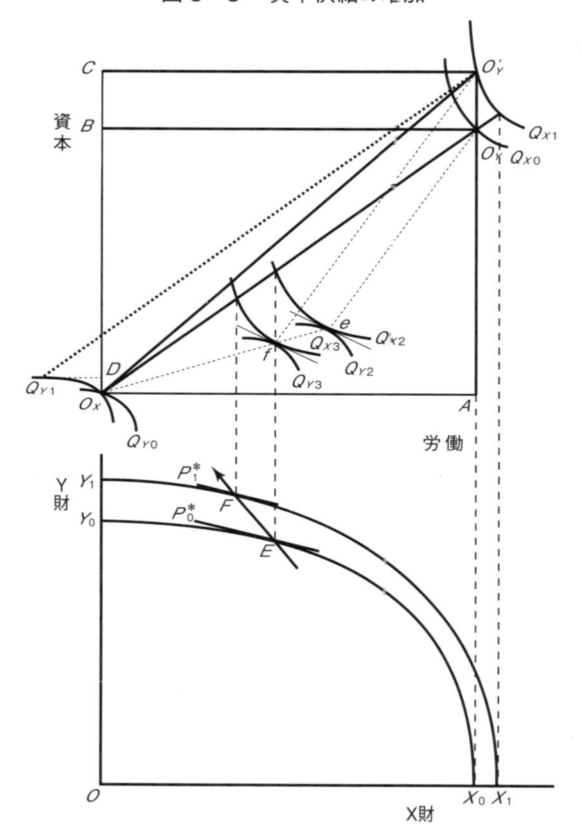

なり，要素賦存比率は上昇する。新たなボックスから生産可能曲線を導いてみる。X 財と Y 財の生産量を測定するにあたって，資本供給の増加前に用いた基準軸 O_XO_Y の対角線を利用する。原点 O_Y'をとおる X 財の等産出量曲線 Q_{X1} が O_XO_Y の延長線と交差するところを求め，それを横軸に投影すれば，X 財の最大生産可能量 X_1 が得られる。つぎに，新たな原点 O_Y'から O_XO_Y に平行な破線を描き，原点 O_X をとおる Y 財の等産出量曲線 Q_{Y1} との交点を求め，それを縦軸に投影すればY 財の最大生産可能量 Y_1 が得られる[4)]。ここで，ボックスの縦軸の CD と下図の OY_1 は同じ長さである。このようにして新

たな生産可能曲線 X_1Y_1 が導出される。生産可能曲線の拡大は要素供給の増加に伴う**経済成長**を表す。

さて，当初，生産可能曲線 X_0Y_0 と国際相対価格 P_0^* の接点 E で生産が行われていると考える。図 5–3 の上図のボックスでは，生産点 E に対応する要素配分点は e である。X 財の等産出量曲線は Q_{X2}，Y 財の等産出量曲線は Q_{Y2} である。要素供給の増加により，新たな生産可能曲線は X_1Y_1 になるから，ここに国際相対価格 P_0^* に平行な P_1^* を描けば，生産可能曲線 X_1Y_1 と価格線 P_1^* の接点 F で生産が行われることになる。図5–3の上図のボックスにおいて，生産点 F に対応する要素配分点は f であり，X 財の等産出量曲線は Q_{X3}，Y 財の等産出量曲線は Q_{Y3} である。

(2) リプチンスキーの定理

図2–6では，財の相対価格 $P_X／P_Y$ が1つに決まると，要素価格比率 $w／r$，両財の要素集約度（$K_X／L_X$, $K_Y／L_Y$）も一義的に決まることを説明した。小国のケースでは，財の国際相対価格は所与であるから，要素価格比率，両財の要素集約度も一定に維持される。

新たな生産可能曲線 X_1Y_1 上の生産点 F に対応する要素配分は f 点になり，X 財の等産出量曲線は Q_{X3}，Y 財の等産出量曲線は Q_{Y3} である。新たな要素配分点 f はつぎのように導かれる。資本供給の増加後，ボックスは縦方向に拡大するが，X 財の生産と Y 財の生産における資本–労働比率は変化しない。つまり，新たな要素配分点は，X 財の要素集約度を示す原点 O_X と e 点を結んだ破線上に位置することがわかる。また，Y 財の要素集約度も変わらず，原点 O_Y' から原点 O_Y と e 点を結ぶ破線（Y 財の要素集約度にあたる）に平行な破線を描き，破線 O_Xe と交差したところを求めれば，それが f 点になる。e 点と f 点では，資本供給の増加前後で両財の資本–労働比率は同じであり，要素価格比率も変化しない。なお，ここでは契約曲線の図示を省略しているが，資本増加前の契約曲線は，O_X から e 点を経て O_Y に至る曲線になる。資本増加後のそれは，O_X から f 点を経て O_Y' に至る曲線である。

4）要素供給増加前の Y 財の等産出量曲線 Q_{Y0} と，要素供給増加後の Y 財の等産出量曲線 Q_{Y1} は O_X を通過する。要素供給増加後の Y 財（Q_{Y1}）の要素集約度（要素賦存比率と一致）は要素供給増加前より大きいから，技術的限界代替率も大きくなる。

生産点 E と F を比較すれば，資本の増加に伴いX財の生産量は減少し，Y財の生産量が増加することがみてとれる。ボックスにおいて，X財の生産量は，資本の増加前は O_Xe の距離にあたり，資本の増加後は O_Xf の距離に相当する。すなわちX財の生産量は減少する。他方，Y財の生産量は，資本の増加前は O_Ye の長さではかられ，資本の増加後は O'_Yf の長さにあたる。O'_Yf は O_Ye より長く，Y財の生産量は増加することがわかる。

この過程を詳しくみれば，まず，資本の増加分はY財（資本集約財）の生産に投入される。このとき，資本–労働比率を一定に維持するには，新たな労働投入が必要とされる。これは，X財（労働集約財）の生産に投入されていた労働が放出されなければならないことを意味する。X財では，一定の資本–労働比率を保つために，労働投入の減少に応じて資本投入も減少する。このように，新たに増加した資本，X財から放出された労働と資本を用いることで，Y財の生産が拡大する。他方，労働と資本を放出したX財の生産は減少する。

一定の相対価格のもとで，ある生産要素の供給が増加すると，その生産要素を集約的に投入して生産される財の生産量が増加し，その生産要素を集約的に投入しない財の生産量が減少することがみいだされる。これは「リプチンスキー（T. Rybczynski）の定理」として知られている。生産点 E と F を結ぶ直線を**リプチンスキー線**（Rybczynski line）とよぶ。リプチンスキー線は左上に向かって描かれ，資本の増加が資本集約財の生産の拡大と労働集約財の生産の縮小を引き起こすことが示される。

経済成長が貿易に与える影響を考えてみる。リプチンスキーの定理から，輸出財産業の生産に集約的に投入される要素の供給が増加すれば，輸出財の生産が増加して輸入競争財の生産が減少する。このために，国際相対価格が一定であれば輸出・輸入ともに拡大する。反対に，輸入競争財産業の生産に集約的に投入される要素の供給が増加すれば，輸入競争財の生産が拡大し輸出財の生産が減少するから，輸出・輸入ともに縮小することになる。

2–2　窮乏化成長

小国の仮定のもとで国際相対価格は一定であり，要素供給の増加によって生産所得の増加がもたらされる。ここでは小国の仮定をはずし，国際相対価格に影響をおよぼしうる**大国**を前提として要素の供給の増加の効果を考える。大国では，輸出財の生産に集約的に投入される要素の供給が増加すると，経済成長によって交易条件が悪化し，かえって効用が低下する可能性があることを明らかにする。バグワティ（J. Bhagwati）は，このような成長パターンを**窮乏化成長**（immiserizing growth）として議論している。窮乏化成長は，とくに一次産品の輸出に依存する発展途上国の経済問題とかかわっている。

いま，X 財（労働集約財）を輸出財，Y 財（資本集約財）を輸入財とし，輸出財の生産に集約的に投入される労働供給の増加が生じるとしよう。上で説明した資本の増加のケースを応用すれば，図 5-4 では，労働供給の増加に伴い，生産可能曲線は T_0T_0 から T_1T_1 に拡大する。労働供給の増加前には，生産可能曲線 T_0T_0 と価格線（国際相対価格）P_0^* の接点 A において生産が行われている。労働供給の増加後，国際相対価格が不変であれば，生産は生産可能曲線 T_1T_1 と P_0^* に平行な価格線 P_1^* が接する D 点である。リプチンスキーの定理によれば，このケースでは，国際相対価格が一定であるから，輸出財の生産量が増加し輸入競争財の生産量が減少することになる。

経済成長前の消費は価格線 P_0^* 上の B 点に求められ，効用は社会的無差別曲線 U_0 によって示される。△ ABC は貿易三角形を形成している。経済成

図 5－4　窮乏化成長

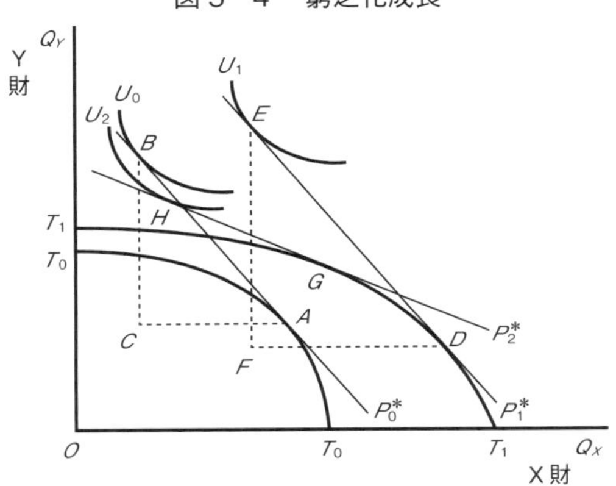

長後，国際相対価格が不変であれば，消費は価格線P_1^*上のE点に移行する。社会の効用は社会的無差別曲線U_1によって表される。また，新たな貿易三角形は△DEFであり，経済成長によって貿易が拡大する。

以上のような生産と消費の動きは，国際相対価格が一定であることを前提としている。しかし，大国における生産と消費の変化は価格の変化を伴う。輸出財の生産に偏向した要素供給の増加は，一定の国際相対価格のもとで貿易を拡大させる効果をもつ。図5-4では，経済成長によって貿易三角形が△ABCから△DEFに拡大している。このため　国際市場ではX財の超過供給とY財の超過需要が発生する。価格の変化を通じて需給調整が図られ，輸出財であるX財の価格は下落し，輸入財であるY財の価格は上昇する[5)]。大国では，交易条件の悪化すなわち輸出財の相対価格の下落が生じる。

輸出財の国際価格が相対的に下落すると，価格線はより緩やかに描かれ，新たな価格線がP_2^*になるとしよう。新たな相対価格のもとでの生産は生産可能曲線T_1T_1と価格線P_2^*が接するG点に動く。消費は価格線P_2^*上のH点である。社会の効用は社会的無差別曲線U_2で示され，これは経済成長前の社会的無差別曲線U_0より低位にある[6)]。輸出財の生産に偏向的な要素供給の増加（輸出財の生産増加）によって，交易条件が大幅に悪化（輸出財の相対価格が下落）し，成長前と比較して経済厚生の低下が生じたわけである。

2-3　幼稚産業保護

ここでは「幼稚産業保護論」を取り上げる。**幼稚産業**（infant industry）とは，現在は比較劣位産業であるが，一定期間の保護ののち，比較優位産業へと転換する可能性がある産業をさす。ここから，保護貿易のもとで輸入を国内生産に切り替える**輸入代替工業化**（import substitution industrialization）の理論が確立される。一定期間の保護のもとで，要素賦存量の変化，技術水準の向上

5）この状況は，第3章の図3-6において，X財を輸出しY財を輸入するI国のオファー・カーブO_Iが外側に拡大することを想定すればよい。このとき，均衡交易条件はI国に不利になることがいえる。

6）図5-4のように，輸出財産業に集約的に投入される要素供給が著しく増加し，輸出財の相対価格が大幅に下落する場合，経済厚生の低下が起こりうる。輸出偏向的な成長が必ず経済厚生を低下させるわけではない。

を図り，比較劣位産業から比較優位産業へと育成し，輸出化に成功したのちに自由貿易に戻すわけである。幼稚産業保護は，保護貿易の正当化論や発展途上国の経済発展論としても議論される。

図 5-5 は幼稚産業保護を描いたものである。この国は小国であり，国際相対価格はP_1^*で与えられている。X 財は労働集約財，Y 財は資本集約財である。初期の生産可能曲線は T_0T_0 であり，自由貿易下では，生産は価格線P_1^*と生産可能曲線の接点 B，消費はP_1^*と社会的無差別曲線 U_1 の接点 C である。現時点では X 財が輸出財，Y 財が輸入財であるが，当該国が輸入競争財産業を育成し，将来の輸出化をめざす政策を掲げたとする。これを実現するために，一定期間にわたって Y 財の輸入に関税を課すとする。輸入関税によって Y 財の国内相対価格が上昇し，価格線が P_0 に変化すれば，生産・消費ともに A 点に移行する。A 点は閉鎖経済下の均衡にあたり，社会の効用は社会的無差別曲線 U_0 によって示される。

一定期間の保護により，生産可能曲線が T_0T_0 から T_1T_1 にシフトしたとしよう。Y 財の生産に集約的に投入される要素供給の増加すなわち資本の蓄積，生産技術の進歩（生産関数の改善）が生じることによって，生産可能曲線が縦軸方向に拡大する。このとき，生産可能曲線と社会的無差別曲線が

図 5-5　幼稚産業保護

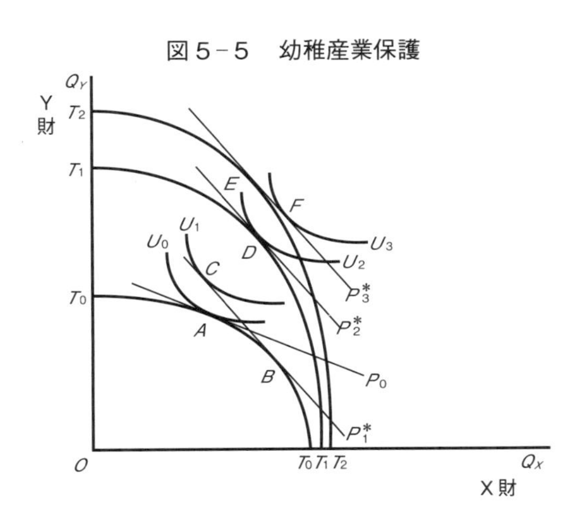

D 点で接するとする。D 点における価格線は自由貿易下の国際相対価格 P_1^* に平行な P_2^* であり，国内相対価格と国際相対価格が一致している。これは，資本の増加や技術進歩による生産拡大を通じて，Y 財産業では国際価格に見合うだけの生産費用の低下を実現し，輸入代替に成功したことを意味する。また，D 点における社会的無差別曲線 U_2 は，初期の自由貿易下の社会的無差別曲線 U_1 より高位にある。この時点で，保護貿易の必要性がなくなり，自由貿易に戻すことになる。

その後，生産可能曲線が T_2T_2 に拡大すれば，国際相対価格 P_3^* のもとで生産は E 点，消費は F 点で表される。ここでは Y 財が輸出財，X 財が輸入財になり，貿易パターンの逆転がみられる。社会の効用は社会的無差別曲線 U_3 に到達する。効用の向上は保護貿易によって得られた利益であり，幼稚産業保護という保護貿易の正当化の根拠になりうる。

たとえ幼稚産業保護が正当化されても，保護貿易によって経済が非効率化することは避けられず，輸入代替工業化に必要とされる資金の調達から累積債務の増大を招くなど，経済発展を軌道に乗せることができない発展途上国もある。また，輸入を国内生産に切り替えるうえで，一定の国内市場の規模が欠かせない。図 5-5 では，関税を用いて幼稚産業を保護するケースを取り上げたが，関税が効用水準を低めることを考えれば，保護の対象とした産業が将来的に輸出財産業になりうるのか，を見極めることが必要である。一定期間の保護という場合にも，一定期間をどの程度とするかを検討しなければならない。保護貿易に伴う損失が長期にわたることは望ましくないからである。さらに，保護貿易による損失と，産業保護の結果として将来得られるであろう利益を比較し，後者が前者を上回ることも必要である。

図 5-6 は，産業保護による損失と，産業保護によって得られる利益を比較したものである。現在，国際価格 P_f のもとで当該産業は輸入競争財産業である。輸入関税によって一定期間の保護を行い，国内価格が P_d となる閉鎖経済の水準まで生産量が引き上げられれば，余剰の損失は△ EFG になる。その後，技術進歩などによって供給曲線が S_0 から S_1 にシフトし，輸入代替工業化に成功したとする。F 点では国際価格に見合う費用で生産が実現し，この時点で関税は撤廃され，自由貿易に戻ることになる。すると，四辺

図5－6　ミル=バステイブル基準

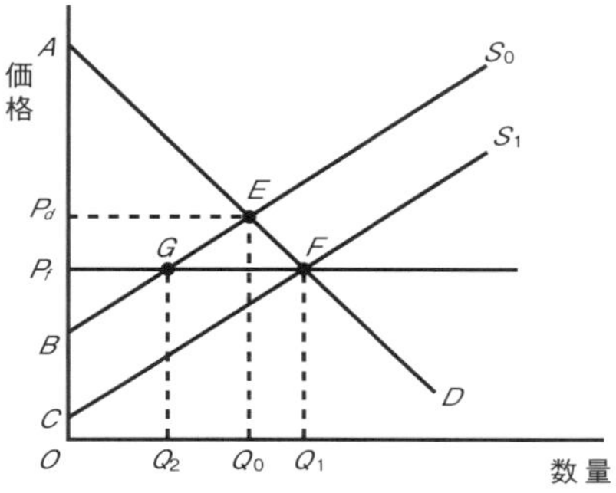

形 $BCFG$ に相当する新たな生産者余剰が発生する。幼稚産業保護という観点から保護貿易が正当化されるには，新たな余剰の獲得分（四辺形 $BCFG$）が，保護貿易に伴う一時的な余剰の損失△ EFG を上回ることが必要である（四辺形 $BCFG$ は将来発生するものであるから，厳密にいえば利子率で割り引き，現在価値に置き換えることが必要である）。これは「ミル（J. S. Mill）=バステイブル（C. F. Bastable）基準」とよばれ，幼稚産業保護の正当化を判断する基準である。

Column　雁行形態論

赤松要による**雁行形態論**（wild geese flying pattern theory）は，後発国の工業化と貿易の発展パターンを提示する。理論の精緻化を図った小島清は，輸入，国内生産（輸入代替），輸出に至る中で，後発国がいかにして先発国を追跡（catching up）するかを示している。

ある工業製品について，当初，後発国では国内生産が行われず，国内消費は輸入によってまかなわれる。その後，新規技術の導入により国内生産がはじまると，徐々に輸入が減少していく。

国内生産が国内消費をみたす段階に至ると，輸出が始まる。幼稚産業保護でみたように，国内生産の拡大には一定期間の保護による要素供給の増加や技術の向上が必要になる。また，生産費用が高い先発国からの直接投資の受け入れや技術移転も生じる。加えて，輸出化に向けて，生産費用の低下を図るには，十分な規模の国内市場の存在や量産化による規模の経済の実現も必要となる。

さらに時間が経過し，つぎの後発国が輸入代替と輸出化に成功すれば，生産と輸出が反転して減少し，再び輸入の増加がみられる。

このような輸入→輸入代替→輸出に至る時間的推移を図示したものが，雁の群れが飛ぶ形態に似ていることから「雁行形態論」とよばれる。

3 直接投資と貿易

企業の海外展開である**直接投資**（foreign direct investment）は，資本移動を含む経営資源の移転と定義される。この節では直接投資と貿易との関係を検討する。まず資本移動を考察し，その後，一般均衡分析にもとづき直接投資が貿易にどのように作用するかを考える。

3-1　資本移動

資本移動の分析は企業の直接投資を考えるうえで有益である。まず，**国民総生産**（GNP：gross national product）の概念を用いて資本移動の効果を考える[7)]。

いま，I国とII国が同一の財を生産していると仮定し，生産関数を

$$Q = f(K)$$

とする。資本投入量 K の増加に応じて生産量 Q も増加する。労働投入量を一定とすれば，資本投入量の増加とともに資本の限界生産物 $MP_K = \Delta Q / \Delta K$ は逓減する。また，財の価格 P は一定であり，価格を1に規定すれば，限界生産物価値 $P \cdot MP_K$ と限界生産物 MP_K は同じになる。

生産要素の最適投入の条件から，企業は，資本の限界生産物 MP_K と資本報酬率 r が等しいところで資本投入量を決定する。図5-7では，I国の限界

7）GDP（国内総生産）は国内における生産が測定の対象になり，国内であれば国民性を問わない。他方，GNPは国内外を問わず，国民（1年以上の居住者を含む）の生産が測定される。自国と外国間の要素所得の受取・支払を考慮すれば，つぎの式が成り立つ。

GNP = GDP + 海外からの所得 − 海外に対する所得

図5－7　資本移動

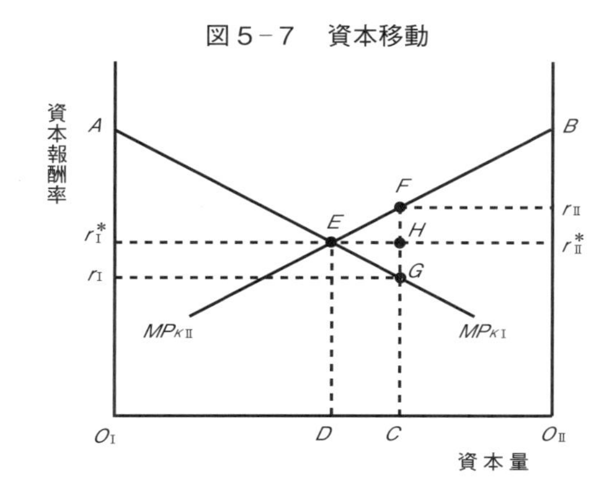

生産物曲線 $MP_{K\mathrm{I}}$ とII国の限界生産物曲線 $MP_{K\mathrm{II}}$ を描いている。**資本の限界生産物曲線**は企業の資本需要曲線にあたる。I国の資本賦存量は $O_{\mathrm{I}}C$，II国のそれは $O_{\mathrm{II}}C$ であり，世界の総資本量は $O_{\mathrm{I}}C+O_{\mathrm{II}}C$ に等しい。閉鎖経済下では，I国とII国の資本報酬率はそれぞれ r_{I}，r_{II} であり，資本賦存量が少ないII国の資本報酬率が高い状況にある（$r_{\mathrm{I}}<r_{\mathrm{II}}$）。また，I国の総生産（限界生産物の合計）は台形 $O_{\mathrm{I}}AGC$ になり，そのうち□ $O_{\mathrm{I}}r_{\mathrm{I}}GC$ が資本所有者の所得として，残りの△ AGr_{I} が労働者の所得として分配される。II国では，総生産は台形 $O_{\mathrm{II}}BFC$ であり，資本所有者の所得は□ $O_{\mathrm{II}}r_{\mathrm{II}}FC$，労働者の所得は△ BFr_{II} である。

両国が資本市場を開放し，資本移動を自由化したとする。資本報酬率の格差に応じてI国からII国に資本が移動する。資本の移動量は CD である。この結果，両国の資本報酬率が均等化し，$r_{\mathrm{I}}^*=r_{\mathrm{II}}^*$ が成立する。I国では，資本流出によって国内生産が台形 $O_{\mathrm{I}}AED$ に減少するが，II国から□ $CDEH$ に等しい資本報酬を獲得する。このため，国民所得は，資本移動前の総生産に△ EGH を加えたものに等しい。資本所有者の所得は□ $O_{\mathrm{I}}r_{\mathrm{I}}^*HC$ に増加するが，労働者の所得は△ AEr_{I}^* に減少する。投資国では，資本所有者に有利な所得分配になる。II国では，資本流入により国内生産が台形 $O_{\mathrm{II}}BED$ に拡大する。しかし，□ $CDEH$ に相当する資本報酬の支払いが発生する。国民所得は資本移動前に比べて△ EFH だけ増加する。資本所有者の所得は□ $O_{II}r_{II}^{*}HC$ に減少し，労働者の所得は△ BEr_{II}^{*} に増加する。被投資国では労働者に有利な所得分配となる。

資本移動の結果，世界全体で△ EFG の生産・所得が増加し，資源配分が効率化する[8]。しかし，I 国の労働者や II 国の資本所有者には不利な所得分配になる。長期的には，I 国では労働の熟練化や人的資本の育成を図ることで，他方，II 国では技術水準を向上させることで，両国の労働者，資本所有者ともに所得拡大の恩恵に浴すると考えられる。

直接投資は被投資国の雇用創出や技術水準の向上に貢献する。また，貿易に対する影響は投資パターンによって異なる。投資国の比較劣位産業から被投資国の比較優位産業への直接投資は貿易を拡大させるが，投資国の比較優位産業から被投資国の比較劣位産業への直接投資は貿易縮小的である。直接投資の拡大とともに，産業内貿易や企業内貿易のような新たな貿易パターンがみられる。加えて，直接投資により投資国では産業の空洞化（hollowing out of industry）が懸念される。短期的には雇用の減少が起きるが，長期的には産業構造の高度化が生じると考えられる。

Column　直接投資の拡大がもたらしたもの

国際間の貿易・金融取引に加えて，生産要素移動や情報技術の進歩を通じて，国民経済間の相互依存関係が深まっている。とりわけ直接投資に伴う生産活動は，投資国と被投資国の経済の連動性を高めて各国経済の融合を促す。

直接投資により，被投資国では雇用創出や技術の向上が生じる。また，市場の競争環境も整備される。日銀統計「直接投資残高（地域別かつ業種別）」によれば，2013 年末の日本の対外直接投資残高は 117.7 兆円，対内直接投資残高は 18 兆円である。従来から対内投資が相対的に少ないことは指摘されてきたが，経済成長という視点から対内投資の受け入れ拡大が課題となっている。

また，同じ統計によれば，対外投資残高のうち製造業が 55 兆円，非製造業

8）図 5-7 の縦軸を賃金率，横軸を労働量とし，I 国と II 国の労働需要曲線（労働の限界生産物曲線）を描けば，労働移動の効果が得られる。この場合にも，労働移動によって両国の国民所得は増加する。所得分配面をみれば，労働の送り出し国では労働者の所得が増加し，資本所有者の所得が減少する。他方，労働の受け入れ国では労働者の所得が減少し，資本所有者の所得が増加する。

が62.7兆円である。製造業では輸送用機器，電気機器の順に，非製造業では金融・保険，卸売・小売の順になっている。対内投資残高については，製造業が6.7兆円，非製造業が11.2兆円である。製造業では電気機器，輸送用機器の順に，非製造業では金融・保険，卸売・小売の順になっている。対外・対内投資ともに，非製造業を中心としたものになっている。

日本経済をみても，産業構造は製造業からサービス産業へと比重を移しつつある。サービス産業における対外・対内直接投資の拡大は国内外の企業間競争を伴い，これまで非貿易財（non-tradables）と考えられてきた各種サービスを国際競争に組み込み，非貿易財の貿易財化を進展させている。製造業に比べてサービス産業の生産性は相対的に低いことが知られており，この改善が今後の課題になる。

3-2　直接投資パターンと貿易

(1)　小島モデルの仮定

ここでは，小島モデルを利用して，直接投資が実行されるとき，投資国と被投資国では貿易にどのような影響が生じるかを考える[9]。多くの発展途上国は直接投資の受け入れを工業化戦略の中心に位置づけている。

2国（I国，II国），2財（X財，Y財），2生産要素（労働，資本）による小島モデルではつぎの仮定を置く。

①I国は労働豊富国，II国は資本豊富国である。X財は労働集約財，Y財は資本集約財である。

②II国におけるX財とY財の生産関数は，I国における両財の生産関数よりも優れている。ただし，その程度はY財のほうが大きい。

③II国からI国に直接投資が行われると，I国におけるX財またはY財の生産関数は改善する。ただし，その改善の程度はX財のほうが大きい。

(2)　順貿易指向的直接投資

X財産業について，II国からI国に直接投資が行われるとする。X財はI国にとって比較優位財，II国にとって比較劣位財である。II国の比較劣位産業からI国の比較優位産業に直接投資（技術移転）が行われるケースである。

9）小島（1981）第7章，同（1989）第1章を参照。

図5－8　順貿易指向的直接投資

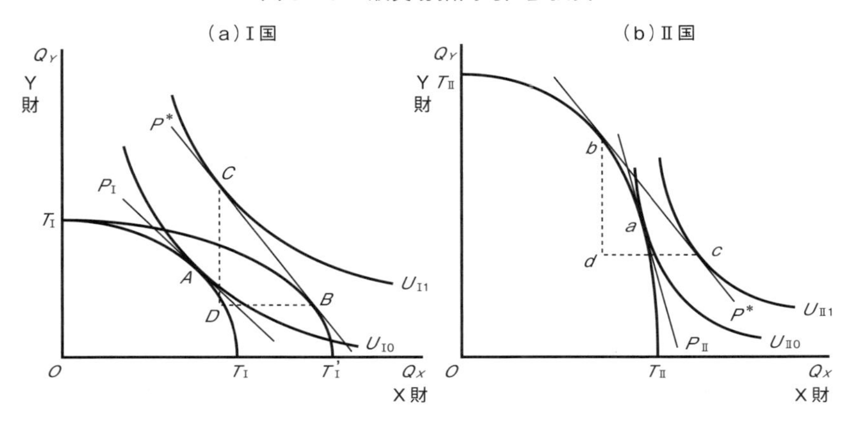

図5-8 (a) (b) は直接投資と貿易との関係を描いたものである。I国の国内均衡は A 点，II国の国内均衡は a 点である。国内相対価格はそれぞれ P_{I}, P_{II} であり，価格線の傾きから，I国はX財に比較優位をもち，II国はY財に比較優位をもつ。I国の効用は社会的無差別曲線 $U_{\mathrm{I}0}$, II国の効用は社会的無差別曲線 $U_{\mathrm{II}0}$ で示される。

貿易の開始と同時に，II国のX財産業からI国のX財産業に直接投資が行われる。I国ではX財の生産関数が改善し，これまでと同じ生産要素の投入に対して生産量が増加する。言い換えると，**中立的技術進歩** (neutral technical progress) が生じることになる。X財の生産関数の改善は，I国の生産可能曲線を $T_{\mathrm{I}}T_{\mathrm{I}}$ から $T_{\mathrm{I}}T_{\mathrm{I}}'$ へと拡大させる。輸出財産業に偏向的な生産可能曲線の拡大が生じている。直接投資を行ったII国の生産可能曲線は $T_{\mathrm{II}}T_{\mathrm{II}}$ のままである。

輸出財産業に偏向的な生産可能曲線の拡大により，同じ相対価格に対して貿易は拡大するから，第3章の図3-6におけるI国のオファー・カーブ O_{I} が外側に拡大する。生産可能曲線の拡大前と比べてX財の国際相対価格は下落し，その結果，図5-8 (a) (b) において，均衡交易条件（国際相対価格）が P^* であるとしよう。交易条件 P^* は，I国の生産可能曲線の拡大前に比べて，I国にとっては不利に，II国にとっては有利になっている[10]。

I 国の生産は生産可能曲線 $T_{\mathrm{I}}T_{\mathrm{I}}'$ と価格線 P^* の接点 B に移る。消費は価格線 P^* 上の C 点に移り，社会的無差別曲線 U_{I1} に到達する。ここでは，△ BCD が貿易三角形にあたる。なお, X 財の国際相対価格の下落が大きければ, I 国では，生産可能曲線の拡大によって「窮乏化成長」が発生する可能性がある。他方，II 国では，交易条件 P^* のもとで生産は a 点から b 点に，消費は c 点に移り，効用は社会的無差別曲線 U_{II1} によって示される。このとき，△ bcd が貿易三角形にあたる（△ BCD と△ bcd は合同である)。交易条件は II 国に有利になっているから，II 国の経済厚生の改善は大きいものとなる（直接投資前の交易条件線は P^* より急に描かれたはずである)。

図 5−8 (a) (b) のケースでは，直接投資（技術移転）が貿易を創造する効果をもち，投資が貿易を補完することになる。このような直接投資は「順貿易指向的」とされる。順貿易指向的な直接投資は，先発国（II 国）の比較劣位産業を後発国（I 国）に移植するものであり，先発国の産業構造の高度化に寄与する。Column で取り上げた「雁行形態論」は，国内の産業構造の高度化という視点から議論される。産業構造を高度化するためには，比較劣位産業から比較優位産業への転換が必要である。順貿易指向的な直接投資は，投資国の比較劣位産業を海外に移植することを通じて，比較優位産業への特化を進めることになる。加えて,「雁行形態論」を国際的な視点からみれば，先発国の比較劣位産業から後発国の比較優位産業への直接投資が進み，さらなる下位の後発国へと順次同様の直接投資が行われることで，多数国間で調和的な貿易の拡大を可能にするといえる。

10）小島モデルでは，I 国の国内相対価格と国際相対価格を同一と仮定する。これに対して，大山道広（1990)「直接投資と経済厚生―小島理論をめぐって―」池間・池本編『国際貿易・生産論の新展開』（文眞堂）では，交易条件と経済厚生との関係を論じている。本節でも，直接投資が国際相対価格をどのように変化させるかを考慮している。

Column 中立的技術進歩

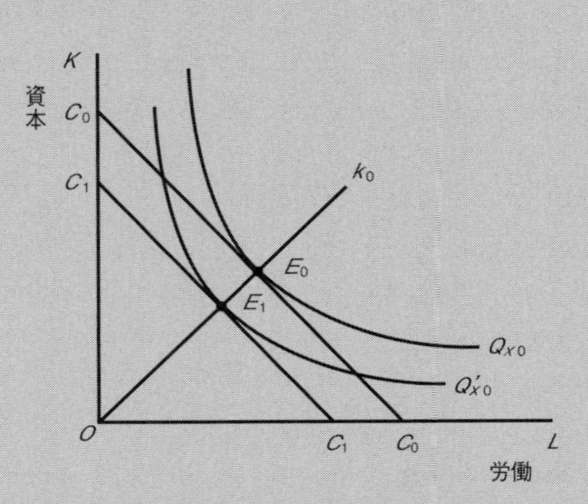

中立的技術進歩は，一定の要素価格比率のもとで，特定水準の生産量を獲得するために投入される生産要素が同じ割合で節約される技術進歩と定義される。このため，資本–労働比率は変化せず，技術進歩前と同じ生産量を得るために必要とされる生産費用は減少する。

図では，技術進歩前のX財の生産量がQ_{X0}で与えられ，C_0C_0の等費用線のもとで生産されている。要素投入はE_0点，資本–労働比率はk_0である。中立的技術進歩が生じれば，同じ生産量Q_{X0}'が要素価格を変更させずに，C_0C_0と平行なC_1C_1の等費用線上で生産される（これまでと同じC_0C_0の等費用線であれば，より多くの生産物が産出される）。要素投入はE_1点である。定義から労働と資本は同じ割合で節約され，資本–労働比率はk_0で不変となる。

(3) 逆貿易指向的直接投資

つぎに，図5–9 (a) (b) を用いて，II国の比較優位産業（Y財）からI国の比較劣位産業に直接投資が行われるケースを考える。図5–8 (a) (b) と同様に，I国の国内均衡はA点，II国の国内均衡はa点であり，I国はX財に比較優位をもち，II国はY財に比較優位をもっている。I国の効用は社会的無差別曲線U_{I0}，II国の効用は社会的無差別曲線U_{II0}である。

貿易の開始とともに，II国のY財産業からI国のY財産業に直接投資が行われるとしよう。I国ではY財の生産関数が改善し，従来と同じ生産要素

図５－９　逆貿易指向的直接投資

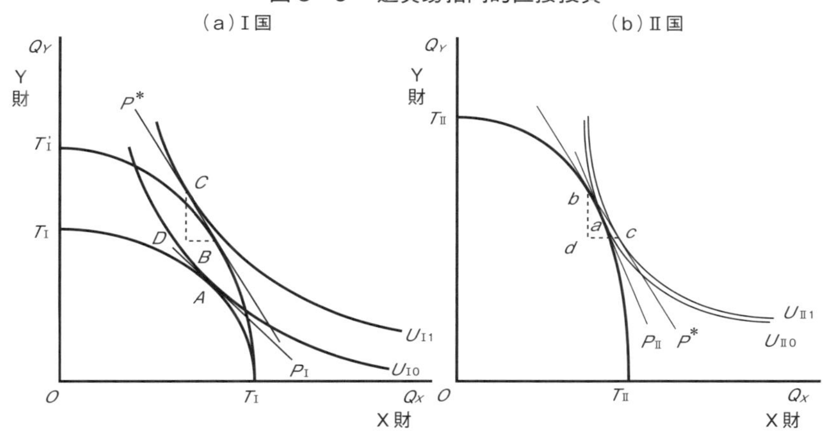

の投入に対して生産量の増加が生じる（ここでも中立的技術進歩を想定する）。Y財の生産関数の改善によって，I国の生産可能曲線は T_IT_I から $T_I'T_I$ へと拡大する。これは輸入競争財産業に偏向的な生産可能曲線の拡大である。なお，II国の生産可能曲線は $T_{II}T_{II}$ のままである。

輸入競争財産業に偏向的な生産可能曲線の拡大により，同じ相対価格に対して貿易は縮小するから，第3章の図3-6におけるI国のオファー・カーブ O_I が内側に回転する。生産可能曲線の拡大前と比べてX財の国際相対価格は上昇し，その結果，図5-9 (a) (b) では，均衡交易条件が P^* である。交易条件 P^* は，I国の生産可能曲線の拡大前に比べて，I国にとっては有利に，II国にとっては不利になる。

交易条件が P^* のとき，I国では，価格線 P^* と生産可能曲線 $T_I'T_I$ の接点 B に生産が移行し，消費は価格線 P^* 上の C 点に移る。貿易三角形は△ BCD である。II国では，交易条件 P^* のもとで生産は b 点，消費は c 点に移り，貿易三角形は△ bcd である（△ BCD と△ bcd は合同になる）。比較劣位産業への投資を受け入れたI国では，輸入競争財産業における技術進歩が生じ，生産可能曲線の拡大前に比べて貿易は縮小する。投資国であるII国では，交易条件の不利化から貿易が縮小し，経済厚生の悪化が生じる（直接投資前

の交易条件線は P^* より緩やかに描かれたはずである）。なお，I国の生産可能曲線の拡大の程度によっては貿易パターンが逆転する可能性もある。

先発国の比較優位産業から後発国の比較劣位産業への直接投資は貿易を縮小させる効果をもち，投資が貿易を代替するわけである。このような直接投資は「逆貿易指向的」であるとされる。小島モデルでは，企業の独占行動や寡占行動を逆貿易指向的な直接投資の動機として議論している。

4　規模の経済と貿易*

これまでは，労働集約財と資本集約財の垂直的な貿易取引，すなわち**産業間貿易**（inter-industry trade）を対象としてきた。他方，先進国間では同一産業内の同種の製品（たとえば自動車）が取引される水平的な貿易がみられ，**産業内貿易**（intra-industry trade）や**企業内貿易**（intra-firm trade）が拡大している。ここでは，規模の経済を前提として簡単な産業内貿易の理論を紹介する。

4-1　生産可能曲線

まず，**規模の経済**（economies of scale）について考える。ここで取り上げる規模の経済は，個々の生産者の生産関数は「規模に関して収穫一定」であるが，産業レベルでは規模の経済（規模に関して収穫逓増）が生じるという**マーシャル的外部経済**にもとづくものである。この状況のもとで，個々の生産者は完全競争企業である。しかし，産業全体では生産量の増加に応じて規模の経済が発生し，個々の生産者の平均費用は低下する。たとえば，ある地域に企業の集積が進むと，生産にかかわる技術や知識の普及が進み，個々の企業の生産性が改善するケースにあたる。

いま，X財とY財という同一産業内の財を生産する経済を想定する。生産要素は労働 L のみとし，同種であるX財とY財の生産関数は同じである。仮定から，産業全体では規模の経済が作用すると考える。このとき，X財とY財の生産関数がつぎの式で与えられるとする。

$$Q_X = L_X^a$$

$$Q_Y = L_Y^a$$

Q_X, Q_Y はそれぞれ X 財と Y 財の生産量であり，L_X, L_Y は X 財と Y 財の生産に投入される労働量である。規模の経済がみられる場合，$\alpha > 1$ であり，労働投入量が n 倍になると，生産量は n 倍以上になる。

また，この国の労働賦存量を $\overline{L}$ とし，完全雇用が実現すると考える。それゆえ，両財の生産にかかわる労働の配分はつぎの式で示される。

$$\overline{L} = L_X + L_Y$$

図 5-10 から，規模の経済のもとで生産される X 財と Y 財の生産可能曲線を導出する。X 財の生産関数は第Ⅳ象限に，Y 財の生産関数は第Ⅱ象限に描かれている。各財の生産関数は，労働投入が追加的に 1 単位増えるにつれて，生産量の増加分が徐々に大きくなるという形状で表される。すなわち，労働の限界生産物は逓増している。第Ⅲ象限は労働の配分を示す直線である。この国の労働賦存量すべてを X 財の生産に投入すれば（第Ⅲ象限の A 点），第Ⅰ象限において，X 財の生産量 X_0 は $\overline{L}^{\alpha}$ に等しく，Y 財の生産量はゼロである。反対に，労働賦存量すべてを Y 財の生産に投入すれば（第Ⅲ象限の B 点），X 財の生産量はゼロで Y 財の生産量 Y_0 は $\overline{L}^{\alpha}$ である。また，労働賦存量を X 財と Y 財の生産に 2 等分すれば（第Ⅲ象限の C 点），各財

図 5-10　生産可能曲線

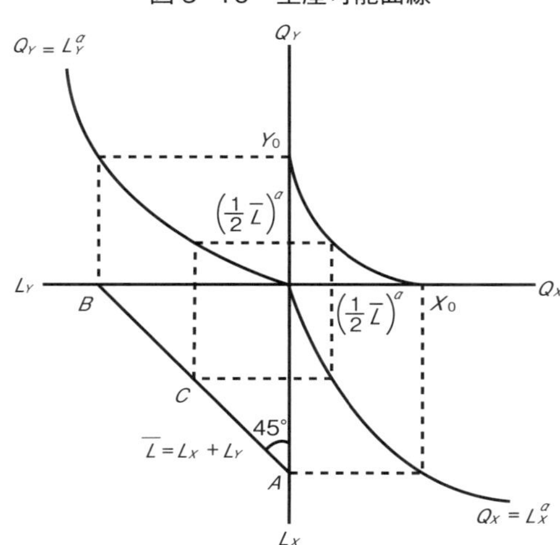

の生産量は $\left(\frac{1}{2}\overline{L}\right)^a$ である。このように，第Ⅲ象限における労働の配分から，第Ⅳ象限においてX財の生産量が，第Ⅱ象限においてY財の生産量が決まる。第Ⅰ象限に2財の生産量の軌跡を求めれば，**生産可能曲線** X_0Y_0 が導かれる。

生産可能曲線 X_0Y_0 は原点に対して凸型の形状になり，X財の生産拡大に伴って限界変形率は逓減する。X財の生産量が増加するほど，X財の機会費用は低下するわけである。

4-2　生産特化と貿易利益

図5-11は，閉鎖経済下の均衡と貿易開始後の状況を描いている。閉鎖経済において，生産可能曲線 X_0Y_0 と社会的無差別曲線 U_0 が E 点で接するとしよう（相似拡大的な社会的無差別曲線を想定する）。E 点では等量のX財とY財が生産・消費されている。また，労働賦存量はX財の生産とY財の生産に2等分されている。X財の生産量と消費量は $\left(\frac{1}{2}\overline{L}\right)^a$，Y財の生産量と消費量も $\left(\frac{1}{2}\overline{L}\right)^a$ である。E 点における接線の傾きすなわち国内相対価格 P_0 は1である。自国と外国で生産関数，効用関数，労働賦存量が同じであるとすれば，外国も同じ状況にある。このとき，両国の相対価格も同じになり，比較優位・劣位は決定できず，国民性や歴史的背景などから生産特化の方向が決まる[11)]。

仮に，自国がX財，外国がY財の生産に特化することが決まれば，貿易が開始されて両国は貿易利益を享受する（反対に，自国がY財，外国がX財の生産に特化しても貿易利益が発生する）。各国では，生産特化に応じて費用が逓減し，生産効率が高まるから，やがて完全特化が成立する。X財に完全特化する自国において，X財の生産量は $\overline{L}^a$ であり，Y財の生産に完全特化する外国では，Y財の生産量は $\overline{L}^a$ である。

閉鎖経済下において，両国合計のX財とY財の生産量はそれぞれ，

$$Q_X = 2\left(\frac{1}{2}\overline{L}\right)^a \qquad Q_Y = 2\left(\frac{1}{2}\overline{L}\right)^a$$

である。他方，完全特化下のX財とY財の生産量はそれぞれ，

11）これに関連して「合意的国際分業」という考え方がある。詳しくは小島清「合意的国際分業・国際合業・企業内貿易（上）（下）」『世界経済評論』1982年11月・12月を参照。

図５−11　規模の経済と貿易利益

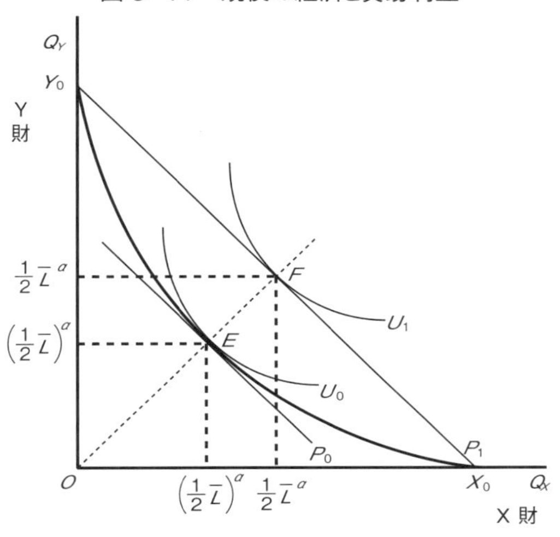

$$Q_X = \overline{L}^{\alpha} \qquad Q_Y = \overline{L}^{\alpha}$$

になる。ここから，生産特化によって生産効率が高まり，世界全体の生産量は増加することがわかる。

完全特化後においても相対価格が１で変わらないとすれば，新たな価格線は，閉鎖経済下の相対価格 P_0 と同じ傾きを維持しながら X_0 と Y_0 を結ぶ直線 P_1 に移行する。どちらの財に完全特化しても消費は F 点になり，閉鎖経済と比べて２財の消費量が増加する。各国では，X 財の消費量と Y 財の消費量がそれぞれ $\left(\frac{1}{2}\overline{L}\right)^{\alpha}$ から $\frac{1}{2}\overline{L}^{\alpha}$ に増加する。このとき，社会の効用も上昇し，社会的無差別曲線 U_1 に到達する。

より詳しくいうと，自国では，X 財の生産量は $\overline{L}^{\alpha}$ であり，そのうち $\frac{1}{2}\overline{L}^{\alpha}$ を国内消費にあて，残りの $\frac{1}{2}\overline{L}^{\alpha}$ を輸出する。また，Y 財は $\frac{1}{2}\overline{L}^{\alpha}$ だけ輸入される。他方，外国では，Y 財の生産量は $\overline{L}^{\alpha}$ であり，そのうち $\frac{1}{2}\overline{L}^{\alpha}$ を国内消費に振り向け，輸出量は $\frac{1}{2}\overline{L}^{\alpha}$ になる。また，$\frac{1}{2}\overline{L}^{\alpha}$ の X 財が輸入される。このようにして，同種の財が取引される「産業内貿易」が発生する。

自国が人為的に X 財への生産特化をめざすとすれば，外国より少しでも早く X 財の生産を開始することで生産費用の低下を実現し，価格面で優位な状況に立つことができる。このためには，政府が産業の育成を行うことが必要である。補助金などを用いて一定期間の保護・育成を行い，生産量の拡大を図ることで人為的な生産特化が可能になる。この場合，政府による市場介入が正当化されるわけである。

Column　代表的需要理論

リンダー（S.B.Linder）の**代表的需要理論**（theory of representative demand）は需要サイドに着目し，なぜ同種の工業製品貿易（産業内貿易）が起こりうるかを説明するものである。

たとえば，ある2つの国の間で1人あたり所得が近づくと，消費パターンは類似し，需要構造が重複することになる。このとき，一定規模の需要（代表的需要）が存在することで，それに応じた生産構造が構築される。さらに，生産構造が決まれば，いかなる財が輸出されるかという輸出の範囲も決まる。両国では，1人あたり所得が近似するほど，需要構造・生産構造が重複し，貿易の対象となる財の重複も大きくなる。つまり，国内需要が重複するほど，輸出可能な範囲の重複も大きくなり，貿易量が拡大するわけである。このように，代表的需要理論は，一定規模の国内需要の存在が輸出の範囲を決める要因になることを明らかにするものである。

第II部

オープン・マクロ経済の理論と政策

第6章　国際収支と為替レート

この章では，オープン・マクロ経済の基礎として，所得のとらえ方，国際収支の見方，為替レートの決定と変動を中心に解説を行う。まず，GDP（国内総生産）を説明したうえで，経常収支と貯蓄・投資バランス，財政収支との関係を考える。つぎに，国際収支の概念を説明し，外国為替の需給にもとづく為替レートの決定と変動，国際通貨制度，為替レートの経常収支調整機能に触れる。さらに，為替レートの決定理論として，金利平価説，ポートフォリオ・バランス・アプローチ，購買力平価説を取り上げる。

1　GDPと外国貿易

はじめに，マクロ経済分析の基礎となるGDPの概念を説明し，つぎに，経常収支と民間の貯蓄・投資バランス，財政収支との関係を検討する。

1-1　GDP

GDP（gross domestic product）は**国内総生産**とよばれ，国内において一定期間内にどれだけの付加価値が生み出されたかを表す指標である。**付加価値**（value added）は，それぞれの生産段階における生産額から原材料などの中間生産物の投入額を差し引いた値と定義される。

図6-1から付加価値のとらえ方を説明する。いま，農業，製造業，小売業の3部門が生産活動を行っているとする。農業部門は，中間生産物を一切投入せずに10億円の農産物を生産し，製造業部門は，10億円の農産物を投入して30億円の加工食品を生産している。小売業部門は，製造業者から30億円の加工食品を仕入れ，消費者に50億円の販売を行っている。なお，仕入れた加工食品はすべて販売されるものとする。図6-1では，中間生産物

図6－1 付加価値

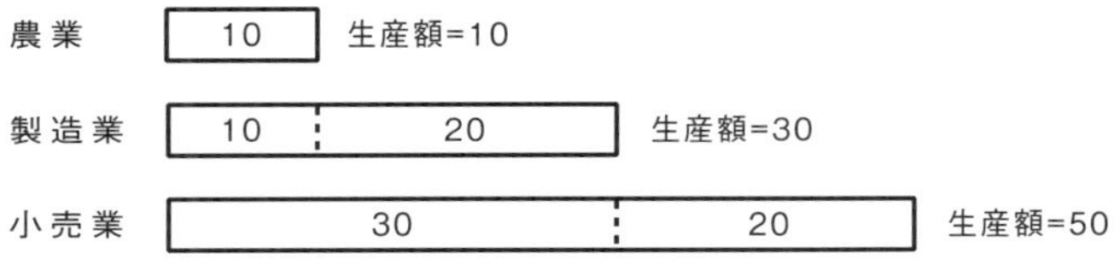

農業	10		生産額=10
製造業	10	20	生産額=30
小売業	30	20	生産額=50

を投入しない農業部門の付加価値は10億円になる。製造業部門では，中間生産物である農産物10億円を投入して30億円の加工食品を生産しているから，付加価値は20億円になる。小売業部門では，中間生産物である30億円の加工食品を仕入れて50億円の販売を行い，付加価値は20億円と計算される。この結果，各部門が生み出した付加価値の合計は50億円になる。これは，各生産段階の生産額の合計90億円から中間生産物の投入額の合計40億円を控除した値に等しい。GDPは各生産段階において生み出された付加価値の合計と一致する。

ところで，付加価値の合計50億円は，生産の最終段階における生産物（加工食品）の販売額すなわち**最終生産物の価値**50億円と一致する。ここから，

GDP＝付加価値の総額＝最終生産物の生産額の総計

が成立する。これはマクロ経済の供給総額すなわち**総供給**（aggregate supply）にあたり，**生産面からみたGDP**を意味している。

つぎに，分配面からGDPをとらえる。各生産段階で生み出された付加価値は，賃金，地代，利子・配当などの形で生産に従事した生産要素に所得として分配される。付加価値の合計は「粗付加価値」といわれ，機械設備などの固定資本の損耗や老朽化から生じる減価償却（固定資本減耗）を含んだものである。純粋に生み出された付加価値を求めるには，GDP（粗付加価値）から固定資本減耗を控除することが必要である。「純付加価値」を意味する**国内純生産**（NDP：net domestic product）はつぎの式で定義される。

NDP ＝ GDP －固定資本減耗

また，GDPは市場価格で表示される。生産要素への支払いを求めるうえで，市場価格に含まれる「間接税」と，政府からの移転である「補助金」を調整する必要がある。つまり，国内純生産と（間接税－補助金）の差額が，賃金

などの「雇用者報酬」と，利子・配当，企業貯蓄などの「営業余剰・混合所得」に分配される。すなわち，

GDP －固定資本減耗－間接税＋補助金
＝雇用者報酬＋営業余剰・混合所得

であり，この式を書き換えると，**分配面からみたGDP**すなわち**国内総所得**（GDI：gross domestic income）が導かれる。

GDI ＝雇用者報酬＋営業余剰・混合所得＋固定資本減耗
＋間接税－補助金

さらに，GDPは最終生産物への支出額と一致する。**支出面からみたGDP**は**国内総支出**（GDE：gross domestic expenditure）とよばれ，家計・企業・政府・外国による最終生産物への支出総額にあたる。これは**総需要**（aggregate demand）ともよばれ，つぎのように定義される。

GDE ＝民間最終消費支出＋政府最終消費支出
＋国内総資本形成＋財貨・サービスの純輸出

「民間最終消費支出」は家計を中心とする最終生産物への支出である。「政府最終消費支出」は政府による財・サービスの購入にあたる。「国内総資本形成」は，民間部門と公的部門による資本ストックの増加や更新のための支出であり，「総固定資本形成」（設備投資および住宅投資）と「在庫品増加」から構成される。「財貨・サービスの純輸出」は，外国による自国最終生産物への支出（輸出）と，自国による外国最終生産物への支出（輸入）の差額に等しい。

生産された財・サービスは，いずれかの経済主体によって購入されるが，実際には売れ残りが発生する。この場合，意図しない在庫品増加として処理し，国内総資本形成の中にある「在庫品増加」の項目に計上することで，支出されたものとみなしている。この結果，生産面，分配面，支出面からみたGDPは事後的に一致し，これを**三面等価**という。

1-2　経常収支と貯蓄・投資バランス，財政収支

生産面からみたGDP（総供給 AS）を Y で示し，GDP = GDIという関係から Y を単純に**所得**という場合もある。GDPは，賃金，地代，利子・配当

などの形で生産要素に分配される。人びとが獲得した所得の一部は**税金**（tax）Tとして政府に徴収され，**可処分所得**（disposable income）は$Y - T$である。可処分所得のうち，支出された部分が**消費支出**（consumption）C，支出されなかった部分が**貯蓄**（saving）Sである。所得は消費支出，貯蓄，税金に処分され，つぎの式が成立する。

$$Y = C + S + T$$

総需要ADは，家計・企業・政府・外国による最終生産物への支出総額である。家計を中心とする最終生産物への支出を消費支出C，外国による自国最終生産物への支出を**輸出**（export）X，自国による外国最終生産物への支出を**輸入**（import）Mとする。国内総資本形成を民間部門と公的部門に分け，民間部門を**民間投資支出**（investment）I，政府最終消費支出と公的資本形成の合計を**政府支出**（government expenditure）Gとすれば，つぎの式が成り立つ。

$$AD = C + I + G + X - M$$

この式の導出過程をもう少し詳しくみておく。総需要は自国の最終生産物に対する家計・企業・政府・外国の支出の総額であり，それぞれをC_d，I_d，G_d，Xで表す（右下添字dは自国の最終生産物を意味する）。すると，

$$AD = C_d + I_d + G_d + X$$

である。ところで，家計・企業・政府は，自国の最終生産物だけに支出を行うわけではなく，外国の最終生産物に対しても支出を行う。消費支出C，投資支出I，政府支出Gは，自国の最終生産物への支出（C_d，I_d，G_d）と外国の最終生産物への支出から構成される。外国の最終生産物への支出をそれぞれC_f，I_f，G_fとすれば（右下添字fは外国の最終生産物を表す），

$$AD = C + I + G + X - (C_f + I_f + G_f) = C + I + G + X - M$$

である。輸入Mは外国の最終生産物への支出を合計したものに相当する。

さて，三面等価のもとでは$Y = AD$，すなわち$C + S + T = C + I + G + X - M$であるから，

$$X - M = (S - I) + (T - G)$$

が導かれる。ここで，左辺は**経常収支**（純輸出）[1]，右辺の第1項は**民間の貯蓄・**

1）厳密にいうと，左辺の$X - M$は表6-1の国際収支表における「貿易・サービス収支」にあたる。ここでは，単純化のために経常収支と貿易・サービス収支を同じものとして説明を行う。

投資バランス（民間の純貯蓄），第２項は**財政収支**（政府の純貯蓄）にあたる。財貨・サービスの輸出から輸入を差し引いた経常収支は，対外債権（輸出）から対外債務（輸入）を差し引いたものにあたり，海外への純投資に等しい。経常収支が黒字の場合，国内の純貯蓄がプラスであり，同時に海外への純投資もプラスになる。海外への純投資がプラスの状態は，対外純資産の増加すなわち対外投資（資産増加）が対内投資（負債増加）を上回ることを意味する。また，$Y = AD$ の関係から，

$$X - M = Y - (C + I + G)$$

と表すことができる。経常収支は国内生産 Y と国内支出（$C + I + G$）の差額に等しく，経常収支黒字（輸出超過）は国内生産に対して国内支出が少ない状態にあることを意味する。つまり，所得に対して支出が少ないために，国内の純貯蓄がプラスになると解釈することができる。

Column　需要項目からみた経済成長

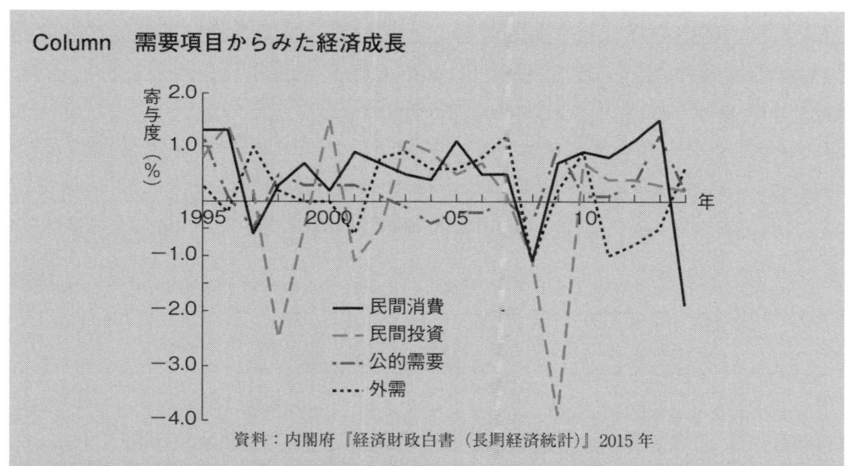

資料：内閣府『経済財政白書（長期経済統計）』2015 年

需要面から実質 GDP 成長率をみた場合，それは民間消費，民間投資（民間住宅，民間企業設備，民間在庫品増加の和），公的需要，外需（輸出－輸入）の各寄与度を加えた値になる。図はそれぞれの寄与度を示したものである。

GDP の約 6 割を占める「民間消費」は，消費税率引き上げの影響を受けた 1997 年と 2014 年，リーマン・ショックの影響による 2008 年を除いて安定的な値をとり，GDP を押し上げる役割を果たしている。GDP の約 15%を占める

「民間投資」は，アジア通貨危機やリーマン・ショックの影響により，下振れの幅が大きいことが特徴である。民間投資は不安定で，上下に激しく動くことがわかる。政策変数である「公的需要」はGDPの25％を占め，民間経済を補完する機能をもっている。ただし，2003～2008年にかけては財政引き締めの影響がみられる。なお，民間消費，民間投資，公的需要を加えたものが「内需寄与度」にあたる。

「外需寄与度」は円安期にプラス，円高期にマイナスの値をとる傾向にある。輸出の増加はGDPを押し上げ，輸入の増加はGDPを押し下げる。円安期には輸出の増加あるいは輸入の減少が，円高期には輸出の減少あるいは輸入の増加が生じる。

2　国際収支と外国為替市場

国際取引に着目し，外国為替市場における為替レートの決定，国際通貨制度，為替レートの経常収支調整機能を順次解説する。

2-1　国際収支

国際収支（balance of payments）は，ある国の居住者とそれ以外の諸国の居住者との間で，一定期間中に行われた経済取引のすべてを記録したものである。一国の対外経済取引は「国際収支表」にまとめられる。表6-1は日本の国際収支統計である。2014年1月から国際収支統計の改訂版が公表され，金融関係の統計を重視し，国民経済計算との整合を図っている。旧版の国際収支は経常収支，資本収支，外貨準備増減に大別されたが，新版の国際収支は経常収支，資本移転等収支，金融収支から構成される。

経常収支は，財・サービスの対外取引や所得の移転を表し，貿易・サービス収支，第一次所得収支，第二次所得収支から構成される。①**貿易・サービス収支**は，有形財の輸出入を記録した**貿易収支**と，無形財の取引を記録した**サービス収支**を加えたものである。②**第一次所得収支**（旧版では「所得収支」）は，雇用者報酬や投資収益を記録したものである。③**第二次所得収支**（旧版では「経常移転収支」）は，無償資金協力や医療・食料の無償援助などを計上している。

表6−1　日本の国際収支

単位：億円

				2009年	2010年	2011年	2012年	2013年	2014年
経常収支				135,925	193,828	104,013	47,640	39,317	26,458
	貿易・サービス収支			21,249	68,571	−31,101	−80,829	−122,521	−134,817
		貿易収支		53,876	95,160	−3,302	−42,719	−87,734	−104,016
			輸出	511,216	643,914	629,653	619,568	678,290	741,016
			輸入	457,340	548,754	632,955	662,287	766,024	845,032
		サービス収支		−32,627	−26,588	−27,799	−38,110	−34,786	−30,801
	第一次所得収支			126,312	136,173	146,210	139,914	171,729	181,203
	第二次所得収支			−11,635	−10,917	−11,096	−11,445	−9,892	−19,929
資本移転等収支				−4,653	−4,341	282	−804	−7,436	−1,987
金融収支				156,292	217,099	126,294	41,925	−9,336	54,991
	直接投資			57,294	62,511	93,101	93,591	137,210	118,134
	証券投資			199,485	127,014	−135,245	24,435	−265,652	−49,502
	金融派生商品			−9,487	−10,262	−13,470	5,903	55,516	36,396
	その他投資			−116,266	−89	44,010	−51,490	25,085	−58,935
	外貨準備			25,265	37,925	137,897	−30,515	38,504	8,898
誤差脱漏				25,019	27,612	21,998	−4,911	−41,217	30,520

財務省「国際収支状況」

資本移転等収支（旧版では「資本収支」のうち「その他資本収支」）では，非金融非生産資産（鉱業権，商標権など）の取得や処分，資本形成のための無償援助などを計上している。

金融収支は，自国が外国に保有する対外資産と，外国が自国に保有する資産（自国からみれば負債）に関する取引を記録したものであり，直接投資，証券投資，金融派生商品，その他投資，**外貨準備**（政府・中央銀行など公的部門の外貨資産の増減）から構成される。金融収支は，旧版の「資本収支」中の「投資収支」（直接投資，証券投資，金融派生商品など）と，「外貨準備増減」を加えたものにあたる。国際収支統計の改訂にあたって，資本収支から金融収支への変更が主要な部分になっている。

旧版と新版の違いを解説する[2)]。旧版では，「資本収支」と「外貨準備増減」

2）日本銀行「国際収支関連統計の見直しについて」（2013年10月）を参照。なお，旧版の「その他資本収支」と，それに対応する新版の「資本移転等収支」は微小と仮定する。

表 6–2 資本収支・外貨準備増減と金融収支

対外投資（資産）		対内投資（負債）	
資金流出（資産増）	資金流入（資産減）	資金流入（負債増）	資金流出（負債減）
a	b	c	d

について，資金の流出入に焦点をあて，資金の流出をマイナス，資金の流入をプラスとして記録していた。表6–2にもとづけば，資金流出は（$a + d$），資金流入は$(b + c)$であり，

$(b + c) - (a + d)$

に関して，後者$(a + d)$が前者$(b + c)$を上回り，全体の符号がマイナスであれば，資本の流出超（資本収支と外貨準備増減の合計は赤字）で対外資産の純増，前者が後者を上回り，全体の符号がプラスであれば，資本の流入超（資本収支と外貨準備増減の合計は黒字）で対外資産の純減としてきた。

これに対して，新版の「金融収支」では，資産と負債の増減に焦点をあてて，資産の純増は$(a - b)$，負債の純増は$(c - d)$で表され，

$(a - b) - (c - d)$

に関して，前者$(a - b)$が後者$(c - d)$を上回り，全体の符号がプラスであれば金融収支は黒字，反対に前者が後者より小さく，全体の符号がマイナスであれば金融収支は赤字である。

旧版の資本収支・外貨準備増減$(b + c) - (a + d)$と新版の金融収支$(a - b) - (c - d)$は，式全体の符号が逆転するという関係にある。したがって，旧版の資本収支と外貨準備増減の赤字（$(b + c) - (a + d) < 0$）は，新版の金融収支黒字（$(a - b) - (c - d) > 0$）と，資本収支と外貨準備増減の黒字（$(b + c) - (a + d) > 0$）は，金融収支赤字（$(a - b) - (c - d) < 0$）と対応する。

国際収支統計は複式簿記の概念で作成されるため，旧版の国際収支では，

経常収支＋資本収支＋外貨準備増減＝0

という関係が成り立ち，新版の国際収支では，

経常収支＋資本移転等収支－金融収支＝0

という恒等関係にある。新版の恒等式において，資本移転等収支を微小とすれば，経常収支が黒字の場合，対外純資産が増加して金融収支も黒字になる。

反対に，経常収支が赤字であれば対外純資産が減少し，金融収支も赤字になる。ただし，実際には記録の不正確さや為替換算時の不整合が発生するために，「誤差脱漏」を設けて最終的な調整を行う。

国際収支は，受取と支払が一致する状況を「均衡」，受取超過を「黒字」，支払超過を「赤字」という。全体の国際収支はゼロになるが，項目別にみれば黒字または赤字が発生する。国際間では経常収支が議論の対象になり，その理由として，経常収支がGDPと密接に関係していることがあげられる。

Column 人口の高齢化と家計貯蓄

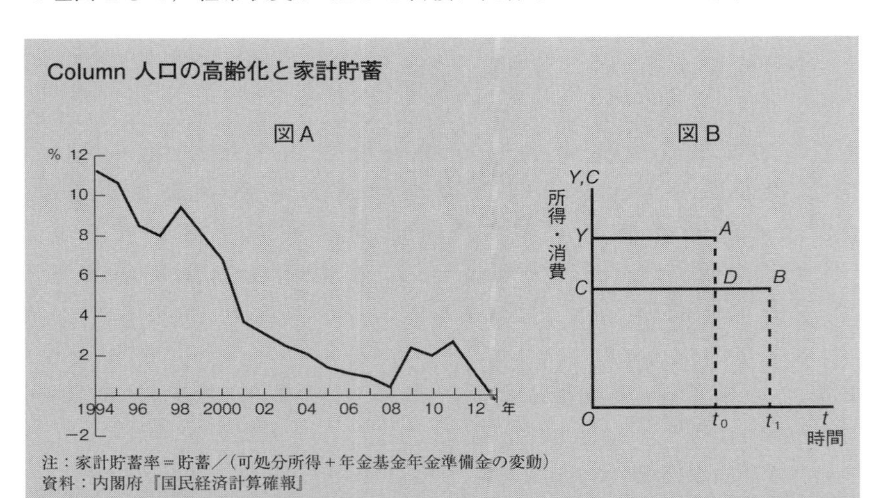

注：家計貯蓄率＝貯蓄／(可処分所得＋年金基金年金準備金の変動)
資料：内閣府『国民経済計算確報』

2014年12月26日の『日本経済新聞』に「家計貯蓄率 初のマイナス 13年度」という記事が掲載された。その記事には「貯金崩し所得上回る消費」,「高齢化で貯蓄率の低下が進む」という副見出しもある。図Aから，日本の家計貯蓄率は低下し，2013年はマイナスになっていることがわかる。

前節では，経常収支は，民間の貯蓄・投資バランス（民間の純貯蓄）と財政収支（政府の純貯蓄）を加えたものに等しいことを解説した。表6-1は，最近，日本の貿易・サービス収支が赤字になり，経常収支黒字も縮小していることを示している。この一因として家計貯蓄の減少をあげることができる。

人口の高齢化は家計貯蓄率の低下をもたらすと考えられる。**消費のライフサイクル仮説**によれば，**生涯所得**が消費の決定要因とされる。図Bはライフサイクル仮説を描いている。ここでは，働きはじめてからt_1年まで生きる個人を想定する。原点 O から t_0 までを労働にあて，毎年 Y 円の所得を稼ぐとすれば，生涯所得は□ $OYAt_0$（$Y \times t_0$）である。この個人は生涯の効用を最大化する行動をとり，生涯所得を平均化して消費を行う。各年の消費 C 円は生涯所得を t_1 で割った値に等しく，生涯所得□ $OYAt_0$ と生涯消費□ $OCBt_1$ の大きさが一致する。この個人は労働期間中に毎年 S（$= Y - C$）円の貯蓄を行い，生涯貯蓄は□ $YCDA$ である（利子率はゼロとする）。退職後は貯蓄を取り崩して毎年 C 円の消費を行い，生涯貯蓄□ $YCDA$ と退職後の消費□ t_0t_1BD の大きさは一致する。

高齢者は貯蓄を崩して消費を行う傾向にあり，人口の高齢化が進むほどマクロ的にみて家計貯蓄の減少が生じるといえる。これは財政収支の改善が必要であることを意味する。現在，民間の純貯蓄によって財政赤字がまかなわれているが，家計貯蓄率の低下という状況をみると，この持続可能性を考慮しなければならない。

2-2　外国為替市場と為替レート

対外経済取引に伴う代金の決済にあたり，外国為替市場では自国通貨と外国通貨の交換が行われる。その交換比率が**為替レート**（exchange rate）である。為替レートの表示方法には，「自国通貨表示」と「外国通貨表示」がある。前者は，外国通貨1単位が自国通貨何単位に相当するかを示す。たとえば，1ドル＝100円という表示方法である。後者は，自国通貨1単位が外国通貨何単位と交換されるかを表す。1円＝1／100ドルという表示方法である。日本では自国通貨表示を採用している。

1ドル＝100円から1ドル＝80円に変化した場合を**円高・ドル安**という[3)]。このとき，ドルに対する円の価値は相対的に高まる。日本の財のドル表示価格は上昇し，外国（アメリカ）の財の円表示価格は下落する。日本の輸出財が2400円であれば，1ドル＝100円から1ドル＝80円に円高・ドル安が進むと，ドル表示価格は24ドルから30ドルに上昇する。他方，アメリカの輸出財を20ドルとすれば，円表示価格は円高・ドル安に応じて2000円から

3）円高・ドル安を為替レートの「低下」または「増価」，円安・ドル高を為替レートの「上昇」または「減価」という。

図6－2　外国為替市場と為替レートの決定

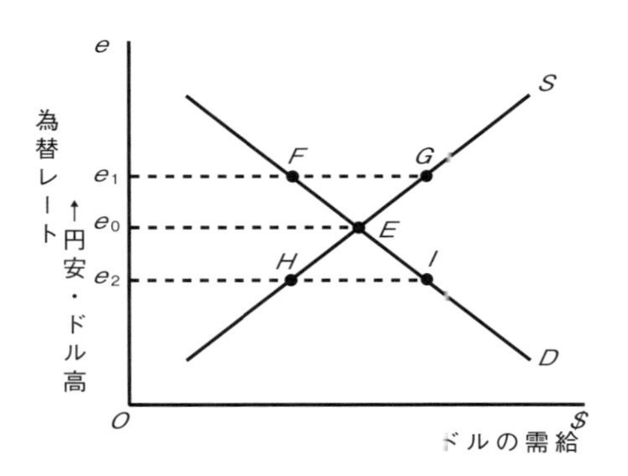

1600円に下落する。反対に，1ドル＝100円から1ドル＝120円に変化した場合を**円安・ドル高**といい，ドルに対する円の価値が相対的に低下する。

対外経済取引と外国為替（ドル）の需要・供給の関係を考える。日本企業による輸入，日本の投資家によるアメリカの証券の購入，アメリカの投資家による日本の証券の売却など，日本からアメリカへの支払が発生するとドルが需要される。これらの取引では，円からドルへの交換が行われ，円の供給とドルの需要が同時に生じる。他方，日本企業による輸出，外国の投資家による日本の証券の購入，日本の投資家によるアメリカの証券の売却など，日本側の受取が発生するとドルが供給される。この場合，ドルから円への交換がみられ，ドルの供給と円の需要が発生する。

他の条件を一定とすれば，円高・ドル安は，アメリカの財の円表示価格を下落させ，日本の輸入を増加させる。また，アメリカの証券の円表示価格が下落し，日本の投資家による外国証券の購入が増加する。さらに，日本の証券のドル表示価格が上昇し，アメリカの投資家による日本の証券の売却が加速する。この結果，円高・ドル安はドルの需要と円の供給を増加させ，図6－2において，為替レートと外国為替（ドル）の需要との関係は**外国為替の需要曲線** D として表される。これは「円の供給曲線」でもある。

円安・ドル高は，日本の財のドル表示価格を下落させ，輸出を増加させる。また，日本の証券のドル表示価格も下落し，外国の投資家による日本の証券の購入は増加する。さらに，アメリカ証券の円表示価格が上昇し，日本の投資家によるアメリカ証券の売却が進む。円安・ドル高はドルの供給と円の需要を増加させ，為替レートと外国為替の供給との関係は**外国為替の供給曲線** S として示される。これは「円の需要曲線」にあたる。

2-3　国際通貨制度

(1)　変動為替レート制

変動為替レート制（flexible exchange rates）のもとでは，為替の需給を反映して為替レートが決まる。図6-2では，外国為替の需要曲線 D と供給曲線 S の交点 E において，ドルの需要と供給（円の需要と供給）が一致し，**均衡為替レート**は e_0 になる。為替レート e_0 のもとでは，日本から外国への支払と外国からの日本の受取が一致し，国際収支は均衡する。

為替レートが e_1 であれば，ドルの超過供給と円の超過需要 FG が発生し，受取が支払を上回って国際収支は黒字になる。このとき，超過供給のドルの価値は下がり，超過需要の円の価値は上がる。つまり，為替レートが e_1 から e_0 へと円高・ドル安の方向に進むにつれて，ドルの超過供給と円の超過需要が解消される。反対に，為替レートが e_2 であれば，ドルの超過需要と円の超過供給 HI が生じ，支払が受取より大きくなり，国際収支は赤字になる。この場合，超過需要のドルの価値が上がり，超過供給の円の価値は下がる。為替レートが e_2 から e_0 へと円安・ドル高の方向に進むことでドルの超過需要と円の超過供給が解消され，国際収支は均衡を回復する。

変動為替レート制下では，政府や中央銀行が介入することなく，為替レートの変動を通じて国際収支の均衡が実現する。理論上，外貨準備はゼロになるから，国際収支の均衡とは，経常収支から外貨準備を除く金融収支（旧版の投資収支にあたる）を差し引いた値がゼロになることをさす（ただし資本移転等収支は微小とする）。

為替の需要や供給の変化に応じて，為替レートは変動する。日本の利子率が相対的に低下すれば，アメリカの証券の収益率は相対的に上昇する。このため，日本の投資家によるアメリカの証券の購入が増加し，需要曲線 D は右方にシフトして円安・ドル高が生じる。反対に，アメリカの利子率が相対的に低下すれば，外国の投資家による日本の証券の購入が拡大し，供給曲線Sが右方にシフトする。この結果，為替レートは円高・ドル安に変化する。また，日本の物価上昇は，輸出の減少（S曲線の左方シフト）と輸入の増加（D曲線の右方シフト）を引き起こし，円安・ドル高の要因になる。

(2) 固定為替レート制

為替レートの動きを市場に委ねる変動為替レート制に対して，**固定為替レート制**（fixed exchange rates）では，中央銀行が為替レートを一定の水準に維持する義務を負う。図6-2において，為替レートがe_0に釘づけされているとしよう。このとき，E点では外国為替の需給は一致し，国際収支は均衡している。したがって，中央銀行は何ら介入を行う必要はない。

しかし，ドルの超過供給と円の超過需要が生じるe_1に為替レートが固定されているとき，円高・ドル安の圧力がかかる。外国為替市場の不均衡に対して，中央銀行が超過供給のドルを需要し超過需要の円を供給すれば，すなわち中央銀行がFG分の外貨資産を積み増し，それに見合うように自国貨幣を増加させれば，為替レートはe_1に維持される。国際収支黒字の場合，中央銀行は円売り・ドル買いの介入を行い，金融緩和を実施する。このとき，国際収支項目のうち外貨準備はプラス（資産の増加）となるから，経常収支から外貨準備を含む金融収支を引いた値はゼロになり，国際収支は均衡する。

また，ドルの超過需要と円の超過供給が生じるe_2に為替レートが釘づけされている場合，円安・ドル高の圧力がかかる。このとき，中央銀行は超過需要のドルを供給し，超過供給の円を需要する。つまり，HI分の外貨資産を取り崩し，反対に自国貨幣を吸収する。国際収支赤字の場合，ドル売り・円買いが実施され，金融が引き締められる。中央銀行の介入によって，国際収支のうち外貨準備はマイナス（資産の減少）になる。それゆえ，経常収支から外貨準備を含む金融収支を差し引いた値はゼロになり，国際収支は均衡する。固定為替レート制下では，中央銀行は為替レートを維持する役割を負い，金融政策は国際収支の制約を受ける。

2-4　為替レートと経常収支

一般に，為替レートが円安・ドル高に変化すれば，輸出額の増加と輸入額の減少が生じ，経常収支は改善（黒字化）する。反対に，円高・ドル安が進めば，輸出額の減少と輸入額の増加が生じ，経常収支は悪化（赤字化）する。ただし，実際には，為替レートが円安に動くと，時間差をもって経常収支は改善し，円高に変化した場合にも，時間とともに経常収支は悪化する。長期契約により，為替レートの変化に対して貿易量が即座に反応しないことが作用している。

円表示の経常収支 NX はつぎのように示される。

$$NX = PQ_x - eP^*Q_m$$

ここで，円表示の輸出価格 P とドル表示の輸入価格 P^* はともに一定とする。通常，円安・ドル高（e の上昇）は輸出量 Q_x を増加させる。しかし，短期の状況では輸出量がまったく反応せず，円安が生じても輸出額 PQ_x は不変である。他方，通常，円安によって輸入量 Q_m は減少するが，短期では輸入量は一定に保たれる。それゆえ，為替レート e が上昇するのみで輸入額 eP^*Q_m は増加する。ここから，短期において，円安は経常収支を悪化させることがわかる。

時間の経過とともに輸出量が増加すると，輸出額 PQ_x も増加する。輸入については，為替レート e の上昇と輸入量 Q_m の減少が生じ，厳密にいえば円表示の輸入額 eP^*Q_m の増減は確定できない。ただし，時間とともに輸入量の反応の度合いが大きくなり，輸入量の減少幅が為替レートの上昇幅を上回れば輸入額は減少する。それゆえ，中長期では，円安によって輸出額の増加と輸入額の減少が生じ，経常収支は改善する[4]。

4) つぎの**マーシャル＝ラーナー条件**が成立すれば，円安・ドル高（円高・ドル安）によって経常収支は改善（悪化）する。

$$\frac{e}{Q_x} \cdot \frac{\Delta Q_x}{\Delta e} - \frac{e}{Q_m} \cdot \frac{\Delta Q_m}{\Delta e} > 1$$

左辺の第1項は**輸出の価格弾力性**にあたり，価格が1%変化したときに輸出量が何%変化するかを示す。第2項は**輸入の価格弾力性**（価格の上昇は輸入量を減少させるために絶対値で示す）であり，価格が1%変化したときに輸入量が何%変化するかを表す。

短期では貿易量が価格の変化に反応せず，上記の式は成立しない。しかし，時間の経過とともに貿易量が価格の変化に反応すれば上記の式が成立する。

図6－3　J カーブ効果

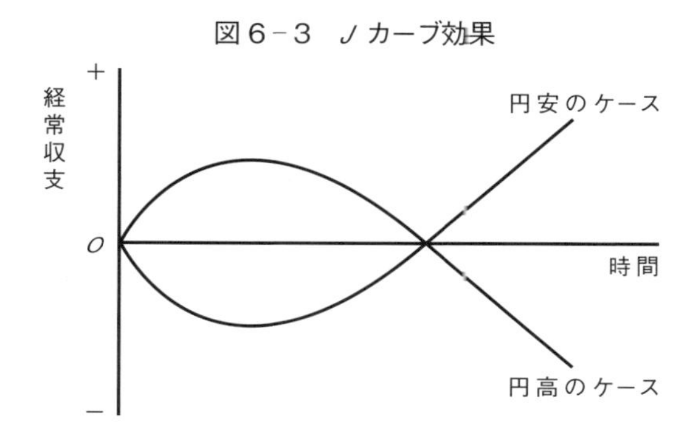

図6-3のように，円安が生じれば，経常収支は一時的に悪化し，貿易量の調整に応じて改善する。反対に，円高に対して，経常収支は一時的に改善し，貿易量の調整が進むにつれて悪化する。為替レートの変化に伴う経常収支の時間的な変化がJの形に似ていることから，このような現象を**Jカーブ効果**とよぶ。

Column　為替レートと貿易収支

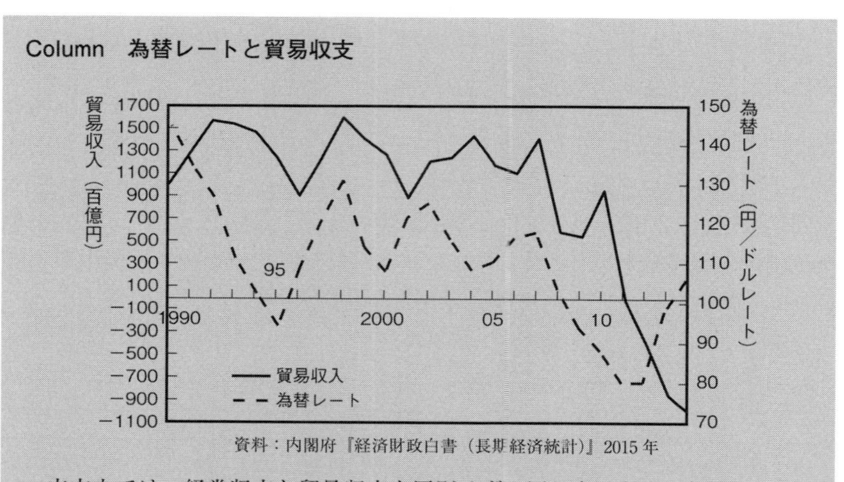

資料：内閣府『経済財政白書（長期経済統計）』2015年

本文中では，経常収支と貿易収支を区別せず，同じものとして扱っている。しかし，表6-1の国際収支表が示すように，日本の貿易収支は赤字に転じ，第一次所得収支の黒字を加えて経常収支が黒字になっている。

ここでは，為替レートと貿易収支の動きを観察してみる。図をみれば，趨勢的に為替レートは円高の方向に動き，それに連動して貿易収支は悪化している。為替レートが円安から円高に転じる山の部分では，若干の遅れをもって貿易収支は改善から悪化に転じ，反対に，円高から円安に転じる谷の部分でも，時間差をもって貿易収支が悪化から改善に転じていることがわかる。

以上から，為替レートが貿易収支におよぼす影響はほぼ理論どおりであると考えられる。

3　為替レートの決定理論

ここでは為替レートの決定理論を紹介する。短期の視点から利子率と為替レートとの関係（金利平価），資産市場と為替レートとの関係（ポートフォリオ・バランス・アプローチ），長期の視点から物価と為替レートとの関係（購買力平価）を順次取り上げる。

3-1　金利平価

国際的な資金移動に焦点をあてて，短期における為替レートの決定を考える。金利裁定と為替レートとの関係は**金利平価**（interest rate parity）とよばれる。

いま，日本の投資家が一定の資金 X 円をもとに，国内の金融資産を購入するか，それとも外国（アメリカ）の金融資産を購入するか，を考えているとする。いずれを投資先にするかは両国の収益率によって決まる。

日本の利子率を r とすれば，一定期間後に元利合計で $(1+r)X$ 円が回収される。ここから，国内の金融資産の収益率はつぎのように表される。

$$\frac{(1+r)X-X}{X}=r$$

アメリカに投資する場合，まず資金をドルに変換する必要がある。自国通貨表示の為替レートを e とすれば，$X／e$ ドルをアメリカの金融資産の購入にあてることになる。アメリカの利子率を r^* とすれば，一定期間後に元利合計で$(1+r^*)(X/e)$ドルが回収される。当初の投資額X円との比較を行うために，これを円に変換することが必要であるが，資金を回収するときの為替レートは確定できない。したがって，投資家は，将来の為替レートを予想したうえで投資を実行するか否かを決める。**予想為替レート**をe^eとすれば，予想回収額は$e^e(1+r^*)(X/e)$円である。ここから，アメリカの金融資産を購入した場合の収益率は，

$$\frac{(e^e/e)(1+r^*)X-X}{X}=r^*+\frac{e^e-e}{e}+r^*\frac{e^e-e}{e}\approx r^*+\frac{e^e-e}{e}$$

になる。$(e^e-e)/e$は**為替レートの予想変動率**（Eとする）であり，r^*Eを微小の値とすれば，アメリカの金融資産の収益率はr^*+Eと簡略化される。

国際的な資金移動を決定する際には，両国の利子率の格差だけではなく，為替レートの予想変動率も考慮しなければならない。日本の利子率rがアメリカの利子率r^*より高いとしても，将来の為替レートe^eが大幅に円安・ドル高に変動することが予想されれば（$E>0$），アメリカの金融資産を購入することが有利になる場合がある。反対に，アメリカの利子率r^*が日本の利子率rより高い場合でも，将来の為替レートe^eが大幅に円高・ドル安になることが見込まれれば（$E<0$），日本の金融資産を購入することが有利になりうる。

一般に，日本とアメリカの投資家は，日本の収益率rとアメリカの収益率r^*+Eを比べて，収益率が高い金融資産を選択・購入する。日本の利子率が上昇（または外国利子率が低下）して$r>r^*+E$の場合，自国の金融資産が購入され，ドル売り・円買いが生じる。このため，現実の為替レートは円高・ドル安（eの低下）に変化し，Eが上昇することで日本とアメリカの収益率は均等化する。日本の利子率の低下（または外国利子率の上昇）に伴って$r<r^*+E$であれば，外国の金融資産が購入され，円が売られてドルが買われる。それゆえ，現実の為替レートは円安・ドル高（eの上昇）に変化し，為替レートの予想変動率Eが低下することで両国の収益率は一致する。

また，日本とアメリカの利子率を一定とした場合，為替レートの将来予想e^eが円安・ドル高に修正され，為替レートの予想変動率Eが上昇して$r<$

$r^* + E$になれば，外国の金融資産が買い進まれる。このとき，実際の為替レートeも円安・ドル高に変化することで両国の収益率は一致する。いわゆる**期待の自己実現**が成立するわけである。

以上をまとめれば，国際間で**金利裁定**が成り立つように為替レートが変動し，日本とアメリカの収益率が一致するところで資金移動は停止する。すなわち，つぎの関係が金利平価の基本式である。

$$r = r^* + E$$

なお，為替レートが固定されている場合，または為替レートの変動が完全に予想され，現実の為替レートと予想為替レートが一致する場合には$E = 0$であり，内外の利子率格差$r - r^*$から投資先が決まる。

3-2　資産市場と為替レート*

(1) 資産市場の均衡

外国為替取引において，金融取引が占める割合は大きくなっている。この状況を考慮し，資産市場に着目して為替レートの決定と変動を考える。本項では，為替レートと国内利子率が同時に決まるとする，**ポートフォリオ・バランス・アプローチ**（portfolio balance approach）を取り上げる[5)]。

自国は小国であり，自国の経済行動が外国に影響を与えないとする。金融資産は自国貨幣，自国債券，外国債券から構成され，人びとは資産を分散して保有する。ここでは，自国債券と外国債券はどちらを保有しても同じという完全代替が成立せず，**不完全代替**（imperfect substitutability）であるとする。なお，自国と外国の所得は一定とする。

自国の金融資産の需要と供給は，

$$W = M + B + eF = L + B_D + F_D$$

で示される。Wは金融資産の供給であり，貨幣供給M，自国債券の供給B，自国通貨表示の外国債券の供給eF（eは自国通貨表示の為替レート，Fは外国通貨表示の外国債券の保有額）から構成される。他方，資産需要は，貨幣需要L，自国債券への需要B_D，外国債券への需要F_Dの合計に等しい。

5) ここでは，村田・里麻（1995）第2章，藪内他（1998）第10章を参照している。

自国貨幣，自国債券，外国債券の均衡条件はそれぞれ，

$$M = L(r,\ r^* + \frac{e^e - e}{e},\ W)$$

$$B = B_D(r,\ r^* + \frac{e^e - e}{e},\ W)$$

$$eF = F_D(r,\ r^* + \frac{e^e - e}{e},\ W)$$

と示される。

自国の貨幣市場において，貨幣需要 L は，自国利子率 r の上昇によって減少する。自国利子率は自国債券の収益率にあたり，自国債券への需要が増加するためである。また，外国債券の収益率 $r^* + \frac{e^e - e}{e}$ が上昇したとき，外国債券への需要が増加し，貨幣需要は減少する。さらに，資産 W の増加は資産効果を通じて貨幣需要を増加させる。**資産効果**とは，資産が増加した場合，資産のバランスを考慮し，資産保有を分散させることを意味する。

自国債券の市場では，自国利子率の上昇は自国債券の需要 B_D を高める。外国債券の収益率が上昇すれば，外国債券への需要が増加し自国債券への需要は減少する。資産の増加は，資産効果を通じて自国債券への需要を増加させる。

外国債券の市場では，自国利子率の上昇に応じて自国債券への需要が増加し，反対に外国債券への需要 F_D は減少する。外国債券の収益率の上昇は外国債券の需要増加につながる。資産の増加は外国債券の需要を増加させる。

上の式では，2つの市場（たとえば自国の貨幣市場と自国債券の市場）が均衡すれば，残る市場（外国債券の市場）も均衡するという関係にある。この関係を「ワルラス（L. Walras）の法則」という。以下では，外国利子率 r^* を所与とする。また，当面，実際の為替レート e と予想為替レート e^e は一致し，$\frac{e^e - e}{e} = 0$ とする。

(2)　為替レートと利子率の同時決定

図6-4は，縦軸に自国利子率 r，横軸に自国通貨表示の為替レート e をとり，為替レートと利子率の同時決定を表したものである。

自国の貨幣市場において，為替レートの上昇（円安・ドル高）が生じれば，

図6－4 為替レートと利子率

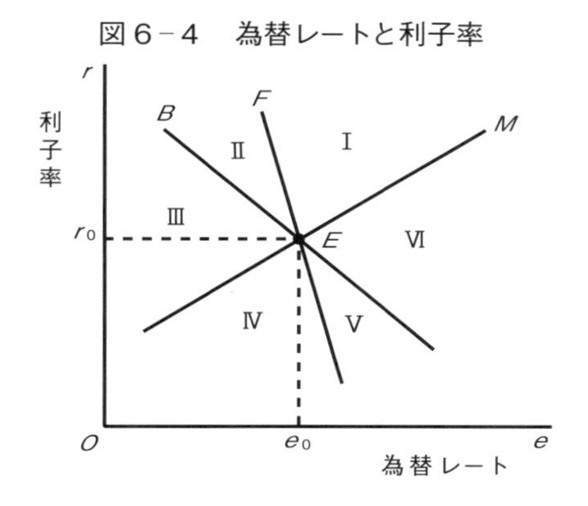

自国通貨ではかった外国債券の価値が高まり，資産効果を通じて貨幣需要が増加する。貨幣供給は一定であるから，貨幣市場が均衡するためには，貨幣需要が減少するように自国利子率が上昇しなければならない。ここから，自国の貨幣市場を均衡させる為替レートと利子率の組み合わせの軌跡は，右上がりの M 曲線で描かれる。M 曲線より上方では，所与の為替レートのもとで利子率が高く，貨幣の超過供給が生じる。反対に，M 曲線より下方は貨幣の超過需要の領域である。

自国債券の市場において，為替レートが上昇すれば，やはり自国通貨表示の外国債券の価値が上昇し，資産効果によって債券需要の増加が生じる。自国債券の供給は一定であるから，利子率が低下して債券の需要が減少することで，債券市場は均衡を回復する。自国債券の市場を均衡させる為替レートと利子率の組み合わせの軌跡は，右下がりの B 曲線で表される。B 曲線の上方では，所与の為替レートのもとで利子率が高く，債券の超過需要が生じている。反対に，B 曲線より下方では，債券は超過供給の状態にある。

外国債券の市場において，為替レートが上昇すれば，自国通貨で表示した外国債券の評価額（供給）は高まり，資産が増加する。資産の増加によって外国債券の需要が高まるが，人びとは資産を分散して保有するために，外国債券の供給の増加が需要の増加を上回り，超過供給が発生する。ここから，自国利子率が低下し外国債券の需要が回復することで，外国債券の市場は均

表6-3　各市場の不均衡状態

	I	II	III	IV	V	VI
自国貨幣市場	超過供給	超過供給	超過供給	超過需要	超過需要	超過需要
自国債券市場	超過需要	超過需要	超過供給	超過供給	超過供給	超過需要
外国債券市場	超過供給	超過需要	超過需要	超過需要	超過供給	超過供給

衡する。この関係は右下がりのF曲線によって表される。F曲線より上の領域では，所与の為替レートのもとで自国利子率が高く，外国債券は超過供給の状態にある。反対に，F曲線より下では，外国債券は超過需要である。

以上を整理したものが表6-3である。ワルラスの法則では，3つの市場を合計すれば過不足がないように均衡するとされ，I～VIではワルラスの法則が成立する。これはF曲線がB曲線より急な形状になることを意味する[6)]。

さて，この状況では，3曲線の交点Eで自国の貨幣市場，自国債券の市場，外国債券の市場が同時に均衡し，為替レートにe_0，利子率はr_0になる。

(3) 為替レートと利子率の変化

つぎに，外生変数（貨幣供給，外国債券，期待為替レート）が変化した場合，為替レートと利子率がどのように変わるかを考える。当初の均衡はE_0点で与えられ，為替レートはe_0，利子率はr_0である。

(i) 貨幣供給の増加

自国の貨幣供給の増加は図6-5に示される。自国の貨幣供給が増加すると，資産効果によって貨幣需要が増加する。ただし，人びとは資産のバランスを考慮して資産保有を決定し，貨幣需要の増加は貨幣供給の増加より小さくなる。貨幣市場では超過供給が生じ，一定の為替レートのもとで利子率は低下するから，M曲線はM_0からM_1へと下方にシフトする。

自国債券の市場においても資産効果から債券の需要が増加する。為替レートを一定とすれば，債券の超過需要を解消するように利子率が低下し，市場均衡が回復する。このとき，B曲線もB_0からB_1へと下方にシフトする。外国債券の市場では，資産効果から外国債券の需要が増加する。それゆえ，一

6) 図6-4において，F曲線とB曲線を入れ替えた場合，IIの領域は3市場ともに超過供給が，Vの領域は3市場ともに超過需要が発生し，ワルラスの法則に成立しない。

図6－5 貨幣供給の増加

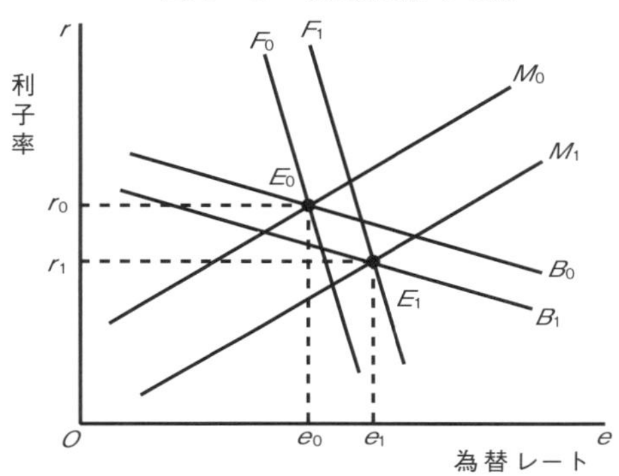

図6－6 外国債券の増加

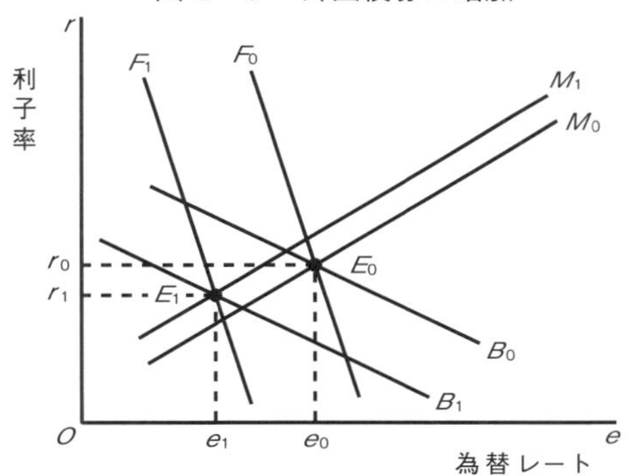

図6－7 期待為替レートの上昇

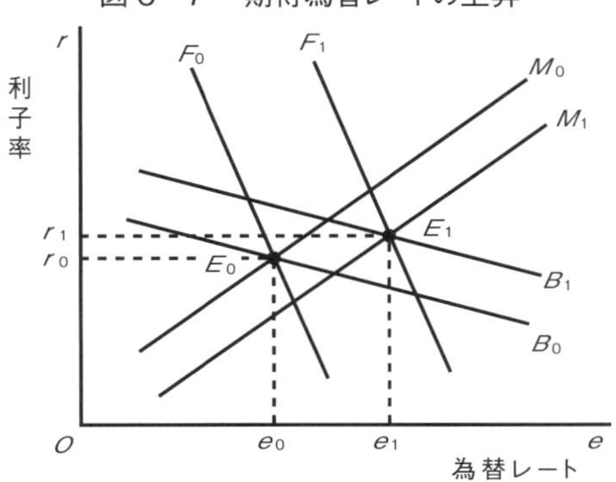

定の為替レートのもとで，自国利子率の上昇を通じて外国債券の需要が減少し，市場が均衡する。このため，F 曲線は F_0 から F_1 へと上方にシフトする。

貨幣供給の増加によって，M 曲線と B 曲線の下方シフト，F 曲線の上方シフトが生じ，均衡点は E_0 から E_1 に移る。その結果，為替レートの上昇と利子率の低下が発生する。

買いオペを通じて貨幣供給が増加する場合，貨幣供給の増加と同額の自国債券の供給減少が生じ，$\Delta M = -\Delta B$ である。資産は一定であるから資産効果は働かず，F 曲線は不変である。貨幣市場では，貨幣供給が増加し，貨幣の超過供給が発生する。一定の為替レートのもとで貨幣市場が均衡を回復するために，利子率が低下して貨幣需要が増加しなければならない。ここから M 曲線は下方にシフトする。自国債券の市場では，債券供給の減少に伴う超過需要を解消するように利子率が低下するから，B 曲線が下方にシフトする。これらの図示は省略するが，為替レートの上昇と利子率の低下が生じることになる。

（ⅱ）外国債券の増加

経常収支黒字は，対外債権の増加すなわち外国債券が増加することを意味する。資産効果を通じて貨幣と自国債券はともに超過需要になる。為替レートを一定とすれば，貨幣市場では利子率が上昇することで，債券市場では利子率が低下することで，両市場は均衡を回復する。図6-6では，M 曲線が M_0 から M_1 へと上方にシフトし，B 曲線が B_0 から B_1 へと下方にシフトする。また，外国債券の市場では，資産効果によって需要が増加するが，それは供給増加より小さく，全体では超過供給となる。このため，一定の為替レートのもとで，自国利子率の低下を通じて外国債券の需要が増加し，超過供給が解消される。それゆえ，F 曲線は F_0 から F_1 へと下方にシフトする。M 曲線の上方シフト，B 曲線と F 曲線の下方シフトによって，均衡は E_0 点から E_1 点に移り，為替レートは低下する。利子率の動きは確定できない。ただし，外国債券の変化が F 曲線のシフトに大きな影響を与えるとすれば利子率は低下する。

（ⅲ）期待為替レートの上昇

図6-7は，期待為替レート e^e の上昇（将来の円安予想）の効果を描いている。

期待為替レートの上昇は外国債券の収益率を高めるから，自国の貨幣需要と債券需要は減少し，両市場では超過供給が生じる。一定の為替レートのもとで，貨幣市場では利子率が低下して貨幣需要が増加する。債券市場では利子率が上昇し自国債券の需要が増加することで，債券の需給が一致する。これらは，M 曲線を M_0 から M_1 へと下方に，B 曲線を B_0 から B_1 へと上方にシフトさせる。また，外国債券は超過需要になるから，一定の為替レートのもとで自国利子率が上昇し，外国債券の需要は減少しなければならない。これは F 曲線を F_0 から F_1 へと上方にシフトさせる。この結果，均衡は E_0 点から E_1 点に動き，為替レートは上昇する。なお，外国利子率 r^* が上昇した場合にも同じ結果を得る。

3‒3　購買力平価

長期の為替レート決定理論として，**購買力平価**にもとづき物価と為替レートとの関係を考える。完全雇用を前提として名目変数のみが変化する「古典派」の世界を想定する。

購買力平価とは，内外通貨1単位あたりの購買力（通貨1単位でどれだけの財を購入することができるか）を等しくするように，為替レートが決まるという考え方である。この理由として，国際取引の対象となる**貿易財**（tradables）は一物一価が成り立つことがあげられる。日本とアメリカで同質の貿易財が取り引きされる場合，貿易財の円表示価格 P_T とドル表示価格 P_T^* との間には，自国通貨表示の為替レート e を仲介として，

$$P_T = eP_T^*$$

が成立する。これが購買力平価の基本形である。

また，日本とアメリカの「一般物価」（個別の財の価格を合成したもの）をそれぞれ P，P^* で表し，1次同次型関数で与えられるとする。つまり，

$$P = P_T^{a} \cdot P_N^{1-a}$$

$$P^* = P_T^{*a} \cdot P_N^{*1-a}$$

である。日本の一般物価 P は，貿易財の価格 P_T と，国際取引の対象とならない**非貿易財**（non‒tradables）の価格 P_N から構成される。アメリカも同様であり，両国の消費者行動を同じとすれば，物価決定式も同じ構造をもつ。1

図6-8　購買力平価

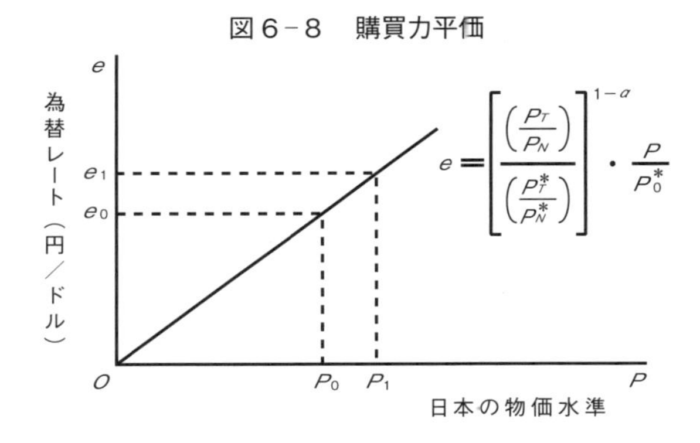

次同次型関数の性質上，α または $1-\alpha$ は，貿易財または非貿易財の価格が1%変化したときに，一般物価が何%変化するかを表す（$\alpha<1$ とする）。

一般物価の式から P_T と P_T^* を求め，一物一価の関係を考慮して為替レート e を導けば，

$$e = \left[\frac{\left(\frac{P_T}{P_N}\right)}{\left(\frac{P_T^*}{P_N^*}\right)}\right]^{1-\alpha} \cdot \frac{P}{P^*}$$

を得る。これが購買力平価にもとづく為替レートの決定式である。P_T / P_N と P_T^* / P_N^* は，日本とアメリカの貿易財と非貿易財の相対価格であり，各国の実物市場から決定される。1次同次型関数の性質上，日本の物価 P が n 倍になれば，貿易財価格 P_T と非貿易財価格 P_N も n 倍になり，相対価格 P_T / P_N は変化しない。

図6-8は，日本の物価と為替レートとの関係を描いたものである。日本とアメリカの貿易財と非貿易財の相対価格は定数であり，アメリカの物価も P_0^* で一定とする。このとき，日本の物価 P と為替レート e との関係は右上がりの直線で示すことができる。日本の物価が P_0 のとき，為替レートは e_0 に決定される。また，日本の物価が上昇して P_0 から P_1 に変化すれば，為替レートは e_0 から e_1 に変化し，円安・ドル高が生じることがわかる。

日本の物価が P_0 で変わらず，アメリカの物価が上昇する場合を考える。

アメリカの物価上昇に伴い，右上がりの直線の傾きは小さくなり，より緩やかな形状で描かれる（図示は省略）。したがって，為替レートは円高・ドル安の方向に変化することがいえる。

古典派経済学では，貨幣市場の均衡条件として**貨幣数量説**が用いられる。古典派の貨幣数量説は，

$$M = kPY$$

で表され，物価 P 以外の変数については，M を名目貨幣供給，k をマーシャルの k，Y を実質 GDP とする。古典派モデルでは，実質 GDP（Y）は供給サイドから決定され，**完全雇用 GDP** と一致する。このため，Y は所与の値とみなすことができる。また，k も一定の定数である。ここから，名目貨幣供給量 M が増加する場合，物価 P も同率で上昇することがわかる。

貨幣数量説の式から $P = M／kY$ と示すことが可能であり，これを用いて為替レートの決定式を書き換えれば（外国の変数には右上添字＊を付す），

$$e = \left[\frac{\left(\dfrac{P_T}{P_N}\right)}{\left(\dfrac{P_T^*}{P_N^*}\right)}\right]^{1-\alpha} \cdot \frac{k^* Y^*}{kY} \cdot \frac{M}{M^*}$$

となる。このうち，kY，$k^* Y^*$ は一定であるから，この式は為替レートと貨幣供給との関係を表す，**マネタリー・アプローチ**（monetary approach）とよばれる為替レートの決定式にあたる。外国の名目貨幣供給 M^*（したがって物価 P^*）を不変とすれば，日本の名目貨幣供給 M の増加は，物価 P の上昇を通じて円安・ドル高（e の上昇）の要因になることがわかる。名目貨幣供給 M が n 倍になれば，物価 P，貿易財価格 P_T，非貿易財価格 P_N，為替レート e も n 倍になり，**貨幣の中立性**が成立する。

Column　購買力平価の計測

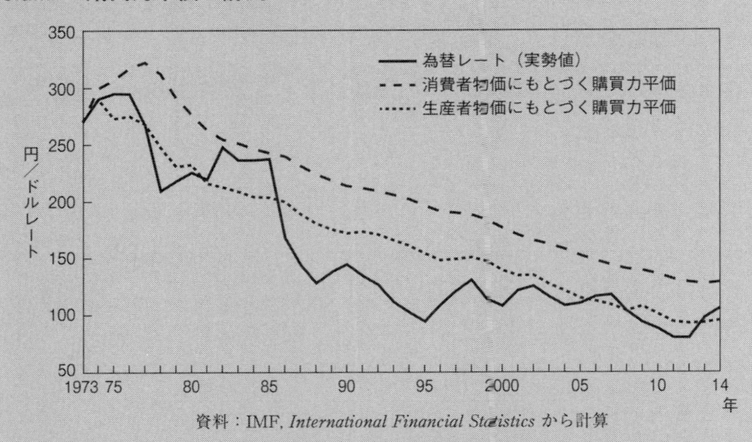

資料：IMF, *International Financial Statistics* から計算

物価指数にもとづいて購買力平価が測定される。各種の物価指数が存在する中で，消費者物価指数や生産者物価指数（国内企業物価指数）が用いられる。また，変動為替レート制が導入された1973年を基準年とする。

図は，為替レートの実勢値，消費者物価指数にもとづく購買力平価，生産者物価指数にもとづく購買力平価を示している。消費者物価指数は，食料品・サービスなど貿易の対象になりにくい品目をベースに作成される。他方，生産者物価指数は，工業製品など貿易の対象となる品目をベースに作成された指数である。図をみると，為替レートの実勢値は生産者物価指数にもとづく購買力平価と近似していることがわかる。

第1章第2節「為替レートと比較優位」では，比較生産費から為替レートの変動域が決まり，物価と為替レートの動きが連動することを説明した。長期的には，貿易が為替レートに大きな影響をおよぼすとみることができる。

第7章 オープン・マクロ経済の基礎モデル
― *IS*–*LM*–*BP* 曲線 ―

第8章と第9章では，マンデル（R. A. Mundell）とフレミング（J. M. Fleming）のモデルに依拠して，固定為替レート制および変動為替レート制のもとでのマクロ経済政策の効果と有効性を検討する。この章では，その前提となる開放マクロ経済の基礎モデルを考える。

まず，生産物市場に焦点をあてて均衡 GDP の決定と変動を考察し，そこから生産物市場の均衡を実現する利子率と GDP の組み合わせである *IS* 曲線を導出する。つぎに，貨幣市場に着目し，利子率の決定と変動を考察したうえで，貨幣市場の均衡をもたらす利子率と GDP の組み合わせである *LM* 曲線の導出を行う。さらに，外国為替市場に焦点をあて，国際収支を均衡させる利子率と GDP の組み合わせである *BP* 曲線を導き出す。

1 生産物市場と *IS* 曲線

この節では，**生産物市場**に注目して開放経済における GDP の決定と変動を考え，生産物市場の均衡を実現する利子率と GDP の組み合わせである *IS* 曲線の導出を行う。

1–1 総需要

ケインズ（J. M. Keynes）の**有効需要の原理**（principle of effective demand）は短期モデルであり，物価と賃金の硬直性，不完全雇用を仮定する。このモデルの特徴は，一定の物価水準のもとで総供給曲線が水平になり，GDP（所得）が需要サイドから決まることである。

総需要 AD は，消費支出 C，投資支出 I，政府支出 G，輸出 X の合計から

輸入 M を控除したものと定義され，つぎの式で示される（物価 P を1に規定すれば，名目値と実質値は一致する）。

$$AD = C + I + G + X - M$$

消費関数は，

$$C = C_0 + c(Y - T)$$

である。消費支出 C は，所得と無関係に決まる独立消費 C_0 と，所得 Y から税金 T を引いた可処分所得 $Y - T$ に依存する部分から構成される。可処分所得にかかる係数 c は**限界消費性向** (marginal propensity to consume) にあたり，可処分所得が追加的に1円増加したときに消費がどれだけ増えるかを表し，$c = \Delta C / \Delta(Y - T)$ である。限界消費性向は正であるが，1より小さい値をとる。

つぎに，**投資関数**を

$$I = I_0 - br$$

とする。投資支出 I は，利子率と無関係に決まる独立投資 I_0 と，利子率 r に依存する部分から構成される。利子率 r にかかる係数 b を**投資の利子感応度**といい，利子率の変化に対して投資がどの程度反応するかを表す（$b > 0$）。利子率の上昇は b の大きさで投資の減少を招き，逆に利子率の低下は b の大きさで投資を増加させる。このため，br の前につく符号はマイナスになる。

利子率の低下は投資支出を増加させるが，この関係を説明しよう。ある投資案件について，投資にかかわる初期費用を A 円，投資によって各期に見込まれる予想収益を Q_1 円，Q_2 円，Q_3 円，…Q_n 円とする。ここで，予想収益の現在価値の合計 R を求めれば，

$$R = \frac{Q_1}{1+r} + \frac{Q_2}{(1+r)^2} + \frac{Q_3}{(1+r)^3} \cdots\cdots + \frac{Q_n}{(1+r)^n}$$

である。$R > A$ であれば予想収益の現在価値の合計が初期費用を上回り，投資を実行することが有利になる。しかし，$R < A$ であれば損失が発生し，投資は実行されない。利子率が低下すれば，予想収益の現在価値の合計は増加し，投資需要が喚起される。反対に，利子率の上昇は予想収益の現在価値の合計を減少させ，投資需要を萎縮させる。また，一定の利子率のもとで，景気拡大や生産物価格の上昇に伴う予想収益の増加，投資減税や投資補助金

による投資費用の減少が生じれば，投資需要は喚起される。

政府支出 G と**租税収入** T はともに財政政策の変数であり，政府の政策決定によって変更される。このため，外生変数として扱う。

輸出関数は，

$$X = m^* Y^* + xe$$

である。m^* は外国の**限界輸入性向**であり，外国所得 Y^* の追加的変化に伴う輸入（自国の輸出）の変化を表す（$m^* > 0$）。外国所得の拡大は自国の輸出を増加させる。x は**輸出の為替レート感応度**であり，為替レートの変化に対して輸出がどの程度反応するかを示す。円安・ドル高（e の上昇）は輸出を増加させるために，xe の前につく符号はプラスである。

輸入関数はつぎの式で与えられる。

$$M = mY - ze$$

ここで，m は自国の限界輸入性向であり，自国の所得拡大は輸入の増加を伴う。所得の拡大 ΔY は消費の増加 $c\Delta Y$ をもたらし，消費の増加の一部が外国財の消費の増加 $m\Delta Y$ に相当する。このため，限界消費性向は限界輸入性向より大きい（$c > m$）。z は**輸入の為替レート感応度**であり，為替レートの変化に対する輸入の変化の度合いを示す。円安・ドル高（e の上昇）に伴って輸入は減少し，円高・ドル安（e の低下）によって輸入は増加する。このため，ze の前につく符号はマイナスである。

輸出および輸入の関係から**経常収支** NX が求められ，

$$NX = (x + z)e + m^* Y^* - mY$$

である。為替レートが変動しても「J カーブ効果」が発生せず，マーシャル＝ラーナー条件が成り立つとすれば $x + z > 0$ である。

消費関数，投資関数，財政政策変数，経常収支を考慮すれば，総需要は，

$$AD = C_0 + c(Y - T) + I_0 - br + G + (x + z)e + m^* Y^* - mY$$

であり，総供給（所得または GDP）を Y で示せば，**生産物市場の均衡条件**は，

$$Y = C_0 + c(Y - T) + I_0 - br + G + (x + z)e + m^* Y^* - mY$$

である。この式は総供給 Y ＝総需要 AD の関係を示している。

Column　現在価値

今年の1万円と来年の1万円は同じ価値をもたず，等価とはならない。たとえば，利子率10%のもとで1万円を銀行に預金すれば，1年後には元利合計で11000（= 1万× 1.1）円を得ることができるからである。この場合，今年の1万円は来年の11000円と等価になる。2年後には元利合計で12100（= 1万× 1.21）円になり，今年の1万円は2年後の12100円と等価である。

この関係を利用して逆算すれば，来年の1万円あるいは2年後の1万円が，現在どれだけの価値をもつかが求められる。これが**現在価値**の考え方である。来年の1万円の現在価値は9090.9（= 1万÷ 1.1）円になり，2年後の1万円の現在価値は8264.5（= 1万÷ 1.21）円に相当する。利子率は現在価値を求める役割を担い，「割引率」とよばれる。

1−2　均衡GDPの決定

上記の関係から均衡GDPがどのように決まるかを説明する。図7−1は**45度線図**とよばれ，縦軸は総需要ADを，横軸は所得またはGDP（Y）を表している。45度線は，総供給Y＝総需要ADを意味し，この線上で生産物市場の均衡が保証される。ここに総需要ADを描けば，傾きが$c-m$，縦軸切片が$C_0-cT+I_0-br+G+(x+z)e+m^*Y^*$となる直線が導かれ

図7−1　45度線図

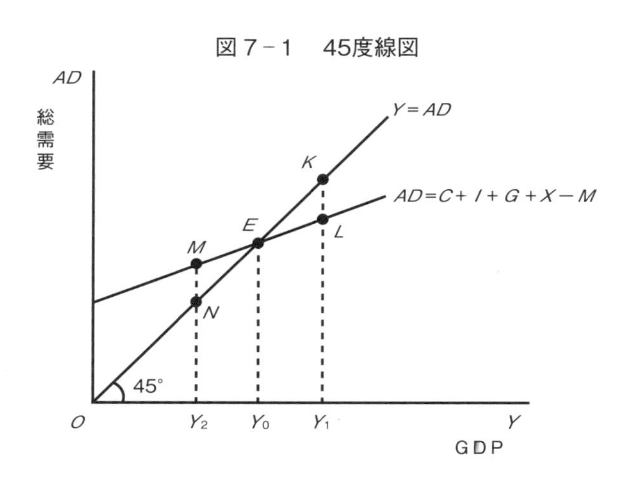

る。この直線を**総需要線**とよぶ。総需要線の傾き $c-m$ は1より小さいために，45度線より緩やかな形状で描かれる。

生産物市場は，45度線と総需要線 AD の交点 E において均衡し，そのときの所得 Y_0 が**均衡 GDP** にあたる。所得が Y_0 より大きい Y_1 であれば，生産物市場には KL に相当する超過供給が発生する。物価は一定であり，価格調整メカニズムが作用しないから，数量調整すなわち生産規模が縮小することを通じて超過供給が解消される。反対に，所得が Y_0 より小さい Y_2 であれば，生産物市場には MN に等しい超過需要が発生し，生産が拡大することによって超過需要が解消される。なお，均衡 GDP は生産物市場の均衡を実現する所得水準であり，完全雇用を実現する GDP の水準に対応するとはかぎらない。

均衡 GDP は総需要線の傾きや切片の位置に応じて変動する。限界消費性向 c が上昇するほど，また，限界輸入性向 m が低下するほど，総需要線は急な形状の直線に変わり，GDP は大きくなる。また，均衡 GDP は縦軸切片の位置にも依存する。独立消費 C_0，独立投資 I_0，政府支出 G の増加，減税による T の減少は切片を上方に押し上げ，総需要線の上方シフトを通じて GDP を拡大させる。利子率 r の低下も投資需要を喚起し，GDP の拡大に寄与する。為替レート e の上昇（円安・ドル高）や外国所得 Y^* の増加は，経常収支の改善を通じて GDP の増加を引き起こす。

ここで，生産物市場の均衡条件から**均衡 GDP 決定式**を求めると，

$$Y=\frac{1}{1-c+m}[C_0-cT+I_0-br+G+(x+z)e+m^*Y^*]$$

を得る。限界消費性向 c が大きいほど，また，限界輸入性向 m が小さいほど，所得は大きくなることがわかる。つぎに，独立消費，独立投資，政府支出の増加は，$1/(1-c+m)$ 倍の所得拡大をもたらす。減税は，その規模に $c/(1-c+m)$ を掛けた分の所得拡大を引き起こす。利子率の低下は，その規模に $b/(1-c+m)$ を掛けた分だけ所得を増加させる。為替レートの上昇は，その規模に $(x+z)/(1-c+m)$ を掛けた分だけ所得を押し上げる。外国所得の拡大は，$m^*/(1-c+m)$ 倍の所得拡大を伴う。これらの外生変数と所得との関係は**乗数**（multiplier）とよばれ，与件の変化が所得をどれだけ

変化させるかを表す。

1-3　GDP と経常収支

45 度線図は均衡 GDP の決定や変動を描くことができる。しかし，経常収支の動向を明示的にとらえることはできない。そこで，GDP と経常収支の決定を同時にみることにしよう。

前章で示した GDP 恒等式から，

$$NX = (S - I) + (T - G)$$

が成り立てば，すなわち，経常収支 $NX(= X - M)$と，民間の貯蓄・投資バランス$(S - I)$と財政収支$(T - G)$の合計が一致するところで，総供給＝総需要という関係が得られる。

まず，この式の左辺は経常収支にあたり，再度提示すればつぎの式になる。

$$NX = (x + z)e + m^* Y^* - mY$$

他方，右辺は，

$$(S - I) + (T - G) = Y - (C + I + G)$$

と書き換えられ，消費関数，投資関数，政府支出を代入すれば，つぎの式が得られる。

$$(S - I) + (T - G) = (1 - c)Y - C_0 + cT - I_0 + br - G$$

図 7-2 において，縦軸に経常収支，貯蓄・投資バランス＋財政収支を，横軸に所得（GDP）をとれば，NX 線は，傾きが $-m$ で，切片が $(x + z)e + m^* Y^*$の右下がりの直線になる。他方，$(S - I) + (T - G)$線は，傾きが**限界貯蓄性向** $1 - c$ に等しく，切片が $- C_0 + cT - I_0 + br - G$ の右上がりの直線になる。両線の交点 E において生産物市場の均衡が実現する。同時に，E 点はプラスの領域に位置し，経常収支黒字が発生している。

外国所得の増加，為替レートの上昇（円安・ドル高）は NX 線を上方にシフトさせ，所得の増加と経常収支の改善をもたらす。反対に，外国所得の減少，為替レートの低下（円高・ドル安）は NX 線の下方シフトを招き，所得の減少と経常収支の悪化を引き起こす。

独立消費，独立投資，政府支出の増加，減税，利子率の低下は $(S - I) + (T - G)$線を下方にシフトさせ，所得の拡大と経常収支の悪化を生じさせる。

図 7－2　均衡GDPの決定

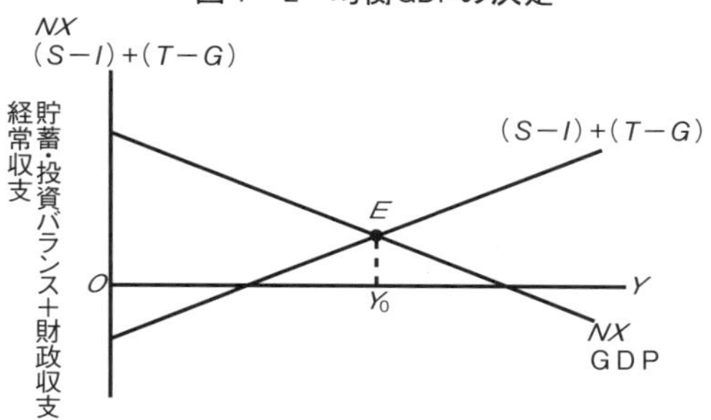

逆に，独立消費，独立投資，政府支出の減少，増税，利子率の上昇は $(S-I)+(T-G)$ 線の上方シフトをもたらし，所得の減少と経常収支の改善を引き起こす。

上で示した経常収支 NX の式の Y に「均衡 GDP 決定式」を代入すれば，つぎの**経常収支決定式**が導かれる。

$$NX=-\frac{m}{1-c+m}(C_0-cT+I_0-br+G)+\frac{1-c}{1-c+m}[(x+z)e+m^*Y^*]$$

1-4　*IS* 曲線

***IS* 曲線**は，「生産物市場を均衡させる利子率と GDP（所得）の組み合わせ」と定義される。図 7-3(a)を利用して IS 曲線を導出する。図 7-3(a)において，当初の利子率を r_0 とする。NX 線の傾きは限界輸入性向 m にマイナスを付したものに等しく，切片は $(x+z)e+m^*Y^*$ である。他方，$[(S-I)+(T-G)]_0$ 線の傾きは限界貯蓄性向 $1-c$ で，切片は $-C_0+cT-I_0+br_0-G$ である。当初の均衡 GDP は Y_0 で与えられる。ここで，利子率が r_0 から r_1 に低下したとしよう。$[(S-I)+(T-G)]_0$ 線は，利子率の低下幅に投資の利子感応度を掛けた分($b\varDelta r<0$)だけ下方に平行移動する。新たな $[(S-I)+(T-G)]_1$ 線の切片は $-C_0+cT-I_0+br_1-G$ になり，均衡 GDP は Y_1 に増加する。利子率の低下は投資需要を喚起し，所得拡大を引き起こす[1)]。また，所得の拡大が輸入を誘発するために経常収支は悪化する。

縦軸に利子率 r，横軸に GDP（所得）Y を示せば，利子率と所得の関係は

図 7－3　IS 曲線

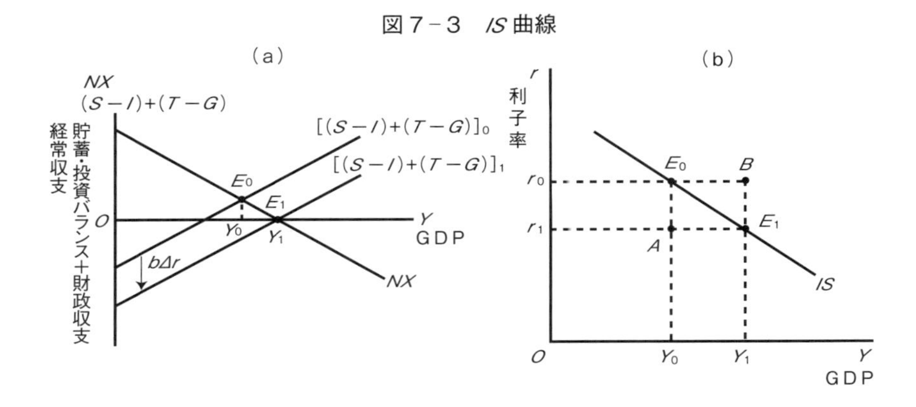

IS 曲線として描かれる。図 7–3(b)では，利子率が r_0 から r_1 に低下した場合，所得が Y_0 から Y_1 に増加する。なお，IS 曲線上を右下に進むにつれて経常収支は悪化する。所得の増加が輸入拡大を引き起こすからである。IS 曲線上では生産物市場が均衡し，総供給＝総需要が成立する。しかし，それ以外では，生産物市場は不均衡状態にある。A 点では生産物市場に超過需要が生じる。E_0 点を起点として利子率が r_0 から r_1 に低下すれば，投資需要が喚起されて総需要が拡大する一方，所得（総供給）は Y_0 のままであり，総需要が総供給を上回る。この場合，生産が拡大することで，すなわち A 点から E_1 点に向かう力が作用して生産物の超過需要が解消される。反対に，B 点では生産物市場は超過供給になる。この場合，生産の縮小つまり B 点から E_0 点に向かう力が作用し，生産物市場は均衡を取り戻す。

IS 曲線の位置は，独立消費，独立投資，政府支出，税収，為替レート，外国所得に依存する。図 7–3 (a) において，利子率 r_0 を一定として独立消費，独立投資，政府支出の増加や減税が生じれば，$[(S - I) + (T - G)]_0$ 線は下方にシフトし，GDP は増加する。また，為替レートの上昇（円安・ドル高），外国所得の増加が生じた場合，NX 線が上方にシフトし，GDP は

1) 45 度線図において，総需要線 AD の切片は $C_0 - cT + I_0 - br + G + (x + z)\ e + m^* Y^*$ であり，利子率の低下によって，総需要線は，利子率の低下幅に投資の利子感応度を掛けた分（$-b\Delta r$）だけ上方に平行移動する。利子率の低下は投資需要を喚起して GDP を拡大させる。

拡大する。これらが IS 曲線を右方にシフトさせる要因になる。逆に，独立消費，独立投資，政府支出の減少や増税，為替レートの低下（円高･ドル安），外国所得の減少は，一定の利子率 r_0 のもとで所得の減少を引き起こし，IS 曲線を左方にシフトさせる。

IS 曲線の形状は，投資の利子感応度 b，限界消費性向 c，限界輸入性向 m に依存する。投資の利子感応度が大きいほど, 利子率の低下による $[(S-I)+(T-G)]_0$ 線の下方へのシフト幅が大きくなり，その分だけ所得拡大幅も大きくなる。このため，投資の利子感応度が大きいほど，IS 曲線は緩やかな形状で描かれる。また，限界消費性向が大きいほど，$[(S-I)+(T-G)]_0$ 線は緩やかになり，利子率の低下に伴う投資拡大の乗数効果（消費の増加幅）を大きくし，所得拡大幅も大きくなる。それゆえ，IS 曲線は緩やかに描かれる。さらに，限界輸入性向が小さいほど，NX 線は緩やかに描かれ，利子率の低下による所得拡大の過程で輸入の増加（自国の所得循環からの漏れ）は抑制され，所得の拡大幅を増大させる。これも IS 曲線を緩やかな形状にする要因となる。

生産物市場の均衡条件を変形すれば,

$$r=-\frac{1-c+m}{b}Y+\frac{C_0-cT+I_0+G+(x+z)e+m^*Y^*}{b}$$

を得る。この式の右辺の第 1 項 $-(1-c+m)/b$ は IS 曲線の傾きを表し，限界消費性向 c が大きいほど，また，限界輸入性向 m が小さいほど，さらに，投資の利子感応度 b が大きいほど，IS 曲線は緩やかな形状で描かれることがわかる。第 2 項は IS 曲線の縦軸切片を表す。独立消費，独立投資，政府支出の増加や減税，為替レートの上昇，外国所得の増加が生じれば，縦軸切片が上方に移動し，IS 曲線は右方にシフトする。

2　貨幣市場と LM 曲線

つぎに，**貨幣市場**に焦点をあてて均衡利子率の決定と変動を考え，貨幣市場の均衡をもたらす利子率と GDP の組み合わせである LM 曲線を導出する。

2-1　貨幣需要

はじめに，いかなる要因によって貨幣が需要されるのかを考える。**貨幣需要関数**を，

$$L = kY - h(r + \pi^e)$$

として示す。貨幣需要 L は，所得 Y と**名目利子率** $r + \pi^e$ に依存する。π^e は期待インフレ率であるが，当面，期待インフレ率をゼロ（$\pi^e = 0$）として扱う。このため，名目利子率 $r + \pi^e$ と**実質利子率** r に区別はなく，簡単に「利子率」と表記する。k は**貨幣需要の所得感応度**，h は**貨幣需要の利子感応度**であり，貨幣需要が所得や利子率の変化にどの程度反応するかを表す定数である。

所得が増加すると貨幣需要も増加する。所得と貨幣需要との関係は貨幣の**取引需要**（transaction demand）とよばれる。日々の取引に伴う支払いは所得水準に依存し，所得が大きいほど貨幣の取引需要も大きい。所得の増加はその k 倍だけ貨幣需要を増加させる。

他方，利子率が上昇すると，貨幣需要が減少する。利子率と貨幣需要との関係は貨幣の**投機的需要**（speculative demand）とよばれる。人びとは，貨幣によって資産を保有するか，それとも債券によって資産を保有するかの選択を行う。いま，永久確定利付債券の利息を a とすれば，利子率 r と債券価格 P_B との間には $P_B = a / r$ という関係が成立する。利子率 r の上昇は債券価格 P_B の下落を意味し，将来の債券価格の上昇を予想する人びとは，貨幣から債券へと資産保有の形態を変化させる。それゆえ，債券需要は増加し，貨幣需要は減少する。反対に，利子率の低下は債券価格の上昇を意味し，将来の債券価格の下落を予想する人びとは，債券から貨幣へと資産保有の形を変える。それゆえ，利子率の低下に応じて貨幣需要が増加する。貨幣市場と債券市場は表裏の関係にある。貨幣市場が均衡すれば債券市場も均衡する。また，貨幣市場が超過需要（超過供給）ならば，債券市場は超過供給（超過需要）の状態にある。利子率の上昇（低下）はその h 倍だけ貨幣需要を減少（増加）させるために，hr の前につく符号はマイナスになっている。

Column　債券価格の決定

債券価格がどのように決まるかは，現在価値の考え方を用いて導かれる。

永久確定利付債券の利息をa，利子率をrとすれば，債券価格P_Bは，当該債券を無限に保有することから得られる利息の現在価値の合計に等しい。つまり，

$$P_B=\frac{a}{1+r}+\frac{a}{(1+r)^2}+\frac{a}{(1+r)^3}\cdots\cdots$$

である。これは初項が$a／(1+r)$，公比が$1／(1+r)$の無限等比級数になる。このため，無限等比級数の公式，初項／(1－公比）にあてはめれば，

$$P_B=\frac{a}{r}$$

を得る。確定利息aは一定であるから，利子率rの上昇（低下）は債券価格P_Bの下落（上昇）を意味する。

2-2　均衡利子率の決定

貨幣市場において，均衡利子率がどのようにして決まるかを考える。

図7-4をもとに均衡利子率の決定を考える。貨幣需要関数において所得水準をY_0とすれば，**貨幣需要曲線**は，

$$r=-\frac{1}{h}L+\frac{k}{h}Y_0$$

である。縦軸に利子率r，横軸に貨幣量Lを示せば，貨幣需要曲線LLは，傾きが$-(1／h)$で，縦軸切片が$kY_0／h$の右下がりの直線になる。

貨幣供給は中央銀行の金融政策に応じて変化し，利子率とは独立した関係にある。このため，**貨幣供給曲線**Mは貨幣量M_0の水準で垂直に描かれる。本来，貨幣供給は$M_0／P$で示されるが，物価Pを1と仮定したために，名目貨幣供給と実質貨幣供給は同じになる。

貨幣市場の均衡は貨幣需要曲線LLと貨幣供給曲線Mの交点Eで成立し，利子率r_0が**均衡利子率**となる。利子率が均衡利子率より高いr_1にあるとき，債券価格は均衡水準より割安になっている。貨幣市場では超過供給が発生し，債券市場は超過需要の状態にある。このため，債券価格の上昇すなわち利子

図７－４　均衡利子率の決定

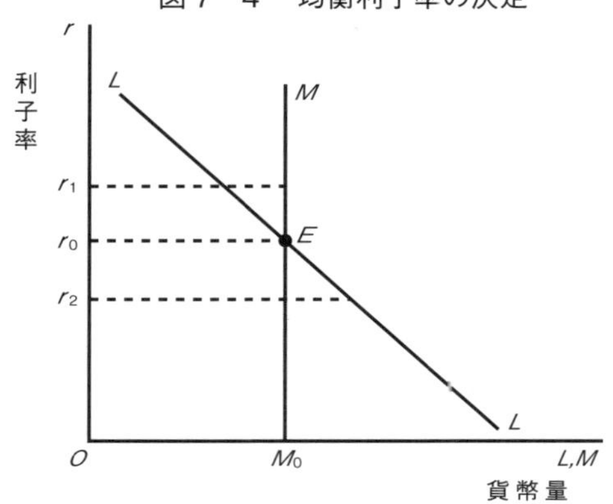

率の低下が生じる。すると，貨幣の投機的需要が増加し，貨幣の超過供給が解消される。反対に，利子率が均衡利子率より低い r_2 であれば，貨幣市場では超過需要，債券市場では超過供給が生じる。この場合，債券価格の下落と利子率の上昇が起こり，貨幣の投機的需要の減少を通じて貨幣の超過需要が解消される。

所得が増加すると，貨幣需要曲線の縦軸切片に上に移動し，LL 線は右方にシフトする。これは，所与の利子率のもとで貨幣の取引需要が増加することによる。一定の貨幣供給のもとで貨幣の超過需要（債券の超過供給）が発生し，人びとは債券を売却して貨幣を保有しようとするために，債券価格の下落と利子率の上昇が生じる。この結果，貨幣の投機的需要が減少することで貨幣の超過需要が解消される。

貨幣供給の増加は，M 線を右方にシフトさせ，均衡利子率を低下させる。当初の利子率のもとで貨幣の超過供給（債券の超過需要）が生じ，人びとは貨幣から債券へと資産保有の形態を変化させようとするために，債券価格の上昇と利子率の低下が生じる。利子率の低下が貨幣の投機的需要を増加させることにより，貨幣の超過供給が解消される。

貨幣市場の均衡条件は，

$$M = kY - hr$$

であり，これを変形すれば，つぎの**利子率決定式**を得る。

$$r=\frac{k}{h}Y-\frac{M}{h}$$

所得 Y の増加は利子率の上昇を，貨幣供給 M の増加は利子率の低下を伴う。

2-3　*LM* 曲線

***LM* 曲線**は，「一定の貨幣供給のもとで貨幣市場を均衡させる利子率とGDP（所得）の組み合わせ」と定義される。一定の貨幣供給のもとで所得が増加すれば，貨幣の取引需要の増加を通じて貨幣需要曲線が右方にシフトし，均衡利子率が上昇する。このことを図 7-5 (a) から確認する。所得が Y_0 から Y_1 に増加すると，縦軸切片は kY_0 ／ h から kY_1 ／ h に移り，L_0 線は L_1 線にシフトする。貨幣需要曲線の右方へのシフト幅は $k \Delta Y$ に等しい。結果として，均衡利子率は r_0 から r_1 に上昇する。このように，貨幣市場の均衡を維持するために，所得の増加は利子率の上昇を伴うことがわかる。

一定の貨幣供給のもとで貨幣市場の均衡を実現する利子率と所得の組み合わせは，図 7-5 (b) において右上がりの *LM* 曲線として描かれる。貨幣供給の制約下では，所得の増加は取引需要の拡大を通じて貨幣の超過需要を発生させる。貨幣の超過需要を埋め合わせようとして人びとは債券の売却を進め，債券価格の下落と利子率の上昇が同時に起きる。このため，貨幣の投機的需要が減少し，貨幣の超過需要が解消される。図 7-5 (b) では，Y_0 から Y_1 への所得の増加によって，r_0 から r_1 に利子率が上昇することになる。

LM 曲線上では貨幣の需給が一致するが，それ以外の領域では貨幣市場は不均衡状態にある。A 点では貨幣の超過需要が発生する。利子率 r_0 のもとで所得が Y_0 から Y_1 に増加すれば，貨幣の取引需要が増加するからである。人びとは債券の売却を進め，貨幣の超過需要を埋め合わせようとする。このため，債券価格の下落と利子率の上昇が起こり，貨幣の投機的需要が減少する。A 点から E_1 点へと利子率が上昇することで貨幣の超過需要は解消される。B 点では貨幣は超過供給になる。利子率 r_1 のもとで所得が Y_1 から Y_0 に減少すれば，貨幣の取引需要が減少するからである。人びとは債券を買い進め，債券市場は超過需要になる。このため，債券価格の上昇と利子率の低

図 7－5　LM 曲線

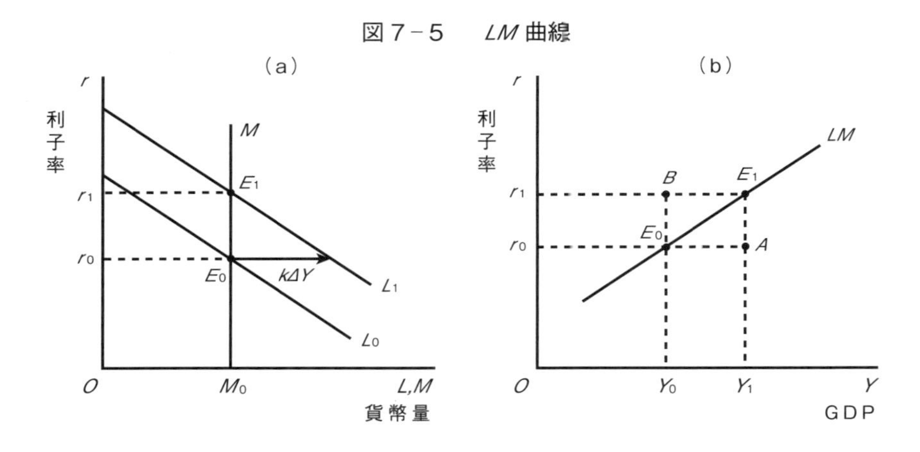

下が起き，貨幣の投機的需要の増加を通じて貨幣の超過供給が解消される。B 点から E_0 点へと利子率が低下する力が作用する。

LM 曲線の位置は貨幣供給に依存する。図 7−5 (a) において，所与の所得のもとで貨幣供給が増加すれば，M 線が右に移動し，利子率は低下する。これは LM 曲線が下方ないし右方にシフトすることを意味する。

LM 曲線の傾きは，とくに貨幣需要の利子感応度 h に依存する。貨幣需要の利子感応度の大きさにかかわらず，所得の増加に伴う貨幣需要曲線の右方へのシフト幅は $k \Delta Y$ である。また，貨幣需要の利子感応度が大きいほど，貨幣需要曲線はより緩やかな形状で描かれる。それゆえ，所得の増加に伴う利子率の上昇幅は抑制される。なぜならば，貨幣の超過需要に対して，利子率がわずかに上昇するだけで投機的需要は大きく減少し，貨幣市場の均衡が回復するからである。この場合，LM 曲線は緩やかな形状で描かれる。逆に，貨幣需要の利子感応度が小さいほど LM 曲線は急な形状になる。

さきに記した貨幣市場の均衡条件を変形すれば，LM 曲線は，

$$r=\frac{k}{h}Y-\frac{M}{h}$$

である。LM 曲線の傾きは $k／h$ に等しく，貨幣需要の利子感応度 h が大きいほど LM 曲線は緩やかになること，貨幣供給 M の増加に応じて LM 曲線

は右方にシフトすることがわかる。

3 国際収支と *BP* 曲線

国際収支あるいは**外国為替市場**に焦点をあてて，国際収支の均衡を保証する利子率と GDP の組み合わせである *BP* 曲線を導出する。

3-1　経常収支と金融収支

前章でみたように，資本移転等収支を微小とすれば，国際収支は経常収支と金融収支の差額と定義される。

経常収支 NX は輸出 X から輸入 M を控除したものであり，

$$NX = (x + z)e + m^* Y^* - mY$$

と示される。為替レート e の上昇と外国所得 Y^* の増加に応じて経常収支は改善する。また，自国の所得 Y が拡大するほど経常収支は悪化する。

外貨準備を除く**金融収支**（旧版の国際収支の「投資収支」に対応）F は資本移動の大きさを表し，

$$F = -f\left(r - r^* - \frac{e^e - e}{e}\right)$$

で示される[2)]。前章で説明した**金利平価**の考え方から，資本移動は，自国における金融資産の収益率（自国利子率）r と，外国における金融資産の収益率（外国利子率と為替レートの予想変動率の合計）$r^* + \frac{e^e - e}{e}$ に依存する。自国の収益率が相対的に上昇すれば $\left(r > r^* + \frac{e^e - e}{e}\right)$，外国から自国への対内投資が増加するために金融収支は赤字（$F < 0$）になる。反対に，自国の収益率が相対的に低下すれば $\left(r < r^* + \frac{e^e - e}{e}\right)$，自国から外国への対外投資が増加するために金融収支は黒字（$F > 0$）になる。自国の収益率が相対的

2）従来，マクロ経済分析では「資本収支」が使われ，国際収支は経常収支と資本収支の合計としてきた。「金融収支」という表現は一般化していないが，国際収支統計との整合を図り，以下では金融収支を用いた説明を試みる。したがって，資本移転等収支を微小とすれば，国際収支は経常収支と金融収支の差額に等しくなる。ただし，外貨準備の扱いが問題となる。外貨準備は政策変数であり，金利格差に応じた資本移動を反映しないため，ここでいう「金融収支」は「外貨準備を除く金融収支」（従来の資本収支にマイナスの符号を付したもの）を意味する。

に高い（低い）ほど，金融収支が赤字（黒字）になることを反映して，係数 f の前につく符号はマイナスになる。

資本移動の程度は，利子率の変化に対して資本移動がどれだけ反応するかを表す**資本移動の利子感応度** f に依存する。資本移動の利子感応度が大きい場合，内外収益率の格差が拡大するほど資本移動は活発になる。次章以降では，**不完全資本移動**（内外利子率の格差に応じて有限の率で資本移動が発生するケースで $f > 0$），**完全資本移動**（内外利子率の格差に応じて無限大の率で資本移動が発生するケースで $f = \infty$），**資本移動の完全制限**（$F = 0$, $f = 0$）に分けて考察を行う。

なお，以下では単純化のために，為替レートの予想変動率 $(e^e - e)/e$ をゼロとする。固定為替レート制下では，為替レートは一定に維持され，実際の為替レート e と予想為替レート e^e の間には $e = e^e$ が成立する。このため，為替レートの予想変動率をゼロとして扱うことは妥当である。また，変動為替レート制下では，**為替レートの静学的予想**が成り立ち，人びとは現在の為替レートの水準が将来にわたって維持されると考えている。この仮定により，為替レートの予想変動率をゼロとすることができる。ここから，単純に自国利子率と外国利子率の格差に応じて資本移動が発生することになる。

国際収支 BP は，経常収支と外貨準備を除く金融収支の差額すなわち（経常収支−金融収支）で示され，つぎの式で与えられる。

$$BP = (x + z)e + m^* Y^* - mY + f(r - r^*)$$

図 7−6 (a) は所得と経常収支との関係を示している。NX 線上では，所得が増加するにつれて輸入も増加し，経常収支は悪化する。図 7−2 においても説明したが，NX 線は，縦軸切片が $(x + z)e + m^* Y^*$ で，傾きが限界輸入性向 m にマイナスを付したものに等しい右下がりの直線になる。為替レート e の上昇，外国所得 Y^* の増加によって経常収支が改善し，NX 線は上方にシフトする。

他方，図 7−6 (b) は利子率と金融収支との関係を示している。外国利子率を一定として自国利子率が上昇すれば，外国から自国への対内投資が促進され，金融収支は悪化する。したがって，利子率と金融収支との関係を表す F 線は右下がりに描かれる。外貨準備を除く金融収支は，

図 7－6　経常収支と金融収支

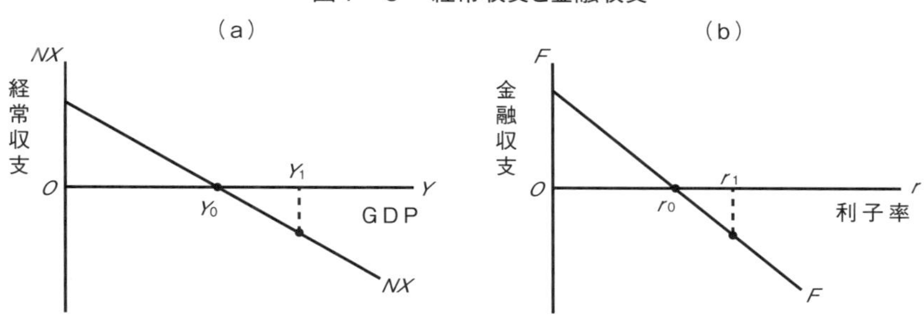

$$F = -f(r - r^*)$$

であるから，*F* 線の傾きは資本移動の利子感応度 f にマイナスを付したものに等しく，縦軸切片は fr^* である。資本移動の利子感応度が大きいほど，*F* 線は急な形状で描かれる。また，一定の自国利子率のもとで外国利子率が上昇すれば，対外投資が増加して金融収支は改善する。上記の式から，外国利子率の上昇によって縦軸切片は上方に移動し，*F* 線も上方にシフトすることがわかる。

当初，経常収支と金融収支はともにゼロであり，経常収支と金融収支の差額である国際収支もゼロである。そのとき，所得は Y_0，利子率は r_0 である。

3-2　*BP* 曲線

***BP* 曲線**は,「国際収支を均衡させる（$BP = 0$ を維持する）利子率と GDP（所得）の組み合わせ」と定義される。図 7-6 (a) において，所得が Y_0 から Y_1 に増加するとしよう。所得の増加は輸入を誘発し，経常収支は悪化する。このとき，国際収支が均衡するためには，図 7-6 (b) において，利子率が上昇し，対内投資の増加によって金融収支も悪化することが必要とされる。それゆえ，経常収支の悪化と同規模の金融収支の悪化が生じるように，利子率は r_0 から r_1 に上昇しなければならない。

国際収支を均衡させる利子率と所得の組み合わせは，図 7-7 において，右上がりの *BP* 曲線として描かれる。*BP* 曲線上では，国際収支は均衡しているが，それ以外の領域では国際収支（＝経常収支−金融収支）は不均衡の状態にある[3)]。BP 曲線より上の領域たとえば A 点では，国際収支は黒字になっている。所得 Y_0 のもとで国際収支を均衡させる利子率は r_0 であるが，A 点における利子率は r_0 より高い水準にあり，対内投資が進んで金融収支は悪化する。このため，国際収支は黒字の状態にある。反対に，BP 曲線より下の領域たとえば B 点では，国際収支は赤字である。B 点における利子率は，所得 Y_0 のもとで国際収支を均衡させる利子率 r_0 より低い水準にある。それゆえ，対外投資が拡大して金融収支が改善し，国際収支は赤字の状態にある。

BP 曲線の位置は，為替レート，外国所得，外国利子率に依存する。図 7−6(a) において，所与の所得水準のもとで為替レートの上昇，外国所得の増加が生じると，経常収支が改善し，NX 線は上方にシフトする。このとき，国際収支が均衡を維持するためには，図 7−6 (b) において，利子率が低下して金融収支は改善しなければならない。このため，為替レートの上昇，外国所得の増加に対して，BP 曲線は下方ないし右方にシフトする。また，図 7−6 (b) において，外国利子率が上昇すると，対外投資の拡大によって金融収支が改善する。つまり F 線が上方にシフトする。このとき，当初の金融収支の水準（国際収支の均衡）を回復するために，自国利子率も上昇することが必要となる。

図 7－7　BP 曲線

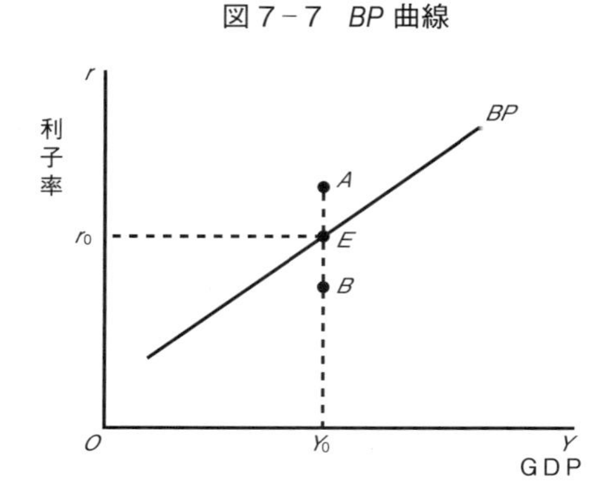

3) BP 曲線上では，国際収支は均衡しているから外国為替市場における需給も一致している。BP 曲線上以外の領域では，国際収支は不均衡状態にあり，外国為替市場でも需給は均衡していない。

ここから，外国利子率の上昇に対して，*BP* 曲線は上方ないし左方にシフトすることがわかる。

国際収支の均衡条件（$BP = 0$）は，

$$(x + z)e + m^* Y^* - mY + f(r - r^*) = 0$$

であり，この式を r について示せば，*BP* 曲線は

$$r = \frac{m}{f}Y - \frac{(x+z)e + m^* Y^*}{f} + r^*$$

である。この式の右辺の第1項は *BP* 曲線の傾き m / f にあたる。資本移動の利子感応度 f が大きいほど，*BP* 曲線は緩やかな形状で描かれる。また，第2項と第3項から，為替レートの上昇と外国所得の増加は縦軸切片を下方に移動させること，そして，外国利子率の上昇は切片を上方に変化させることが確認できる。

ところで，次章以降では，資本移動の利子感応度の大きさに着目してマクロ経済政策の効果を検討する。完全資本移動のケースは，内外債券の完全代替を仮定し，内外利子率の格差が生じると，瞬時かつ大規模に資本移動が発生する。このケースでは，資本移動を通じて内外利子率が均等化し，**金利裁定** $r = r^*$ が成立する。資本移動の利子感応度は無限大（$f = \infty$）になり，図7-6 (b) における F 線は外国利子率 r^* の水準で垂直線として描かれる。資本移動の利子感応度が大きいほど *BP* 曲線は緩やかに描かれるが，資本市場の統合が進むと，究極的には資本移動の利子感応度は無限大となる。それゆえ，国際収支の均衡を表す *BP* 曲線は $r = r^*$ が成り立つところで水平な直線として示されることになる。上記の *BP* 曲線を示す式に $f = \infty$ を代入すれば，

$$r = r^*$$

であり，金利裁定条件そのものが国際収支の均衡を意味する。完全資本移動下では，外国利子率の上昇（低下）に応じて *BP* 曲線は上方（下方）にシフトする。

資本移動が発生しない場合，$F = 0$ および $f = 0$ であり，国際収支は経常収支と一致する。そこで，経常収支 NX を均衡させる利子率と GDP（所得）の組み合わせ（これを**経常収支均衡曲線**とよぶ）も求めておく。図7-8 (a)

において，所得 Y_0 のもとで経常収支は均衡している。ここから，経常収支 NX をゼロとする利子率と所得の組み合わせは，利子率 r とは独立的で，所得 Y のみに依存することになる。すなわち，経常収支均衡曲線は，図 7–8 (b) において，所得 Y_0 のもとで垂直線 NX_0 として描かれる。図 7–8 (a) の NX_0 上では，所得が Y_0 より大きければ経常収支は赤字，Y_0 より小さければ経常収支は黒字になる。それゆえ，図 7–8 (b) における NX_0 線より右側の領域では，経常収支は赤字の状態にあり，それより左側の領域では，経常収支は黒字の状態にある。

図 7–8 (a) において，為替レートの上昇や外国所得の増加は NX 線を NX_0 から NX_1 へと上方にシフトさせる。このとき，所得が Y_0 から Y_1 に拡大することで，再び経常収支は均衡する。為替レートの上昇や外国所得の増加が生じると経常収支は改善するから，経常収支の均衡を保つためには所得拡大に伴う輸入の増加が発生し，経常収支の悪化が生じなければならない。これを図 7–8 (b) でみれば，為替レートの上昇や外国所得の増加によって，経常収支均衡曲線は，Y_0 のもとでの垂直線 NX_0 から，Y_1 のもとでの垂直線 NX_1 にシフトすることになる。

経常収支の均衡条件（$NX = 0$）は，

$$(x + z)e + m^*Y^* - mY = 0$$

であり，ここから，経常収支均衡曲線は，

図 7–8　経常収支均衡曲線

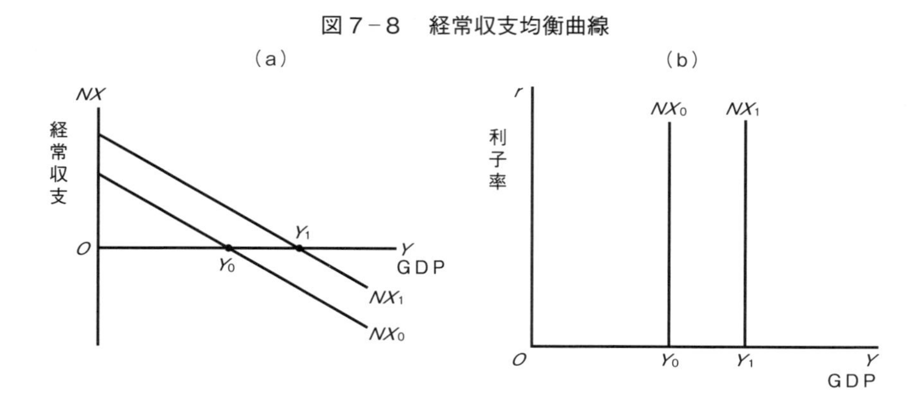

$$Y=\frac{(x+z)e+m^*Y^*}{m}$$

として求められる。経常収支均衡曲線は，利子率とは無関係に経常収支を均衡させる所得水準において垂直に描かれることがわかる。また，為替レート e の上昇や外国所得 Y^* の増加が生じると，経常収支均衡曲線は右方にシフトすることが確認できる。反対に，為替レートの低下や外国所得の減少が生じれば，経常収支均衡曲線は左方にシフトする。

第8章　固定為替レート制下のマクロ経済政策の効果と有効性

この章では，固定為替レート制下におけるマクロ経済政策の効果と有効性を検討する。はじめに，固定為替レート制のもとでのマクロ経済モデルを解説し，均衡 GDP，均衡利子率，貨幣供給，経常収支の決定要因を考える。つぎに，不完全資本移動モデルにおいて，裁量的な財政政策（政府支出の増加）および金融政策（貨幣供給の増加），為替レートの変更，外国経済の変化（外国所得の増加，外国利子率の低下）がいかなる効果をもつのかを説明する。また，完全資本移動モデルと資本移動が発生しないモデルにおける財政・金融政策の効果と有効性を取り上げる。さらに，国内均衡（完全雇用，物価の安定）と対外均衡（国際収支の均衡）を実現するために，財政政策と金融政策をどのように発動すべきかを考察する。

現在，多くの発展途上国は固定為替レート制を採用しているために，ここでの分析は発展途上国の経済を考えるうえで有益である。

1　固定為替レート制下のマクロ経済モデル

まず，固定為替レート制におけるマクロ経済モデルを解説する。物価と賃金の硬直性（物価 P を 1 に規定する），不完全雇用に加えて，為替レートの予想変動率がゼロであると仮定する。これらの仮定から需要サイドに着目して考察を行うことができる。

ここで，基本モデルはつぎのとおりである。

(1)　$Y = C_0 + c(Y - T) + I_0 - br + G + (x + z)e + m^* Y^* - mY$

(2)　$M = kY - h(r + \pi^e)$

(3)　$BP = (x + z)e + m^* Y^* - mY + f(r - r^*)$

前章で説明したように，(1)式は生産物市場の均衡条件である。

(3)式は国際収支 BP を表す。固定為替レート制下では，為替レート e は一定である。経常収支と外貨準備を除く金融収支の差額である国際収支が黒字（外国通貨の超過供給と自国通貨の超過需要）の場合，中央銀行が外貨資産を積み増し，貨幣供給の増加を図ることで，国際収支黒字が調整される。反対に，国際収支が赤字（外国通貨の超過需要と自国通貨の超過供給）のとき，中央銀行による外貨資産の取り崩しと貨幣供給の減少を通じて国際収支が調整される。

(2)式の貨幣市場の均衡条件では，貨幣供給は内生的に決まる変数になる[1)]。なお，期待インフレ率 π^e はゼロとする。

固定為替レート制のマクロ経済モデルでは，外生変数は独立消費 C_0，独立投資 I_0，政府支出 G，租税収入 T，為替レート e，外国所得 Y^*，外国利子率 r^* であり，内生変数は所得 Y，利子率 r，貨幣供給 M の3つである。

前章で導いた IS–LM–BP 曲線を同一の平面に描けば，図8–1 (a) (b) が得られる。図8–1 (a) では資本移動の利子感応度 f が大きく，BP 曲線が LM 曲線よりも緩やかに表されている。他方，図8–1 (b) では資本移動の利子感応度が小さく，BP 曲線が LM 曲線より急な形状で示されている。前者は $(m/f)<(k/h)$，後者は $(m/f)>(k/h)$ というケースである。いずれにおいても初期均衡は E 点であり，均衡 GDP は Y_0，均衡利子率は r_0 である。また，E 点では，経常収支と外貨準備を除く金融収支との差額である国際収支は均衡している。固定為替レート制のもとでは，IS 曲線と BP 曲線の関係から生産物市場と国際収支を同時に均衡させる所得 Y と利子率 r が決まり，これらの Y と r をみたすように LM 曲線の位置すなわち内生変数である貨幣供給 M の大きさが決まる。

図8–1 (a) (b) で与えられた均衡 GDP（Y_0）と均衡利子率 r_0 を数式によっ

---

1) 中央銀行による外貨資産の増減はハイパワード・マネーの増減に等しく，間接的に貨幣供給に影響を与える。ここでは貨幣乗数を1とし，ハイパワード・マネーと貨幣供給を同じとする。また，通貨当局は不胎化政策を発動しないと考える。**不胎化政策**（sterilization policy）とは貨幣供給を一定に維持する市場介入をさす。たとえば完全雇用下で国際収支黒字が発生したとき，為替レートを維持するために貨幣供給の増加が生じる。しかし，これはインフレ圧力を高める。この場合，通貨当局が国債などを売却することで貨幣供給を一定に維持しようとする。

図8－1　基本図

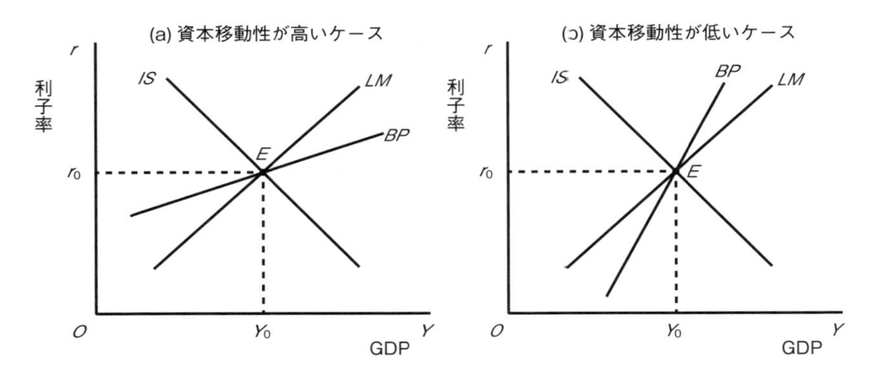

て示してみる。(3)式から $BP=0$ として利子率 r を求め(1)式に代入すれば，所得 Y は，

$$Y=\frac{1}{1-c+m+b\dfrac{m}{f}}\left[C_0-cT+I_0-br^*+G+\frac{b+f}{f}\{(x+z)e+m^*Y^*\}\right]$$

である。この式から，独立消費 C_0，独立投資 I_0，政府支出 G の増加，租税収入 T の減少，為替レートの切り下げ（e の上昇），外国所得 Y^* の増加，外国利子率 r^* の低下が生じると，GDP が大きくなることがわかる。財政政策（政府支出 G および租税収入 T）の変更は所得に影響をおよぼすが，上記の式に金融政策にかかわる変数（貨幣供給 M）は含まれず，金融政策は所得に影響を与えることはない。固定為替レート制下では，貨幣供給の増減は内生化され，国際収支の動向に依存するからである。

つぎに，(3)式に所得 Y の決定式を代入して利子率 r を導くと，

$$r=\frac{1}{1-c+m+b\dfrac{m}{f}}\left[\frac{m}{f}(C_0-cT+I_0+G)-\frac{1-c}{f}\{(x+z)e+m^*Y^*\}+(1-c+m)r^*\right]$$

を得る。独立消費 C_0，独立投資 I_0，政府支出 G の増加，租税収入 T の減少，外国利子率 r^* の上昇により，利子率が上昇する。また，為替レート e の上

昇と外国所得 Y^* の増加は利子率を低下させることもわかる。

上記の所得 Y と利子率 r を(2)式に代入すれば，内生変数である貨幣供給 M が求められる。すなわち，

$$M=\frac{1}{1-c+m+b\dfrac{m}{f}}\left[\left(k-h\frac{m}{f}\right)(C_0-cT+I_0+G)\right.$$
$$\left.+\frac{h(1-c)+k(b+f)}{f}\{(x+z)e+m^*Y^*\}-\{h(1-c+m)+bk\}r^*\right]$$

である。為替レート e の切り下げ，外国所得 Y^* の増加，外国利子率 r^* の低下は国際収支の黒字を招き，貨幣供給を増加させる要因になる。しかし，独立消費 C_0，独立投資 I_0，政府支出 G，租税収入 T の変化が貨幣供給に与える影響は確定できない。C_0，I_0，G，T にかかる係数部分　$k-h\dfrac{m}{f}$ は $h\left(\dfrac{k}{h}-\dfrac{m}{f}\right)$ となるから，LM 曲線の傾き $k／h$ が BP 曲線の傾き $m／f$ より大きければ（LM 曲線が BP 曲線より急な形状で描かれれば），独立消費，独立投資，政府支出の増加，租税収入の減少によって国際収支黒字が発生し，貨幣供給は増加する。反対に，LM 曲線の傾きが BP 曲線の傾きより小さければ国際収支赤字が発生し，独立消費，独立投資，政府支出の増加，租税収入の減少によって貨幣供給は減少する。

さらに，外生変数の変化が経常収支にいかなる影響を与えるかを知ることも興味深い。そこで，(3)式を利用して経常収支 NX を求めると，

$$NX=\frac{1}{1-c+m+b\dfrac{m}{f}}\Big[-m(C_0-cT+I_0-br^*+G)$$
$$+(1-c)\{(x+z)e+m^*Y^*\}\Big]$$

である。独立消費 C_0，独立投資 I_0，政府支出 G の増加，租税収入 T の減少，外国利子率 r^* の低下によって経常収支は悪化する。また，為替レート e の切り下げ，外国所得 Y^* の増加に応じて経常収支は改善する。

以上は，不完全資本移動モデルの均衡を示しているが，第3節で取り上げる完全資本移動モデルにおける均衡は，それぞれの式に $f=\infty$ を代入することによって求められる。均衡GDP，均衡利子率，貨幣供給，経常収支はつぎのとおり表される。

$$Y=\frac{1}{1-c+m}\left[C_0-cT+I_0-br^*+G+(x+z)e+m^*Y^*\right]$$

$$r=r^*$$

$$M=\frac{1}{1-c+m}\Big[k\{C_0-cT+I_0+G+(x+z)e+m^*Y^*\}$$
$$-\{h(1-c+m)+bk\}r^*\Big]$$

$$NX=\frac{1}{1-c+m}\left[-m(C_0-cT+I_0-br^*+G)-(1-c)\{(x+z)e+m^*Y^*\}\right]$$

完全資本移動モデルでは，自国利子率は外国利子率と一致するように決定され，金利裁定 $r=r^*$ が成立する。自国利子率について $r=r^*$ を考慮すれば，GDP は生産物市場から決まることもわかる。また，独立消費，独立投資，政府支出の増加，租税収入の減少，為替レートの切り下げ，外国所得の増加，外国利子率の低下は，国際収支黒字を通じて貨幣供給の増加を伴う。さらに，独立消費，独立投資，政府支出の増加，租税収入の減少は経常収支の悪化要因になり，為替レートの切り下げ，外国所得の増加，外国利子率の上昇は経常収支の改善要因になる。

資本移動を完全に規制し，国際間の資本移動が生じない場合には $f=0$ である。また，金融収支を無視することができる（$F=0$）。不完全資本移動モデルにおける所得 Y，利子率 r，貨幣供給 M，経常収支 NX に $f=0$ を代入すれば，つぎの式が得られる。

$$Y=\frac{1}{m}\left[(x+z)e+m^*Y^*\right]$$

$$r=\frac{1}{b}(C_0-cT+I_0+G)-\frac{1-c}{bm}\left[(x+z)e+m^*Y^*\right]$$

$$M=-\frac{h}{b}(C_0-cT+I_0+G)+\frac{h(1-c)+bk}{bm}\left[(x+z)e+m^*Y^*\right]$$

$$NX=0$$

資本移動が発生しない場合，国際収支の均衡は経常収支の均衡と一致する。ここでは，財政政策と金融政策はともに所得に影響を与えず，為替レートの切り下げまたは外国所得の増加が生じるときに所得拡大が発生する。また，独立消費，独立投資，政府支出の増加，租税収入の減少は，利子率の上昇に伴う民間投資の減少によって完全に相殺される。為替レートの切り下げまたは外国所得の増加は利子率の低下を引き起こす。独立消費，独立投資，政府支出の増加，租税収入の減少は，経常収支赤字を通じて貨幣供給を減少させ，為替レートの切り下げまたは外国所得の増加は，経常収支黒字を通じて貨幣供給を増大させる。

2　不完全資本移動とマクロ経済政策

不完全資本移動下において，財政・金融政策，為替レートの変更がどのような効果をもつのか，また，外国経済の変化によって自国経済はいかなる影響を受けるのかを考える。いずれのケースにおいても，初期の均衡はIS_0，LM_0, BPの交点E_0で実現し，均衡GDPはY_0，均衡利子率はr_0である。また，E_0点において国際収支は均衡している。

2–1　財政政策

失業の解消を目的として，政府が**裁量的な財政政策**（政府支出の増加）を発動するとしよう。財政政策の効果は資本移動の利子感応度の大きさによって異なる。以下では，資本移動性が高いケースと低いケースに分けて考察を行う。

(1)　資本移動性が高いケース

資本移動の利子感応度fが大きく，BP曲線がLM曲線より緩やかに描かれるケースを取り上げる。図8–2 (a) において，政府支出の拡大はIS曲線をIS_0からIS_1へと右方にシフトさせる。IS曲線のシフト幅ΔYは，利子率を一定（$\Delta r = 0$）としたときに政府支出の増加が所得をどれだけ押し上げるかを意味し，政府支出の拡大幅ΔGと政府支出乗数$1/(1 - c + m)$を掛けた値に等しい。すると，経済はE_0点からE_1点に移動する。E_1点はIS_1とLM_0の交点であるから，生産物市場と貨幣市場は均衡し，政府支出の増加による所得拡大と，貨幣需要の増加に伴う利子率の上昇が生じる。しかし，

図 8-2　政府支出の増加

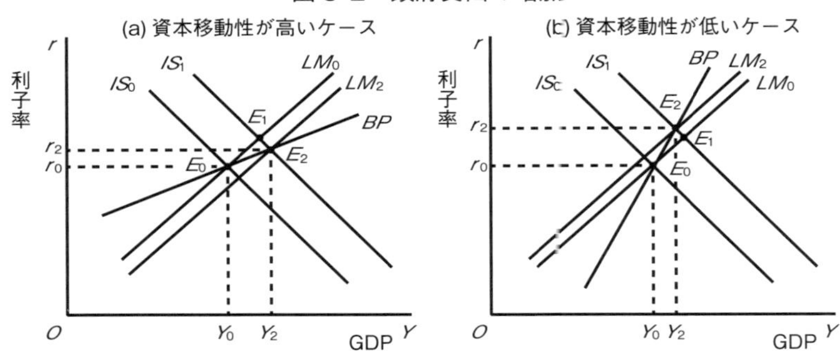

E_1 点は BP 曲線より上方に位置しているから，国際収支は黒字の状態にある。E_0 点から E_1 点への移動に伴い，所得の拡大が輸入を誘発するために経常収支は悪化する。他方，利子率が上昇するために自国への対内投資が増加し，外貨準備を除く金融収支は悪化する。利子率の上昇に対して資本移動は敏感であり，金融収支の悪化幅が経常収支の悪化幅を上回る。ここから，国際収支（経常収支−金融収支）は黒字になる。

さて，E_1 点のように，国際収支が黒字の場合，外国為替市場では受取が支払より大きく，外国通貨の超過供給と自国通貨の超過需要が発生する。固定為替レート制下では，為替レートの調整を通じて国際収支の均衡が実現するわけではなく，国際収支黒字が続けば，為替レートには切り上げ（低下）の圧力がかかる。このとき，為替レートを一定の水準に維持するためには，中央銀行による介入が必要とされる。具体的に，中央銀行には超過供給の外国通貨を買い上げ，反対に自国通貨を売却することが要請される。中央銀行は，外貨資産を積み増し，それに見合う自国貨幣の供給を拡大させる。すなわち，金融緩和措置が発動されることになり，LM 曲線は右方にシフトする。国際収支が黒字であるかぎり中央銀行による金融緩和が継続され，図 8-2 (a) では，LM 曲線が LM_0 から LM_2 にシフトし，経済は E_1 点から E_2 点に移動する。この過程では，貨幣供給の増加により利子率は押し下げられる。E_1 点における国際収支黒字は，所得増加に伴う経常収支のさらなる悪化と利子率低下に伴う金融収支の悪化幅の抑制によって解消される。

結局，均衡点は E_0 から E_2 に移り，所得は Y_0 から Y_2 に増加し，利子率は r_0 から r_2 に上昇する。政府支出の拡大はクラウディング・アウトを伴い，利子率の上昇を通じて民間投資支出を減少させる。また，所得拡大が輸入を増加させることによって経常収支を悪化させる。Y_0 から Y_2 への所得拡大による経常収支の悪化と，r_0 から r_2 への利子率の上昇による金融収支の悪化（対内投資の増加）が同規模で発生することで，国際収支の均衡が保たれる。初期均衡の E_0 点と最終均衡の E_2 点では，それぞれ国際収支（経常収支と外貨準備を除く金融収支の差額）は均衡しているから，フローの外貨準備はゼロである。しかし，E_0 点から E_2 点への変化の過程ではストックである外貨資産の保有高は増加する。

(2)　資本移動性が低いケース

図 8–2 (b) は，資本移動の利子感応度が小さく，BP 曲線が LM 曲線より急な形状で示されるケースである。政府支出の増加は IS 曲線を右方にシフトさせる。図 8–2 (b) では IS_0 が IS_1 にシフトし，経済は E_0 点から E_1 点に変化する。E_1 点では生産物市場と貨幣市場がともに均衡している。しかし，E_1 点は BP 曲線より下に位置するから，国際収支は赤字である。E_1 点では，所得の増加によって輸入が誘発され，経常収支は悪化する。他方，E_1 点は E_0 点より右上にあるから，利子率は上昇し，対内投資の拡大を通じて金融収支は悪化する。ただし，資本移動の利子感応度は小さく，利子率の上昇に対して資本移動は大きく反応しない。したがって，経常収支の悪化幅が金融収支の悪化幅を上回り，両者の差額である国際収支は赤字になる。

国際収支が赤字の場合，国際取引において支払が受取より大きくなり，外国為替市場では外国通貨の超過需要と自国通貨の超過供給が生じる。国際収支の赤字が継続すると，為替レートには切り下げ（上昇）の圧力がかかる。それゆえ，為替レートを一定の水準に維持するには，中央銀行が為替介入を行わなければならない。この場合，中央銀行が外国通貨を売り，自国通貨を買うという介入を行う。つまり，中央銀行は保有する外貨資産を取り崩し，貨幣供給を減少させる。国際収支が赤字であるかぎり，中央銀行による外国通貨売りと自国通貨買いの介入が行われる。この政策は金融引き締めに等しく，LM 曲線を左方にシフトさせる。図 8–2 (b) では，LM_0 が LM_2 にシフ

トして経済は E_1 点から E_2 点に転じる。この過程では，利子率がさらに上昇し，民間投資を抑制することになる。E_1 点における国際収支赤字は，所得増加の抑制による経常収支の悪化の一部減殺と利子率の上昇による金融収支のさらなる悪化によって是正される。

最終的に，経済は E_0 点から E_2 点に移行する。GDP は Y_0 から Y_2 に増加し，利子率は r_0 から r_2 に上昇する。初期均衡と比較すれば，最終均衡点 E_2 では，所得の増加に伴う輸入の増加によって経常収支は悪化する。また，利子率の上昇を通じて金融収支も悪化する。なお，中央銀行による介入の結果，外貨資産保有高は減少する。

資本移動の利子感応度の大きさによって所得拡大効果が異なることがわかる。資本移動の利子感応度が大きいほど，政府支出の拡大は国際収支の調整過程において金融緩和を伴う。これは，利子率の上昇を抑制し，所得拡大効果を大きくする。反対に，資本移動の利子感応度が小さいほど，政府支出の拡大は金融引き締めを伴う。これは利子率の上昇が民間投資を減退させるために所得拡大を抑制する。

(3) 数式による政府支出拡大効果の確認

前節で導いた所得 Y，利子率 r，貨幣供給 M，経常収支 NX の決定式から，政府支出の増加（$\Delta G>0$）が，これらの変数にどのような影響をおよぼすかを知ることができる。

まず，政府支出の増加による所得拡大効果を求めれば，

$$\Delta Y=\frac{1}{1-c+m+b\dfrac{m}{f}}\Delta G$$

を得る。この式の分数部分が**財政政策（政府支出）乗数**である。生産物市場のみをみれば，政府支出乗数は $1/(1-c+m)$ である。しかし，国際収支の均衡を考慮すれば，分母に第 4 項が加わる。これは，利子率の上昇に伴う民間投資支出の減少分（BP 曲線の傾き m/f と投資の利子感応度 b を掛けた値）にあたり，**クラウディング・アウト**（crowding out）を意味する。政府支出の増加は BP 曲線に沿って利子率を高め，投資需要に影響を与える。また，資本移動の利子感応度 f が大きいほど第 4 項は小さくなり，財政政策乗

数は大きくなることがわかる。

つぎに，利子率への影響は，

$$\Delta r=\frac{\frac{m}{f}}{1-c+m+b\frac{m}{f}}\Delta G$$

によって示される。政府支出の増加によって利子率は上昇するが，資本移動の利子感応度が大きいほど利子率の上昇幅は抑制され，クラウディング・アウトの程度は小さくなる。

貨幣供給への波及は，

$$\Delta M=\frac{k-h\frac{m}{f}}{1-c+m+b\frac{m}{f}}\Delta G$$

であり，貨幣供給の増減は確定できない。そこで分母と分子を h で割れば，分子は $(k/h)-(m/f)$ になるから，資本移動の利子感応度が大きく，BP 曲線の傾き m/f が LM 曲線の傾き k/h より小さければ，国際収支の黒字を通じて貨幣供給は増加する。資本移動性が高いほどクラウディング・アウトの程度は小さくなるが，これは貨幣供給の増加が利子率の上昇を抑制するからである。反対に，資本移動の利子感応度が小さく，BP 曲線が LM 曲線より急な形状で描かれれば，国際収支の赤字を通じて貨幣供給は減少する。

経常収支の変化はつぎの式で示され，経常収支は悪化する。

$$\Delta NX=-\frac{m}{1-c+m+b\frac{m}{f}}\Delta G$$

2-2　金融政策

裁量的な金融政策（外生的な貨幣供給の増加）の効果は図 8-3 に示される。金融政策の効果は，資本移動の利子感応度の高低にかかわらず同じになる。図 8-3 では，資本移動の利子感応度が大きく，BP 曲線が LM 曲線より緩やかに描かれるケースを取り上げる。

ここでは，**公開市場操作**（買いオペ）によって貨幣供給が増加する場合を考えてみる。この政策は LM 曲線を右方にシフトさせる効果をもち，図 8-3 では LM_0 が LM_1 へとシフトする。経済は E_0 点から E_1 点へと移行し，E_1 点では，生産物市場と貨幣市場はともに均衡している。利子率の低下によって投資需要が喚起され，所得の増加が生じる。E_1 点は BP 曲線の下に位置しているから，国際収支は赤字の状態にある。経常収支は，所得の拡大に伴う輸入の増加によって悪化する。また，利子率が低下するために対外投資の拡大が生じ，金融収支は改善する。経常収支の悪化と金融収支の改善の組み合わせは国際収支が赤字になることを意味する。

国際収支が赤字の場合，外国為替市場では，外国通貨の超過需要と自国通貨の超過供給が発生し，為替レートには上昇の圧力が加わる。固定為替レート制のもとでは，為替レートを一定水準に釘づけすることが義務づけられ，為替レートの上昇圧力を回避するために，中央銀行には外国通貨を売却して自国通貨を購入することが要請される。これは金融引き締めの効果をもち，国際収支の赤字が解消されるまで貨幣供給は減少する。結果として LM 曲線は左方にシフトし，LM_1 は当初の LM_0 へと押し戻される。買いオペによる貨幣供給の増発が，国際収支赤字に伴う貨幣供給の減少によって完全に相殺されるわけである。結局，中央銀行の資産保有の形態が変化し，債券の保

図 8-3　貨幣供給の増加

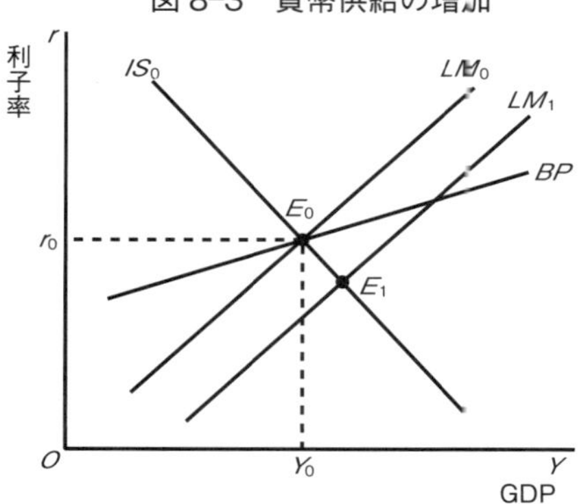

有高が増加して，それと同じ規模で外貨資産の保有高が減少することになる。

裁量的な金融政策が発動されたとしても，最終均衡は初期均衡と同じ E_0 点であり，所得は Y_0，利子率も r_0 で変わらない。金融政策は景気調整に無力となり，「自律性」を喪失する。固定為替レート制下では，為替レートの維持が金融政策の役割になるわけである。国際収支の動向によって貨幣供給の増減が決まり，貨幣供給は内生化される。それゆえ，前節で導出したGDP決定式には貨幣供給 M が含まれていない。たとえ外生的に貨幣供給の増加（$\Delta M > 0$）が生じたとしても，それは国際収支の赤字に起因する貨幣供給の減少（$\Delta M < 0$）によって完全に相殺される。外生的な貨幣供給の増加に伴う所得拡大効果は $\Delta Y / \Delta M = 0$ であり，**金融政策乗数**はゼロになる。また，利子率の変化も $\Delta r / \Delta M = 0$ になる。その他，経常収支 NX も一定に維持される。

資本移動性が低く，BP 曲線が LM 曲線より急な形状で描かれる場合も同様の結果を得る。これは読者自身で確認してほしい。

Column　期待インフレ率の上昇

期待インフレ率 π^e をゼロとして扱ってきたが，ここでは，それが上昇する場合を考える。期待インフレ率が上昇すると，名目利子率 $r + \pi^e$ が上昇し，貨幣の投機的需要が減少する。貨幣供給と所得が一定であれば，実質利子率 r が低下して貨幣の投機的需要が回復することで貨幣市場は均衡する。この動きは LM 曲線を右方にシフトさせる効果をもつ。

図8–3に示される外生的な貨幣供給の増加と同様，LM 曲線の右方へのシフトによって国際収支は赤字になる（図8–3の縦軸は実質利子率になる）。ここから，為替レートを一定に維持するために，国際収支が均衡を回復するまで貨幣供給が減少する。期待インフレ率の上昇は所得に影響をおよぼさず，裁量的な金融政策の効果と同じになる。期待インフレ率の上昇に伴って名目利子率は上昇し，貨幣需要は減少するが，これは貨幣供給の減少によって相殺される。実質利子率は不変となり，期待インフレ率の上昇分だけ名目利子率が上昇する。期待インフレ率の変化は貨幣市場の内部で調整される。

2-3　為替レートの変更

固定為替レート制では，為替レートは一定の水準に釘づけされるが，ここでは政策の変更によって為替レートを切り下げるケースを取り上げる。慢性的に国際収支赤字が続く場合，為替レートの切り下げが行われる。

為替レートの切り下げ（eの上昇）によって，自国通貨の価値は相対的に下落する。自国財の外国通貨表示の価格は下落し，外国財の自国通貨表示の価格は上昇する。このため，自国の輸出は押し上げられ，輸入は抑制される。為替レートの切り下げは経常収支を改善する効果を発揮する。

為替レートの切り下げは，経常収支の改善を通じてIS曲線を右方にシフトさせる。図8-4ではIS_0がIS_1へと移行する。同時にBP曲線もBP_0からBP_1に移る。このとき，BP曲線の右方へのシフト幅はIS曲線の右方へのシフト幅より大きくなる。IS曲線の右方へのシフト幅は，利子率rを一定とすれば，(1)式の生産物市場の均衡条件からつぎの式で示される。

$$\Delta Y=\frac{x+z}{1-c+m}\Delta e$$

また，BP曲線の右方へのシフト幅は，利子率rを一定とすれば，国際収支を表す(3)式からつぎの式で与えられる。

$$\Delta Y=\frac{x+z}{m}\Delta e$$

IS曲線のシフトは，為替レートの上昇が経常収支の改善を通じて所得を拡大させるからである。他方，BP曲線のシフトは，一定の利子率のもとで金融収支は不変であるから，経常収支の改善を完全に打ち消すために，所得のさらなる増加によって輸入の誘発が必要であることを意味する。これがIS曲線とBP曲線のシフト幅の違いとなる。

さて，IS曲線とLM曲線の交点はE_0点からE_1点に変化するが，E_1点は新たな国際収支均衡曲線BP_1より上に位置し，国際収支は黒字の状態にある。E_1点では，為替レートの上昇によって経常収支は改善している。また，国内利子率は上昇し，対内投資の増加を通じて金融収支は悪化する。ここから，国際収支（経常収支－金融収支）は黒字になる。E_1点では，生産物市場と貨幣市場は均衡しているが，国際収支が不均衡の状態にあるために，経済の

図 8-4　為替レートの切り下げ

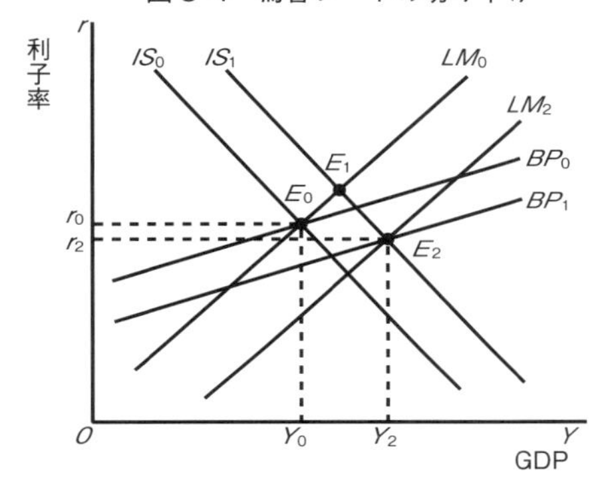

調整が続くことになる。

国際収支が黒字の場合，外国為替市場では外国通貨の超過供給と自国通貨の超過需要がみられる。このため，新たな為替レートの水準を維持するために中央銀行が市場に介入し，外国通貨を購入して自国通貨を売却することが要請される。すなわち，中央銀行の外貨資産は増加し，貨幣供給も増加する。国際収支の黒字が解消されるまで中央銀行の介入は継続される。このような金融緩和措置は LM 曲線を右方にシフトさせる。図 8-4 において LM 曲線が LM_0 から LM_2 にシフトすると，国際収支の黒字は解消され，生産物市場，貨幣市場，国際収支が均衡する E_2 点に到達する。E_1 点で発生した国際収支の黒字は，所得拡大に伴う輸入の増加（経常収支の改善幅の抑制）と利子率の低下に伴う対外投資の拡大（金融収支の改善）によって解消される。

為替レートの切り下げの結果，経済は E_0 点から E_2 点に移り，GDP は Y_0 から Y_2 に増加し，利子率は r_0 から r_2 に低下する。為替レートの切り下げによって経常収支は改善し，利子率の低下を通じて金融収支も改善する。この結果，E_2 点では，初期均衡 E_0 点と比較して，経常収支と金融収支はともに同じ規模で改善している。また，外貨資産の保有高は初期に比べて増加する。

為替レートの切り下げは国内の景気を押し上げる効果を発揮するが，反対に，慢性的に国際収支の黒字が続く経済では為替レートの切り上げ圧力がかかり，これは国内経済にとって所得縮小の要因になる。

為替レートの切り下げ（$\Delta e > 0$）に伴う所得への影響は，

$$\Delta Y=\frac{(b+f)(x+z)}{f(1-c+m)+bm}\Delta e$$

として示される。為替レートの切り下げは，経常収支の改善と利子率の低下による投資支出の増加を通じて所得を押し上げることがわかる。

利子率への影響は，

$$\Delta r=-\frac{(1-c)(x+z)}{f(1-c+m)+bm}\Delta e$$

であり，為替レートの切り下げによって利子率は低下する。

貨幣供給への効果は，

$$\Delta M=\frac{\{h(1-c)+k(b+f)\}(x+z)}{f(1-c+m)+bm}\Delta e$$

として求められ，国際収支の黒字に伴い，貨幣供給は増加する。

さらに，為替レートの上昇によって経常収支は改善することが示される。

$$\Delta NX=\frac{f(1-c)(x+z)}{f(1-c+m)+bm}\Delta e$$

2-4　外国経済の変化

ここでは，外国経済の変化が自国経済にどのように波及するかを考える。外国所得が増加するケースと外国利子率が低下するケースを取り上げる。

(1) 外国所得の変化

外国所得の増加による自国経済への波及効果は，前掲の図8-4を用いて説明することができる。外国所得の増加は自国の輸出拡大を生じさせる。自国では，輸出の増加に伴う経常収支の改善を通じて*IS*曲線が右方にシフトする。また，外国所得の増加は*BP*曲線の右方へのシフトを引き起こす。為替レートの切り下げのケースと同様，*IS*曲線の右方へのシフト幅より*BP*曲線の右方へのシフト幅のほうが大きくなる[2)]。外国所得の増加に伴う調整

---

2)　$\Delta r=0$として(1)式の生産物市場の均衡条件から*IS*曲線のシフト幅を求めると，

$$\Delta Y=\frac{m^*}{1-c+m}\Delta Y^*$$

であり，$\Delta r=0$として国際収支を表す(3)式から*BP*曲線のシフト幅を求めれば，

のメカニズムは，為替レートの切り下げのケースと同じであり，繰り返しになるので図の説明は省略する。図 8-4 にもとづき結果だけをまとめれば，外国所得の増加によって自国所得の増加，利子率の低下，貨幣供給の増加が生じることになる。固定為替レート制下では，外国経済の変動は自国経済に伝播し，外国の景気拡大は自国の景気拡大に，反対に，外国の景気後退は自国の景気後退につながる。

以下では外国所得の増加（$\Delta Y^* > 0$）の効果を求めてみる。自国の所得 Y への影響は，

$$\Delta Y = \frac{m^*(b+f)}{f(1-c+m)+bm} \Delta Y^*$$

として導かれる。外国所得の増加は，経常収支の改善と利子率の低下による投資需要の増加を通じて所得拡大をもたらす。

つぎに，利子率 r の変化は，

$$\Delta r = -\frac{m^*(1-c)}{f(1-c+m)+bm} \Delta Y^*$$

であり，自国利子率は低下する。

貨幣供給 M の変化は，

$$\Delta M = \frac{m^*\{h(1-c)+k(b+f)\}}{f(1-c+m)+bm} \Delta Y^*$$

であり，国際収支黒字を解消するために貨幣供給の増加が生じることがわかる。

経常収支 NX の動きは，

$$\Delta NX = \frac{fm^*(1-c)}{f(1-c+m)+bm} \Delta Y^*$$

であり，自国の経常収支は改善する。

(2) 外国利子率の変化

外国利子率 r^* が低下するケースを考える。これは，外国が金融緩和を行っ

$$\Delta Y = \frac{m^*}{m} \Delta Y^*$$

になる。ここから後者のシフト幅が前者のシフト幅を上回ることがわかる。

た場合を想定することになる。外国利子率の低下は自国利子率が相対的に上昇することを意味し，対内投資の拡大を引き起こす。所得を一定としたとき，金融収支の悪化を打ち消し，国際収支を均衡させるためには，自国利子率が低下して対外投資の増加が生じなければならない。このため，図8-5において，BP 曲線は BP_0 から BP_1 へとシフトする。経済は初期均衡の E_0 点のままであるから，金融収支の悪化に伴い，国際収支は黒字になる。

外国為替市場をみれば，外国通貨の超過供給と自国通貨の超過需要が発生する。中央銀行は，為替レートを一定に保つために市場介入を行い，超過供給の外国通貨を購入し，超過需要の自国通貨を売却する。すなわち，外貨資産を積み上げ，貨幣供給を増加させる。このような介入は国際収支の黒字が解消されるまで続き，貨幣供給の増加によって LM 曲線が右方にシフトをはじめる。図8-5では，LM 曲線が LM_0 から LM_2 にシフトすると，国際収支の黒字が解消され，生産物市場，貨幣市場，国際収支が同時に均衡する。E_0 点で発生した国際収支の黒字は，所得の増加に伴う輸入の増加が経常収支を悪化させることと，利子率の低下が対外投資の拡大を通じて金融収支の悪化を一部減殺することで解消される。

外国利子率の低下によって，均衡点は E_0 から E_2 に移り，GDP は Y_0 から Y_2 に増加する。また，利子率は r_0 から r_2 に低下する。外国利子率の低下は，国内では金融緩和を伴い，景気拡大の波及効果を生じさせるわけである。初

図8-5　外国利子率の低下

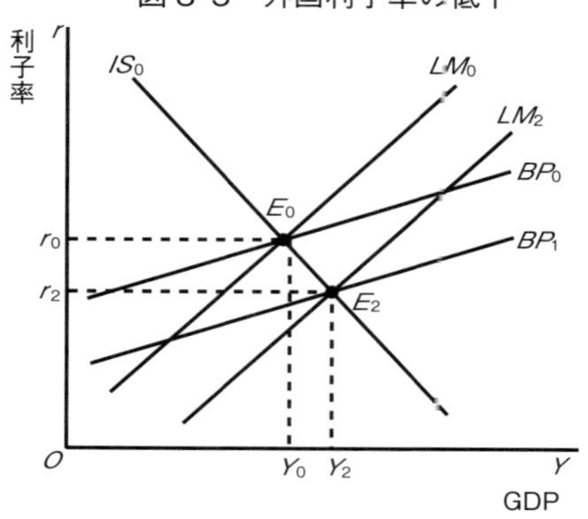

期均衡と比べると，E_2点では経常収支の悪化およびそれと同規模の金融収支の悪化が生じる。自国利子率と外国利子率はともに低下するが，前者の低下幅は後者の低下幅より小さく，自国利子率は相対的に上昇する。このため，全体として自国への対内投資が増加して金融収支は悪化する。また，外貨資産保有高は増加する。

外国利子率の変化（$\Delta r^* < 0$）が自国の所得に与える影響は，

$$\Delta Y = -\frac{b}{1-c+m+b\dfrac{m}{f}}\Delta r^*$$

であり，外国利子率の低下は自国利子率の低下を通じて投資需要を刺激し，所得を拡大させる。

つぎに，利子率の変化は，

$$\Delta r = \frac{1-c+m}{1-c+m+b\dfrac{m}{f}}\Delta r^*$$

である。自国利子率は低下するが，外国利子率の低下幅より小さくなる。したがって，内外金利差から自国の金融収支は悪化する。

貨幣供給の変化は，

$$\Delta M = -\frac{h(1-c+m)+bk}{1-c+m+b\dfrac{m}{f}}\Delta r^*$$

であり，国際収支の黒字を調整するために貨幣供給は増加することがわかる。

さらに，経常収支の変化は，

$$\Delta NX = \frac{bm}{1-c+m+b\dfrac{m}{f}}\Delta r^*$$

であり，国内の景気拡大が輸入の増加を招くために経常収支は悪化する。

固定為替レート制下では，外国の所得と利子率の変化はともに自国経済に波及し，内外経済を隔離する機能が働かないとされる。

3 完全資本移動と財政・金融政策

ここでは，資本市場の統合が進んだ完全資本移動下における財政・金融政策を取り上げ，不完全資本移動のケースと比較して，どのような違いが生じるかを中心に検討を行う。

3-1 財政政策

完全資本移動の状況では，内外利子率の格差が生じると，瞬時かつ大規模に，言い換えれば無限大の率で資本移動が発生する。このケースでは，自国債券と外国債券が完全代替の関係にあり，同質であると仮定される。ここから，資本移動の利子感応度は$f=\infty$と定義される。完全資本移動下の国際収支均衡曲線BPは，

$$r = r^*$$

となる。つまり，所与の外国利子率r^*に応じて自国利子率rが決定され，BP曲線は$r = r^*$が成り立つところで水平線として描くことができる。

図8-6 (a) は政府支出の増加の効果を描いたものである。完全資本移動下の初期均衡はIS_0，LM_0，BPの交点E_0に求められ，均衡GDPはY_0，均衡利子率は$r = r^*$である。また，国際収支は均衡している。政府支出の拡大はIS曲線をIS_0からIS_1へと右方にシフトさせる。これにより経済はE_0点からE_1点に移行する。E_1点は，生産物市場と貨幣市場の均衡を示すところであるが，BP曲線より上に位置しているために国際収支は黒字の状態にある。E_1点では，所得の拡大が輸入を増加させるために経常収支は悪化している。他方，自国利子率が外国利子率より高くなり（$r > r^*$），瞬時に大規模な対内投資が発生する。このため，金融収支の悪化幅が経常収支の悪化幅を上回り，経常収支から金融収支を引いた国際収支は黒字になる。

国際収支黒字は，外国為替市場における外国通貨の超過供給と自国通貨の超過需要を意味するから，為替レートの切り上げ圧力を回避するために，中央銀行は外国通貨を買い上げ，自国通貨を売却しなければならない。中央銀行の市場介入すなわち外貨資産の積み上げと貨幣供給の増加は，国際収支が

図 8-6　完全資本移動

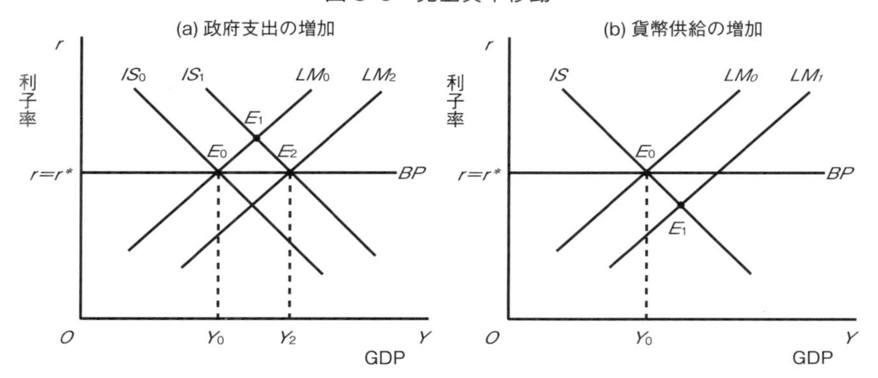

均衡を回復するまで続けられる。貨幣供給の増加によって LM 曲線が LM_0 から LM_2 にシフトし，経済が E_2 点に移ると，国際収支黒字が解消され，生産物市場，貨幣市場，国際収支の同時均衡が実現する。E_1 点における国際収支の黒字は，所得拡大に伴う経常収支のさらなる悪化と国内利子率の低下による金融収支の悪化幅の抑制によって解消される。

均衡は E_0 点から E_2 点に変化し，GDP は Y_0 から Y_2 に拡大する。利子率は一定（$\Delta r = 0$）であるから投資需要は影響を受けず，クラウディング・アウトは発生しない。ここから，財政政策の所得拡大効果が大きくなることがいえる。また，E_0 点から E_2 点への変化に伴い，外貨資産の保有高は増加する。

第 1 節で導いた完全資本移動下の変数の決定式にもとづき，財政政策（$\Delta G > 0$）の効果を確認する。まず，所得 Y への影響はつぎの式で表される。

$$\Delta Y = \frac{1}{1-c+m} \Delta G$$

この式の分数の部分が**財政政策（政府支出）乗数**であり，45 度線図から導出された乗数と同じになる。言い換えれば，生産物市場から所得が決定されることを意味する。また，不完全資本移動下の財政政策乗数より大きくなる。なぜならば，利子率が一定に維持され，クラウディング・アウトが発生しないからである。

貨幣供給 M の変化は

$$\Delta M=\frac{k}{1-c+m}\Delta G$$

であり，国際収支黒字が発生することに伴い，貨幣供給は増加する。

さらに，経常収支 NX の変化は，

$$\Delta NX=-\frac{m}{1-c+m}\Delta G$$

であり，経常収支は悪化することがわかる。

Column　貿易政策の効果

自国が輸入数量制限を発動し，経常収支の改善を図るとしよう。自国が外国からの輸入に制限を課すと，経常収支の改善が生じ，図 8-6 (a) と同様に，IS 曲線が右方にシフトして国際収支の黒字が発生する。このとき，国際収支黒字が解消されるまで貨幣供給の増加（外貨資産の積み増し）が継続される。

結果として，輸入数量制限は所得を押し上げる効果をもち，貿易政策は国内生産に影響を与えることができる。また，経常収支の改善（輸入の減少）が生じ，所期の目的を達成することができる。

3-2　金融政策

裁量的な金融政策の効果は図 8-6 (b) に描かれている。初期均衡は E_0 点である。中央銀行が買いオペを通じて外生的に貨幣供給を増加させたとしよう。外生的な貨幣供給の増加は LM 曲線を右方にシフトさせる。図 8-6 (b) では，LM_0 が LM_1 にシフトする。すると，経済は E_0 点から E_1 点に移る。E_1 点では生産物市場と貨幣市場は均衡している。しかし，E_1 点は BP 曲線より下に位置し，国際収支は赤字の状態に陥る。これは，所得拡大に伴う経常収支の悪化と利子率の低下に伴う金融収支の改善による。

国際収支が赤字の場合，外国通貨の超過需要と自国通貨の超過供給が発生する。為替レートを一定に維持するために，中央銀行は外国通貨を売り，自国通貨を買うという介入を行う。この結果，中央銀行の外貨資産は減少し，それに応じて貨幣供給も減少する。貨幣供給の減少を通じて LM 曲線は左方にシフトしはじめ，図 8-6 (b) では LM_1 が当初の LM_0 に押し戻されることで国際収支の赤字が解消される。結局，均衡点は E_0 のままであり，所得と利子率は不変である。不完全資本移動モデルと同様に，裁量的な金融政策は所得拡大効果をもちえない。E_1 点における国際収支の赤字は，所得の減少による輸入の減少（経常収支の改善）と利子率の反転上昇に伴う金融収支の悪化によって解消される。中央銀行では，債券の積み増しおよびそれと同規模の外貨資産の減少が生じる。**金融政策乗数**はゼロ（$\Delta Y / \Delta M = 0$）になり，利子率，貨幣供給，経常収支も一定に保たれる。

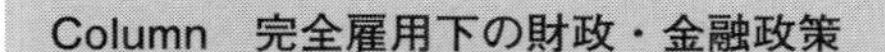

Column　完全雇用下の財政・金融政策

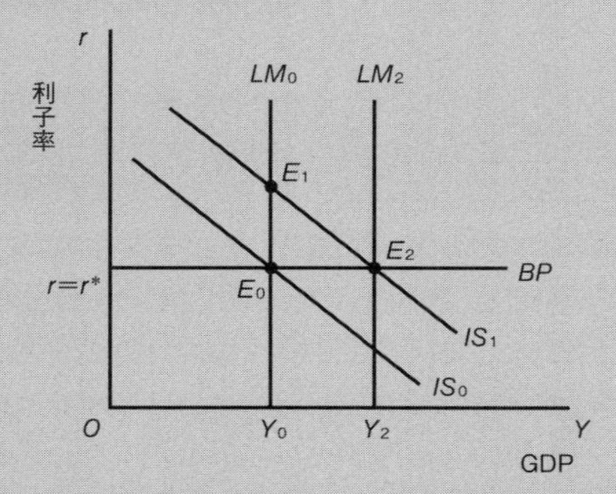

自国物価を P，外国物価を P^* とすれば，生産物市場の均衡条件は，

$$Y = C_0 + c(Y - T) + I_0 - br + G + m^* Y^* - mY + (x+z)e\frac{P^*}{P}$$

である。eP^* / P は**実質為替レート**とよばれ，自国財と外国財の相対価格にあたる。名目為替レート e の上昇（円安・ドル高），自国物価 P の下落，外国物価 P^* の上昇は，自国財の価格競争力を強める。これらは実質為替レートの上昇を通じて経常収支の改善を引き起こす。

完全資本移動（$f = \infty$）下の国際収支の均衡条件はつぎの式で与えられる。

$$r = r^*$$

古典派の**貨幣数量説**を前提とした貨幣市場の均衡条件はつぎの式で示される。

$M = kPY$

完全雇用下においても，裁量的な金融政策は景気を調整する役割を果たさない。そこで，財政政策の効果を検討する。図において，**完全雇用 GDP** は Y_0 である。政府支出が増加すると，IS_0 が IS_1 にシフトする。つぎに，国際収支黒字を通じて貨幣供給が増加し，LM_0 が LM_2 にシフトする。所得は Y_0 から Y_2 に拡大するが，Y_2 は完全雇用 GDP を上回る。このため物価が上昇し，生産物市場では，自国財の価格競争力の低下によって IS 曲線は左方にシフトする。同時に，貨幣市場では実質貨幣供給の減少を通じて LM 曲線も左方に移動する。結局，IS_1 は IS_0 に，LM_2 は LM_0 に押し戻される。

上の式でみれば，貨幣市場の均衡条件において，所得 Y は完全雇用 GDP の水準で一定であるから，名目貨幣供給 M の増加が物価 P の上昇によって打ち消されることがわかる。生産物市場の均衡条件では，自国所得 Y，租税収入 T，利子率 r，為替レート e，外国所得 Y^*，外国物価 P^* が一定であるから，政府支出 G の増加は物価 P の上昇に伴う経常収支の悪化によって相殺され，所得は完全雇用 GDP の水準に維持される。

4　資本移動の完全制限と財政・金融政策

ここでは，資本移動が完全に制限されている場合（$f = 0$）の財政政策と金融政策の効果を検討する。また，為替政策の変更によって為替レートを切り下げた場合を取り上げる。

4-1　財政政策

資本移動が発生しない場合，資本収支は $F = 0$，資本移動の利子感応度は $f = 0$ であるから，国際収支 BP の均衡は経常収支 NX の均衡と一致する。前章で導いた経常収支均衡曲線は，

$$Y = \frac{(x+z)e + m^* Y^*}{m}$$

であり，経常収支の均衡を実現する所得水準において垂直線として描かれる。為替レートの切り下げ，外国所得の増加に応じて NX 線は右方にシフトする。

なお，この式は第1節で導いた所得決定式と一致する。

図8–7 (a) は政府支出の増加の効果を表している。初期の均衡は IS_0, LM_0, NX の交点 E_0 に位置し，GDPは Y_0，利子率は r_0 である。当初，経常収支は均衡している。

政府支出の増加は IS 曲線を右方にシフトさせる効果をもち，図8–7 (a) では IS_0 が IS_1 にシフトする。経済は E_0 点から E_1 点に移行する。E_1 点では生産物市場と貨幣市場はともに均衡しているが，経常収支は不均衡状態にある。E_1 点は NX 線の右側に位置し，経常収支赤字が発生している。これは所得拡大が輸入を誘発するからである。

固定為替レート制では，経常収支赤字の状態を維持することができず，中央銀行は，超過需要の外国通貨を供給し，超過供給の自国通貨を需要する。経常収支の赤字が解消されるまで外貨資産の取り崩しと貨幣供給の減少が図られる。金融引き締めによって LM 曲線が左方にシフトし，図8–7 (a) では，LM_0 が LM_2 にシフトしたときに経常収支の赤字が解消される。経済は E_1 点から E_2 点に移り，所得は初期の水準に押し戻される。貨幣供給の減少に伴う利子率の上昇が投資需要を減退させ，政府支出の増加を完全に打ち消すことになる。すなわち，**完全なクラウディング・アウト**が発生する。E_0 点から E_1 点への過程で生じた輸入の増加（経常収支赤字）は，E_1 点から E_2 点に至る過程での所得の減少が輸入を減退させることで打ち消される。資本

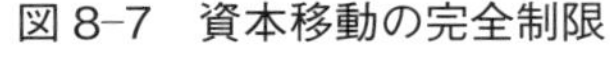
図8–7　資本移動の完全制限

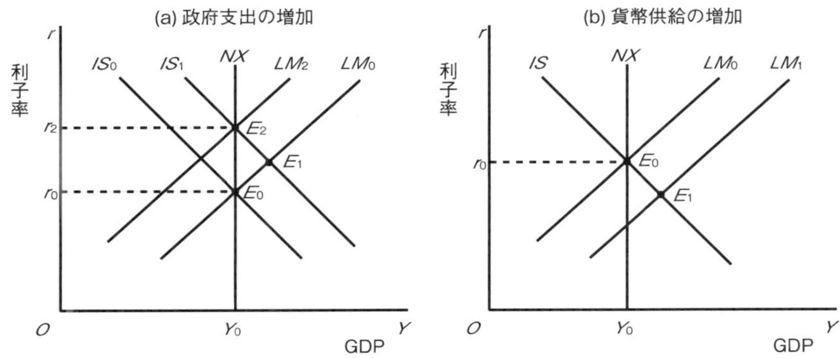

移動が完全に規制されている場合，財政政策は所得拡大効果をもたずに無力化する。

資本移動が発生しない場合，**財政政策（政府支出）乗数**はゼロ（$\Delta Y / \Delta G = 0$）になる。また，利子率と貨幣供給の変化はそれぞれ，

$$\Delta r = \frac{1}{b} \Delta G$$

$$\Delta M = -\frac{h}{b} \Delta G$$

である。貨幣供給の減少によって利子率が上昇し，投資需要を減退させて政府支出の増加を完全に打ち消してしまう。

政府支出が拡大した場合，資本移動の利子感応度fが大きいほど所得拡大効果は大きくなり，完全資本移動下（$f = \infty$）で最大の効果を発揮する。反対に，資本移動の利子感応度が小さいほど財政政策の所得拡大効果は小さくなり，資本移動がない場合（$f = 0$）には所得拡大は生じない。

4−2　金融政策

図 8−7（b）は裁量的な金融政策の効果を表す。買いオペによる貨幣供給の増加は，LM 曲線を右方にシフトさせ，図 8−7（b）において LM_0 は LM_1 にシフトする。経済は E_0 点から E_1 点に移動し，そこでは生産物市場と貨幣市場は均衡している。しかし，所得の拡大が輸入を誘発し，E_1 点では経常収支が赤字になる。為替レートには上昇の圧力がかかり，為替レートを固定するために，中央銀行は外貨資産を取り崩し，外国通貨を売却する。反対に，自国通貨を買い上げ，貨幣供給を縮小させる。貨幣供給の減少は LM 曲線を左方にシフトさせ，経常収支が均衡を取り戻すまで中央銀行の介入が継続する。結局，LM_1 は LM_0 に戻り，経済は初期均衡の E_0 点に落ち着く。所得，利子率，貨幣供給，経常収支は一定に維持され，裁量的な金融政策は何ら影響を与えない。中央銀行は外貨資産を取り崩し，債券の保有を積み増すから，中央銀行の資産保有の構成が変化するだけである。

固定為替レート制下では，資本移動の利子感応度fの大きさにかかわらず，金融政策は所得拡大に無力になる。

4-3　為替レートの変更

政府が為替政策を変更し，為替レートを切り下げるとしよう。為替レートの切り下げ（e の上昇）は，自国通貨の価値を相対的に下落させるから，自国財の外国通貨表示価格を引き下げ，外国財の自国通貨表示価格を上昇させる。ここから，自国では輸出の増加と輸入の減少が生じ，経常収支が改善する。図 8-8 において，為替レートの切り下げは IS_0 を IS_1 へとシフトさせる。同時に，経常収支均衡曲線 NX を右方にシフトさせる。為替レートが上昇したとき，経常収支を均衡させるためには，所得拡大によって輸入が増加することが必要だからである。また，図 8-4 における説明と同じ理由で，NX 線の右方へのシフト幅は IS 曲線の右方へのシフト幅を上回る。図 8-8 において NX_0 は NX_1 にシフトする。IS 曲線の右方へのシフトにより，経済は E_0 点から E_1 点に移動するが，E_1 点は新たな経常収支均衡曲線 NX_1 の左側に位置し，経常収支黒字が発生している。

経常収支黒字のもとで，変更後の為替レートを一定に保つために，中央銀行は超過供給の外国通貨を買い上げ，外貨資産を積み上げる。反対に，超過需要の自国通貨を売却して貨幣供給の拡大を図る。このような金融緩和は LM 曲線を右方にシフトさせる。図 8-8 では，LM_0 が LM_2 にシフトしたところで経常収支黒字が解消される。LM 曲線の右方シフトによる所得拡大が輸入を増やす効果をもつからである。経済は E_0 点から E_2 点に移動し，

図 8-8　為替レートの切り下げ

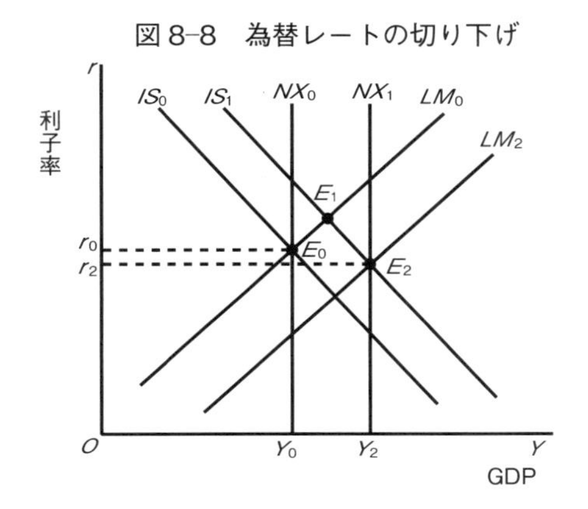

GDPは Y_0 から Y_2 に増加する。また，利子率は r_0 から r_2 に低下する。なお，外国所得が増加した場合にも，為替レートの切り下げと同じ結果が得られる。

為替レートの切り下げ（$\Delta e > 0$）の効果を求めてみる。所得への影響は，

$$\Delta Y = \frac{x+z}{m}\Delta e$$

であり，経常収支の改善を通じて所得拡大が生じる。

つぎの式から利子率は低下することが示される。

$$\Delta r = -\frac{(1-c)(x+z)}{bm}\Delta e$$

また，経常収支の改善に伴う外国為替市場の不均衡を解消するために，貨幣供給は増加することがわかる。

$$\Delta M = \frac{\{h(1-c)+bk\}(x+z)}{bm}\Delta e$$

5　内外均衡と財政・金融政策の割り当て

マンデルの**政策割当論**（policy assingment）にもとづき，国内均衡（完全雇用，物価の安定）と対外均衡（国際収支の均衡）という政策目標に対して，財政政策と金融政策をどのように発動すべきを考察する。

5-1　国内均衡曲線と対外均衡曲線

ティンバーゲン（J. Tinbergen）によれば，n 個の政策目標を達成するためには，少なくとも独立した n 個以上の政策手段が必要であるとされる。また，マンデルは，政策目標に対する政策手段の比較優位を求め，それにもとづいて割り当てを行うべきことを論じている。ここでの政策目標は**経済安定化**（economic stabilization）であり，より具体的にいえば**国内均衡**（internal balance）と**対外均衡**（external balance）の実現である。前者は完全雇用と物価の安定を，後者は為替レートを一定に維持するための国際収支の均衡を意味する。財政政策（政府支出の変更）と金融政策（利子率の調整）という2つの政策手段を用いて，所得と利子率に影響をおよぼしつつ，内外均衡を実現することに

なる。

まず，分析道具である「国内均衡曲線」と「対外均衡曲線」を導出する。図 8-9 では，縦軸に利子率 r，横軸に政府支出 G をはかる。以下では不完全資本移動モデルを前提とする。

国内均衡曲線は，完全雇用を実現する政府支出と利子率の組み合わせの軌跡である。また，**完全雇用 GDP** を維持する政府支出と利子率の組み合わせの軌跡ということもできる。生産物市場において，政府支出が増加すれば所得拡大が生じる。このとき，完全雇用 GDP を維持しようとするならば，金融政策（あるいは金利政策）を通じて利子率を上昇させ，投資需要の減退によって政府支出の増加を打ち消すことが必要となる。つまり，利子率の上昇に伴う完全なクラウディング・アウトが発生することで所得が一定に維持される。図 8-9 において，このような関係は国内均衡曲線 *IB* として描かれる。*IB* 曲線の右側の領域は，完全雇用 GDP を実現する政府支出と利子率の組み合わせと比較して，政府支出が大きいかまたは利子率が低いために景気の過熱が発生している。反対に，その左側の領域では景気の後退が生じている。

外生変数である為替レートの切り下げ，外国所得の増加が生じると，*IB* 曲線は上方にシフトする。一定の政府支出のもとで為替レートが切り下げられると，経常収支の改善を通じて所得が増加する。このため，完全雇用 GDP を維持するには，経常収支の改善が利子率の上昇に伴う投資支出の減

図 8-9　国内均衡曲線と対外均衡曲線

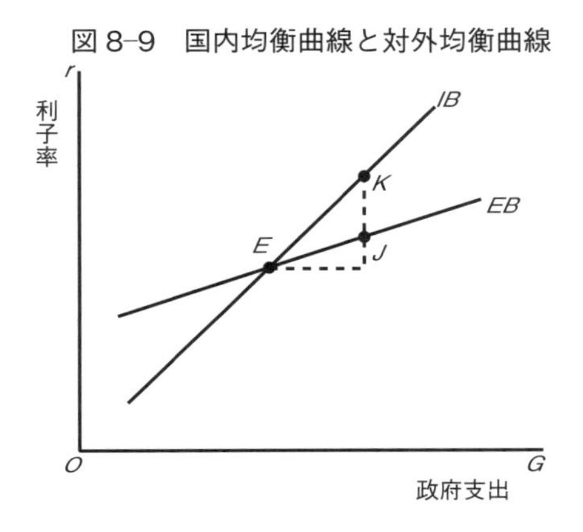

少によって完全に相殺されなければならない。

生産物市場の均衡条件(1)式から国内均衡曲線を導出する。完全雇用GDPを$\overline{Y}$とすれば（完全雇用GDPの大きさは供給サイドから決定される），

$$r=\frac{1}{b}G+\frac{C_0-cT+I_0+(x+z)e+m^*Y^*-(1-c+m)\overline{Y}}{b}$$

を得る。国内均衡曲線IBの傾きは$1/b$であり，政府支出の増加が利子率の上昇に伴う投資支出の減少によって相殺されることを意味する。また，右辺の第2項は縦軸切片にあたり，為替レートの切り下げや外国所得の増加は切片を上方に変化させることがわかる。

対外均衡曲線は，一定の為替レートのもとで国際収支の均衡（$BP=0$）を維持する政府支出と利子率の組み合わせの軌跡である。政府支出の増加は，所得拡大を通じて輸入を誘発し，経常収支を悪化させる。国際収支が均衡を維持するには，金利政策を通じて利子率が上昇し，対内投資の増加によって金融収支が悪化することが必要になる。このとき，利子率の上昇は投資支出を減退させ，所得の減少を通じて経常収支の悪化の一部を打ち消す効果もあわせもつ。図8-9では，このような関係は右上がりの対外均衡曲線EBとして描かれる。EB曲線の右側の領域では，国際収支を均衡させる政府支出と利子率の組み合わせと比べて，政府支出が大きいかあるいは利子率が低いために国際収支は赤字になる。その左側では，国際収支は黒字の状態にある。

外生変数である為替レートの切り下げと外国所得の増加は，経常収支の改善をもたらすから，国際収支の均衡が維持されるためには利子率が低下して金融収支が改善することが求められる。また，外国利子率が上昇した場合，金融収支は改善するから，自国利子率も上昇して金融収支の悪化が生じなければならない。この結果，内外利子率の格差は一定に維持され，金融収支は不変となる。為替レートの切り下げ，外国所得の増加はEB曲線を下方にシフトさせ，外国利子率の上昇はEB曲線を上方にシフトさせる。

第1節の生産物市場の均衡条件(1)式からYを求め，それを(3)式に代入して$BP=0$とすれば，対外均衡曲線EBは，

$$r=\frac{m}{f(1-c+m)+bm}G+\frac{1}{f(1-c+m)+bm}\Big[m(C_0-cT+I_0)$$
$$-(1-c)\{(x+z)e+m^*Y^*\}+f(1-c+m)r^*\Big]$$

になる。対外均衡曲線の傾きは m ／［f（$1-c+m$）$+bm$］に等しい。右辺の第2項は縦軸切片の値である。為替レートの切り下げ，外国所得の増加は EB 曲線を下方にシフトさせる。また，外国利子率の上昇は EB 曲線の上方へのシフトを引き起こす。

国内均衡曲線 IB と対外均衡曲線 EB はともに右上がりになるが，両者の傾きは，

$$\frac{1}{b}>\frac{m}{f(1-c+m)+bm}$$

であるから，IB 曲線のほうが EB 曲線よりも急な形状で描かれる。図8−9において，E 点から出発して政府支出を拡大させてみる。対外均衡を維持するために，利子率は J 点まで上昇することが必要である。政府支出の増加は，所得の拡大を通じて輸入を誘発し，経常収支を悪化させる。他方，利子率の上昇によって金融収支は悪化する。経常収支の悪化と同規模の金融収支の悪化が生じて国際収支は均衡する。国内均衡を維持するためには，利子率がさらに上昇して民間投資の減退が生じなければならない。すなわち，K 点まで利子率が上昇することが必要となる。K 点では利子率の上昇によって完全なクラウディング・アウトが発生し，政府支出の増加は民間投資支出の減少によって完全に打ち消される。また，E 点と K 点は，同じ完全雇用GDPのもとにあるから経常収支も同じ水準にある[3)]。つまり，国内均衡を維持するとき，J 点から K 点に利子率が上昇し，所得の減少を通じて J 点における経常収支の悪化が打ち消されていなければならない。このような理由から，国内均衡曲線 IB と対外均衡曲線 EB の傾きの違いを説明することができる。

3）経常収支は

$$NX=(x+z)e+m^*Y^*-mY$$

と表され，為替レート e と外国所得 Y^* は所与であるから，所得 Y が完全雇用GDPに維持されれば経常収支も一定となる。

図 8–9 では，国内均衡曲線 IB と対外均衡曲線 EB の交点 E において，国内均衡と対外均衡が同時に実現する。

5–2　財政・金融政策の割り当て

さて，このような国内均衡曲線 IB と対外均衡曲線 EB のもとで，財政・金融政策を用いて内外均衡を実現する方法を考える。図 8–10 において経済が A 点の状況にあるとする。A 点は国内均衡曲線 IB の左側に位置し，景気の後退と失業が生じている。また，対外均衡曲線 EB の右側にあるから，国際収支は赤字である。

このとき，財政政策（政府支出の変更）を国内均衡に割り当て，金融政策（利子率の調整）を対外均衡に割り当てることで内外均衡が実現する。まず，政府支出の増加を図り，経済を A 点から B 点に移動させる。政府支出の拡大によって国内需要が創出され，完全雇用 GDP に到達する。しかし，B 点では経常収支の悪化が生じ，国際収支の赤字が拡大し，対外均衡から遠ざかる。そこで，つぎに金利の調整を図り，B 点から C 点へと利子率の引き上げを行う。これは，対内投資の拡大を通じて金融収支を悪化させるから，国際収支は均衡を回復する。C 点では，対外均衡が実現するが，利子率の引き上げによって投資需要が減少し，国内均衡から遠ざかる。したがって，C 点から D 点をめざして政府支出の拡大を図る。このように，政府支出の増加と金利の調整（利子率の引き上げ）を繰り返すことによって，A 点→ B 点→ C 点→ D 点へと調整が進み，やがて経済は内外均衡を実現する E 点に収束していく。これが政策割当の概要である。

ところで，金融政策を国内均衡に割り当て，財政政策を対外均衡に割り当てると，経済は内外均衡には収束しないことがわかる。A 点から出発し，国内均衡を実現するために利子率を引き下げたとしよう。これは投資需要を喚起して国内需要を創出し，b 点において完全雇用 GDP に到達する。しかし，b 点では対外均衡から遠ざかってしまう。国内需要の拡大による経常収支の悪化と利子率の低下による金融収支の改善が生じ，国際収支の赤字が拡大するからである。そこで，つぎに，国際収支の均衡を実現するために，c 点をめざして政府支出の削減を図る。これは国内需要を減退させることで輸入を

図 8-10　内外均衡と財政・金融政策

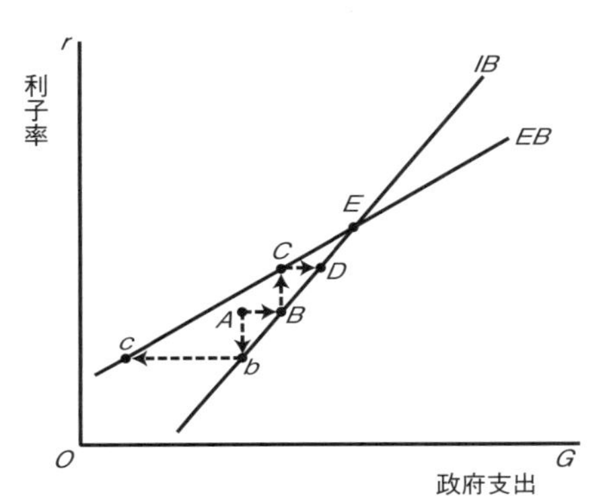

抑制し，経常収支の改善を通じて国際収支を均衡させる。このように，金融政策を国内均衡に割り当て，政府支出を対外均衡に割り当てると，利子率の引き下げと政府支出の削減が繰り返され，経済は A 点→ b 点→ c 点へと進み，内外均衡を実現する E 点に収束することはない。誤った政策の割り当ては経済の不安定化を招く結果となる。

図 8−10 における調整では，為替レートを固定させた場合の政策割り当てを考察したが，為替レートの変更によって経済を内外均衡に近づけることもできる。景気後退と慢性的な国際収支の赤字が続く場合，為替レートを切り下げることが有効な手段となる。為替レートの切り下げは国内均衡曲線 IB を上方にシフトさせ，対外均衡曲線 EB を下方にシフトさせる[4)]。為替レート切り下げに伴う IB 曲線の上方シフトと EB 曲線の下方シフトによって，内外均衡点 E そのものを A 点の近傍に移すことができるわけである。中央銀行が保有する外貨資産の状況によっては，為替レートの変更も適切な政策

4）政府支出を一定（$\Delta G = 0$）とすれば，国内均衡曲線 IB の上方へのシフトは，

$$\Delta r = \frac{x+z}{b}\Delta e$$

であり，対外均衡曲線 EB の下方へのシフトは，

$$\Delta r = -\frac{(1-c)(x+z)}{f(1-c+m)+bm}\Delta e$$

である。

手段になると考えられる。

以上から，経済安定化には，経済政策がおよぼす効果の比較優位にもとづいて，適切な割り当てを行うことが有効であるといえる。

第9章 変動為替レート制下のマクロ経済政策の効果と有効性

この章では，変動為替レート制下におけるマクロ経済政策の効果と有効性を考察する。まず，変動為替レート制下のマクロ経済モデルを概観し，均衡GDP，均衡利子率，為替レート，経常収支の決定を解説する。つぎに，不完全資本移動を前提として，財政政策（政府支出の増加），金融政策（貨幣供給の増加），外国経済の変化（外国所得の増加，外国利子率の低下）がどのような効果をおよぼすかを考える。あわせて，完全資本移動，資本移動が発生しないケースにおける財政・金融政策の効果を説明する。また，変動為替レート制のもとで経済安定化を実現にするために，財政政策と金融政策をどのように割り当てるべきかを検討する。最後に，2国モデルにもとづきマクロ経済政策の国際的波及効果を考察する。

現在，日本を含む主要国は変動為替レート制を採用している。この章の分析は，日本経済の状況，国際的な経済の連関性を考えるうえで役立つと考えられる。

1 変動為替レート制下のマクロ経済モデル

はじめに，変動為替レート制下のマクロ経済モデルを考える。前章と同様，物価と賃金の硬直性（自国の物価 P を1とする），不完全雇用，静学的な為替レートの予想（為替レートの予想変動率がゼロ）を仮定する。

基本モデルはつぎの(1)式～(3)式で与えられる。

(1) $Y = C_0 + c(Y - T) + I_0 - br + G + (x + z)e + m^* Y^* - mY$

(2) $M = kY - h(r + \pi^e)$

(3) $BP = (x + z)e + m^* Y^* - mY + f(r - r^*) = 0$

変動為替レート制下では，為替レートの調整によって国際収支の均衡が実現する。ここから，外国為替市場に対する中央銀行の介入は不要になり，理論上，外貨準備をゼロとして扱うことができる。経常収支と金融収支の差額である国際収支が黒字（外国通貨の超過供給と自国通貨の超過需要）であれば為替レートは低下し，国際収支が赤字（外国通貨の超過需要と自国通貨の超過供給）であれば為替レートは上昇する。(3)式は国際収支の均衡条件であり，内生変数である為替レートの変動を通じて $BP = 0$ が成立する。固定為替レート制下では，国際収支の黒字・赤字に応じて貨幣供給が増加・減少し，貨幣供給は内生変数として扱われたが，変動為替レート制では貨幣供給は国際収支と連動せず，独立した変数となる。したがって，(2)式の貨幣市場の均衡条件において，貨幣供給は外生変数として扱われる。なお，期待インフレ率 π^e は当面ゼロとする。また，(1)式は生産物市場の均衡条件である。

変動為替レート制のマクロ経済モデルでは，外生変数は独立消費 C_0，独立投資 I_0，政府支出 G，租税収入 T，貨幣供給 M，外国所得 Y^*，外国利子率 r^* であり，内生変数は所得 Y，利子率 r，為替レート e の3つである。

図9-1 (a) (b) は，*IS*-*LM*-*BP* 曲線を同一平面に表したものである。図9-1 (a) は，資本移動の利子感応度 f が大きく，*BP* 曲線を *LM* 曲線より緩やかに描いている。図9-1 (b) は，資本移動の利子感応度が小さく，*BP* 曲線を *LM* 曲線より急な形状で示している。いずれも初期均衡は *IS*-*LM*-*BP* 曲線の交点 E で与えられ，均衡 GDP は Y_0，均衡利子率は r_0 である。E 点では，経常収支と金融収支の差に等しい国際収支は均衡している。

国際収支の均衡条件(3)式から，経常収支の黒字（赤字）は金融収支の黒字（赤字）と一致し，それを生産物市場の均衡条件(1)式に代入すれば，

(4)　$Y = C_0 + c(Y - T) + I_0 - br + G - f(r - r^*)$

を得る。貨幣市場の均衡条件(2)式と国際収支の均衡を考慮した生産物市場の均衡条件(4)式から，均衡 GDP（Y）と均衡利子率 r が決まる。つぎに，(2)式と(4)式をみたす所得 Y と利子率 r を(3)式に代入すれば，為替レート e が決まることになる。

図9-1 (a) (b) における均衡 GDP と均衡利子率を数式によって表してみよう。(2)式から利子率 r を求めて(4)式に代入すれば，所得 Y は，

図 9–1　基本図

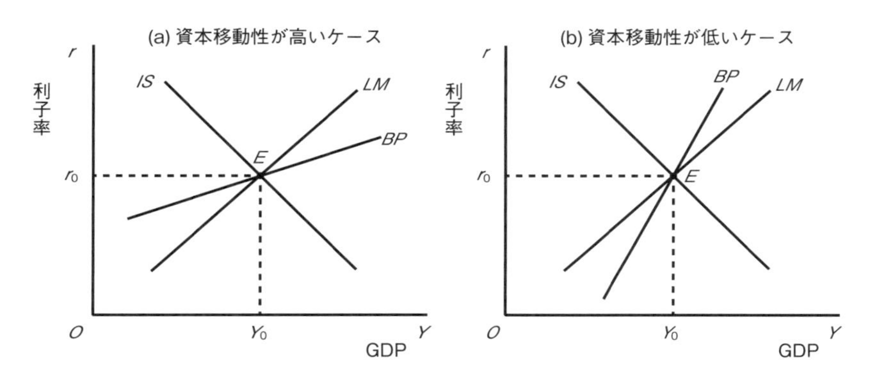

$$Y = \frac{1}{1 - c + (b+f)\dfrac{k}{h}}\left[C_0 - cT + I_0 + G + fr^* + \frac{b+f}{h}M\right]$$

である。これが図 9–1（a）（b）における均衡 GDP（Y_0）に等しい。

上記の式から，独立消費 C_0，独立投資 I_0，政府支出 G の増加，租税収入 T の減少，貨幣供給 M の増加，外国利子率 r^* の上昇が生じれば，GDP は大きくなることがわかる。財政政策（政府支出 G および租税収入 T）は所得に影響をおよぼし，金融政策（貨幣供給 M）も所得に影響を与えることができる。固定為替レート制下では，貨幣供給の増減は国際収支によって決まり，貨幣供給は内生化されていたが，変動為替レート制下では金融政策は「自律性」を回復し，景気調整に有効な手段となりうる。

つぎに，(2)式に上記の所得 Y を代入すれば利子率 r は，

$$r = \frac{1}{1 - c + (b+f)\dfrac{k}{h}}\left[\frac{k}{h}(C_0 - cT + I_0 + G + fr^*) - \frac{1-c}{h}M\right]$$

である。これは図 9–1（a）（b）における均衡利子率 r_0 にあたる。独立消費 C_0，独立投資 I_0，政府支出 G の増加，租税収入 T の減少，外国利子率 r^* の上昇が生じれば，利子率は上昇する。また，貨幣供給 M が増加すると，利子率は低下する。

さらに，所得 Y と利子率 r を(3)式に代入すれば，為替レート e は，

$$e=\frac{1}{(x+z)\left\{1-c+(b+f)\frac{k}{h}\right\}}\left[\left(m-f\frac{k}{h}\right)(C_0-cT+I_0+G)+\frac{f(1-c)+m(b+f)}{h}M+f\left(1-c+m+b\frac{k}{h}\right)r^*\right]-\frac{m^*}{x+z}Y^*$$

である。貨幣供給 M の増加，外国利子率 r^* の上昇は為替レートを上昇させる。また，外国所得 Y^* の増加は為替レートの低下を招く。しかし，独立消費 C_0，独立投資 I_0，政府支出 G，租税収入 T の変化が為替レートにおよぼす影響は不確定である。C_0，I_0，G，T にかかる係数 $m-f\frac{k}{h}$ は $f\left(\frac{m}{f}-\frac{k}{h}\right)$ となるから，LM 曲線の傾き $k／h$ が BP 曲線の傾き $m／f$ より大きければ（LM 曲線が BP 曲線より急な形状であれば），独立消費，独立投資，政府支出の増加，租税収入の減少によって為替レートは低下する。反対に，LM 曲線の傾きが BP 曲線の傾きより小さければ，独立消費，独立投資，政府支出の増加，租税収入の減少によって為替レートは上昇する。

所得 Y，利子率 r，為替レート e を(3)式の経常収支 NX に代入すれば，

$$NX=\frac{1}{1-c+(b+f)\frac{k}{h}}\left[-f\frac{k}{h}(C_0-cT+I_0+G)+\frac{f(1-c)}{h}M+f\left(1-c+b\frac{k}{h}\right)r^*\right]$$

になる。独立消費，独立投資，政府支出の増加，租税収入の減少は経常収支を悪化させ，貨幣供給の増加，外国利子率の上昇は経常収支の改善を招く。

不完全資本移動モデルの解に $f=\infty$ を代入することで，完全資本移動モデルにおける均衡を求めることができる。所得，利子率，為替レート，経常収支はつぎのとおりである。

$$Y=\frac{h}{k}r^*+\frac{M}{k}$$

$$r=r^*$$

$$e=\frac{1}{(x+z)k}\left[-k(C_0-cT+I_0+G)+(1-c+m)M\right.$$
$$\left.+\{h(1-c+m)+bk\}r^*\right]-\frac{m^*}{x+z}Y^*$$

$$NX=-(C_0-cT+I_0+G)+\frac{1-c}{k}M+\frac{h(1-c)+bk}{k}r^*$$

完全資本移動下では，自国利子率rと外国利子率r^*は一致する。GDPの増加要因は，外国利子率の上昇と貨幣供給の増加の2つである。ここから，財政政策は所得拡大に無力になることがいえる。独立消費，独立投資，政府支出の増加，租税収入の減少，外国所得の増加は為替レートの低下をもたらす。貨幣供給の増加と外国利子率の上昇は為替レートの上昇を引き起こす。さらに，独立消費，独立投資，政府支出の増加は同規模の経常収支の悪化を生じさせ，租税収入の減少はその規模に限界消費性向を掛けた分だけ経常収支を悪化させる。また，貨幣供給の増加と外国利子率の上昇は経常収支の改善要因となる。

国際間の資本移動が生じない場合，不完全資本移動モデルの解に$f=0$を代入すれば，所得，利子率，為替レート，経常収支はつぎのように示される。

$$Y=\frac{1}{1-c+b\dfrac{k}{h}}\left[C_0-cT+I_0+G+\frac{b}{h}M\right]$$

$$r=\frac{1}{1-c+b\dfrac{k}{h}}\left[\frac{k}{h}(C_0-cT+I_0+G)-\frac{1-c}{h}M\right]$$

$$e=\frac{m}{(x+z)\left(1-c+b\dfrac{k}{h}\right)}\left[C_0-cT+I_0+G+\frac{b}{h}M\right]-\frac{m^*}{x+z}Y^*$$

$$NX=0$$

資本移動が発生しない場合，財政･金融政策は所得調整に効果を発揮する。また，独立消費，独立投資，政府支出の増加，租税収入の減少は利子率を上昇させる。他方，貨幣供給の増加は利子率の低下を生じさせる。独立消費，独立投資，政府支出の増加，租税収入の減少，貨幣供給の増加は為替レートの上昇をもたらし，外国所得の増加は為替レートを低下させる。資本移動が完全に制限される場合，国際収支の均衡は経常収支の均衡と一致し，為替レートの変動を通じて経常収支の均衡が維持される。

2 不完全資本移動とマクロ経済政策

不完全資本移動モデルにおいて，財政政策（政府支出の増加），金融政策（貨幣供給の増加），外国経済の変化（外国所得の増加，外国利子率の低下）がいなかる効果をもつかを考える。

2-1 財政政策

有効需要の創出と失業の解消を目的として，**裁量的な財政政策**（政府支出の増加）が発動されるとする。財政政策の効果は資本移動の利子感応度の大きさに依存する。初期の均衡は IS_0，LM，BP_0 の交点 E_0 で与えられ，均衡GDPは Y_0，均衡利子率は r_0 であり，国際収支は均衡している。

(1) 資本移動性が高いケース

図9-2 (a) では，BP 曲線は LM 曲線より緩やかに描かれている。政府支出の拡大により IS 曲線は IS_0 から IS_1 にシフトし，経済は E_0 点から E_1 点に移行する。E_1 点は IS 曲線と LM 曲線の交点であるから，生産物市場と貨幣市場は均衡している。しかし，E_1 点での国際収支は黒字である。所得拡大に伴う輸入拡大によって経常収支は悪化し，利子率の上昇に伴う対内投資の増加によって金融収支も悪化する。資本移動の利子感応度が大きいために，金融収支の悪化幅が経常収支の悪化幅を超過し，経常収支と金融収支の差額はプラスになる。国際収支が黒字の場合，国際取引において受取が支払を上回り，外国通貨の超過供給と自国通貨の超過需要が生じている。

変動為替レート制下では，為替レートの変動を通じて国際収支の均衡が実現する。超過供給にある外国通貨の価値は相対的に下落し，超過需要にある自国通貨の価値は相対的に上昇する。すなわち，国際収支黒字が是正されるまで為替レートの低下が続く。為替レートの低下に伴う「Jカーブ効果」

図 9–2　政府支出の増加

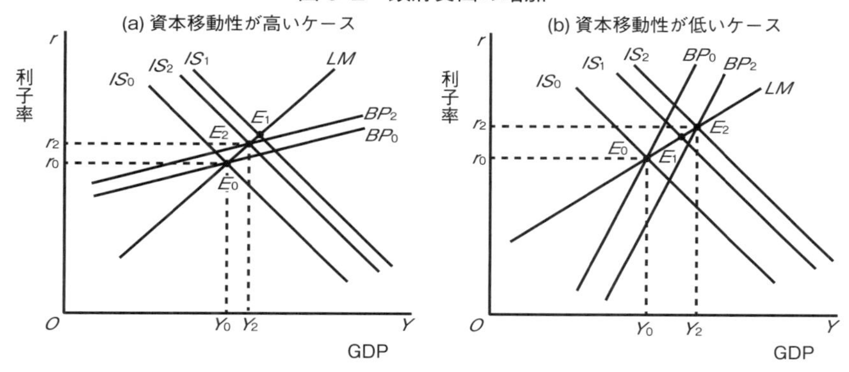

が発生しないとすれば，経常収支はさらに悪化する。図 9–2 (a) において，為替レートの低下は IS_1 を IS_2 に，BP_0 を BP_2 にシフトさせる。図 8–4 の説明を用いれば，為替レートの低下に伴う IS 曲線の左方へのシフト幅は BP 曲線の左方へのシフト幅より小さくなる（184 ページを参照）。IS 曲線と BP 曲線の左方へのシフトの結果として，経済は E_1 点から E_2 点に移り，生産物市場，貨幣市場，国際収支は均衡に到達する。E_1 点における国際収支の黒字は，為替レートの低下によって経常収支がさらに悪化すること，利子率が反転低下して金融収支の悪化が一部減殺されることで解消される。

政府支出の拡大によって均衡点は E_0 から E_2 に変化する。所得は Y_0 から Y_2 に増加し，利子率は r_0 から r_2 に上昇する。政府支出の増加は所得拡大に効力を発揮する。しかし，利子率の上昇に伴う投資需要の減退と，為替レートの低下に伴う経常収支の悪化によって所得拡大が抑制される。これは財政政策に伴うクラウディング・アウトにあたる。なお，最終均衡において経常収支と金融収支は同じ規模で悪化する。

(2)　資本移動性が低いケース

図 9–2 (b) は資本移動の利子感応度が小さいケースである。政府支出が増加すると，IS 曲線は IS_0 から IS_1 にシフトし，経済は E_0 点から E_1 点に変化する。E_1 点では生産物市場と貨幣市場は均衡しているが，国際収支は赤字の状態にある。所得の拡大によって輸入が誘発され，経常収支が悪化する

一方で，利子率の上昇を通じて対内投資が拡大し，金融収支は悪化する。しかし，資本移動の利子感応度が小さいために，経常収支の悪化幅が金融収支の悪化幅を上回り，経常収支から金融収支を引いた国際収支は赤字になる。国際収支の赤字は，外国通貨の超過需要と自国通貨の超過供給が生じることを意味する。それゆえ，超過需要の外国通貨の価値が相対的に上昇し，超過供給の自国通貨の価値が相対的に下落するから，為替レートの上昇が起きる。国際収支の赤字が是正されるまで為替レートの上昇が継続する。

為替レートの上昇によって，E_1 点における経常収支の悪化が抑制され，*IS* 曲線と *BP* 曲線はともに右方にシフトする。図 9-2（b）において，IS_1 は IS_2 に，BP_0 は BP_2 にシフトする。ただし，*IS* 曲線の右方へのシフト幅は *BP* 曲線の右方へのシフト幅より小さくなる。これらのシフトの結果，経済は E_1 点から E_2 点に移行し，生産物市場，貨幣市場，国際収支は同時に均衡する。E_1 点で発生した国際収支の赤字は，為替レートの上昇に伴う経常収支の改善（悪化幅の抑制）と利子率の上昇による金融収支のさらなる悪化によって解消される。

政府支出の増加によって，経済は E_0 点から E_2 点に移り，所得は Y_0 から Y_2 に増加し，利子率は r_0 から r_2 に上昇する。利子率の上昇によって投資需要は減退する。経常収支は悪化するものの，為替レートの上昇が生じて悪化幅が抑制されるために，資本移動の利子感応度が大きいケースよりも，所得拡大効果は大きくなる。

固定為替レート制下では資本移動性が高いほど財政政策の所得拡大効果は大きくなるが，変動為替レート制下では資本移動性が高いほど財政政策の所得拡大効果は小さくなる。

(3) 数式による政府支出拡大効果の確認

政府支出の増加（$\Delta G > 0$）が所得におよぼす効果は，

$$\Delta Y = \frac{1}{1 - c + (b + f)\dfrac{k}{h}} \Delta G$$

である。この式の分数部分が変動為替レート制下の**財政政策（政府支出）乗数**である。資本移動の利子感応度 f が大きいほど，財政政策の所得拡大効果は小さくなることがわかる。また，$(b+f)(k/h)$ は，利子率の上昇に伴う投資需要の減退と金融収支の悪化（為替レートの低下を通じた経常収支の悪化に等しい）を意味し，**クラウディング・アウト**にあたる。

つぎの式から，政府支出の拡大は利子率の上昇をもたらすことがわかる。

$$\Delta r = \frac{\frac{k}{h}}{1-c+(b+f)\frac{k}{h}} \Delta G$$

為替レートへの効果はつぎの式で表される。

$$\Delta e = \frac{m-f\frac{k}{h}}{(x+z)\left\{1-c+(b+f)\frac{k}{h}\right\}} \Delta G$$

資本移動の利子感応度が大きく，LM 曲線が BP 曲線より急な形状であれば為替レートは低下する。反対に，LM 曲線が BP 曲線より緩やかであれば為替レートは上昇する。

経常収支の変化は，

$$\Delta NX = -\frac{f\frac{k}{h}}{1-c+(b+f)\frac{k}{h}} \Delta G$$

であり，経常収支は悪化することが示される。また，資本移動の利子感応度が大きいほど，経常収支の悪化幅は大きくなる。

2-2　金融政策

つぎに，**裁量的な金融政策**（貨幣供給の増加）の効果を考える。図 9-3 は金融政策の効果を描いたものである。初期均衡は IS_0，LM_0，BP_0 の交点 E_0 で与えられ，均衡 GDP は Y_0，均衡利子率は r_0 であり，国際収支は均衡している。なお，資本移動の利子感応度が大きく，BP 曲線は LM 曲線より緩やかに描かれるものとする。

買いオペを通じて貨幣供給が増加すると，LM 曲線は LM_0 から LM_1 にシフトし，経済は E_0 点から E_1 点へと変化する。E_1 点では生産物市場と貨幣市場は均衡しているが，国際収支は赤字の状態にある。所得の拡大による輸入拡大を通じた経常収支の悪化と，利子率の低下による対外投資の増加を通じた金融収支の改善が生じるからである。国際収支の赤字は，外国為替市場において外国通貨の超過需要と自国通貨の超過供給が発生することを意味する。このため，国際収支が均衡を回復するまで為替レートが上昇する。

為替レートの上昇は，経常収支の改善を通じて IS 曲線と BP 曲線をともに右方にシフトさせる。図 9–3 では，IS_0 は IS_2 に，BP_0 は BP_2 にそれぞれシフトする。ただし，BP 曲線のシフト幅が IS 曲線のシフト幅を上回る。このような調整によって経済は E_1 点から E_2 点へと移動し，E_2 点では，為替レートの上昇による経常収支の改善と，利子率の反転上昇による金融収支の悪化（改善幅の抑制）によって国際収支の赤字が解消される。

貨幣供給の増加により，経済は E_0 点から E_2 点へと移行し，Y_0 から Y_2 への所得の増加と r_0 から r_2 への利子率の低下が生じる。所得の拡大は，利子率の低下が投資需要を喚起することと，為替レートの上昇が経常収支を改善させることによってもたらされる。固定為替レート制のもとでの金融政策は「自律性」を喪失し，所得の調整に無力であったが，変動為替レート制下では景気の調整に有効な政策手段となることが明らかにされる。なお，最終均

図 9–3　貨幣供給の増加

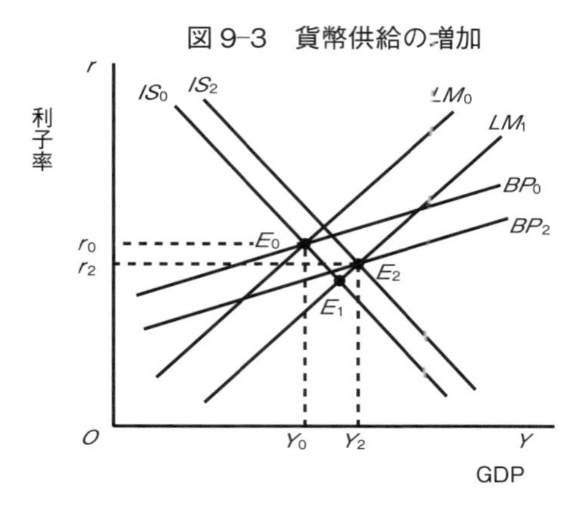

衡では経常収支と金融収支は同規模で改善する。

数式を用いて金融政策（$\Delta M>0$）の効果を確認しておく。まず，所得拡大効果は，

$$\Delta Y=\frac{\dfrac{b+f}{h}}{1-c+(b+f)\dfrac{k}{h}}\Delta M$$

である。この式の分数部分が変動為替レート制下の**金融政策乗数**である。資本移動の利子感応度が大きいほど，金融政策の所得拡大効果は大きくなる。

貨幣供給の増加に伴い，利子率の低下，為替レートの上昇，経常収支の改善が生じる。これらは以下の式によって示される。

$$\Delta r=-\frac{1-c}{h(1-c)+k(b+f)}\Delta M$$

$$\Delta e=\frac{f(1-c)+m(b+f)}{(x+z)\{h(1-c)+k(b+f)\}}\Delta M$$

$$\Delta NX=\frac{f(1-c)}{h(1-c)+k(b+f)}\Delta M$$

Column　期待インフレ率の上昇

期待インフレ率π^eの上昇は，名目利子率$r+\pi^e$の上昇を通じて貨幣の投機的需要を減少させる。貨幣供給と所得が一定であれば，実質利子率rの低下に伴う貨幣の投機的需要の増加によって貨幣市場は均衡を回復する。期待インフレ率の上昇はLM曲線を右方にシフトさせる効果をもつわけである。

図9-3で説明した貨幣供給の増加のケースと同様に，LM曲線が右方にシフトすると，国際収支は赤字になる。このため，為替レートの上昇が生じ，国際収支の赤字が解消される。為替レートの上昇は，経常収支の改善を通じてIS曲線とBP曲線をともに右方にシフトさせる。この結果，期待インフレ率の上昇は，実質利子率rの低下に伴う投資需要の増加と，為替レートの上昇に伴う経常収支の改善を通じてGDPを押し上げる（正確にいうと，期待インフレ率を扱う場合，図9-3の縦軸は「実質利子率」になる）。なお，名目利子率$r+\pi^e$は上昇する。期待インフレ率の上昇は裁量的な金融政策の効果と

同じになる。あらかじめ目標となる物価上昇率を設定し，それをめざして金融政策を発動する**インフレ・ターゲット**の成否は期待インフレ率が上昇するか否かによる。

2-3　外国経済の変化

初期均衡は IS_0，LM，BP_0 の交点 E_0 で与えられ，均衡 GDP は Y_0，均衡利子率は r_0 であり，当初の国際収支は均衡している。また，資本移動の利子感応度が大きく，BP 曲線は LM 曲線より緩やかに描かれるとする。

(1) 外国所得の変化

外国所得の増加によって，自国では輸出の増加（経常収支の改善）が生じる。これは，IS 曲線の右方シフトに加えて，BP 曲線の右方シフトも引き起こす。ただし，BP 曲線のシフト幅が IS 曲線のシフト幅を上回る（186ページの脚注を参照）。図 9-4 では，外国所得の増加によって IS_0 が IS_1 に，BP_0 が BP_1 にシフトする。経済は E_0 点から E_1 点に移動するが，E_1 点では生産物市場と貨幣市場は均衡するものの，国際収支は黒字の状態にある。このとき，為替レートが低下することで国際収支が均衡を回復する。為替レートの低下は，経常収支の悪化を通じて IS 曲線と BP 曲線をともに左方にシフトさせる。国際収支が黒字であるかぎり為替レートの低下は続き，結局，IS 曲線は初期の IS_0 に，BP 曲線も当初の BP_0 に押し戻される。経済は E_0 点

図 9-4　外国所得の増加

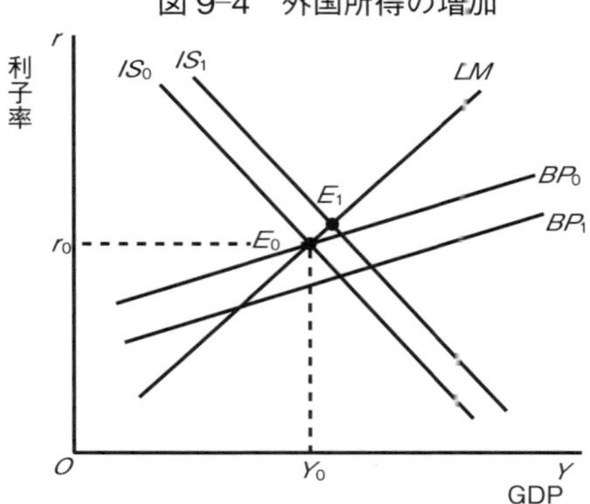

に落ち着き，所得と利子率は不変となる。

外国所得の増加による自国の GDP への影響は$\Delta Y / \Delta Y^* = 0$，利子率への効果も$\Delta r / \Delta Y^* = 0$である。また，為替レートへの効果は，

$$\Delta e = -\frac{m^*}{x+z}\Delta Y^*$$

になり，外国所得の増加に伴う輸出拡大が為替レートの低下によって完全に打ち消されることがわかる。さらに，経常収支も一定に維持される（$\Delta NX / \Delta Y^* = 0$）。外国所得の増加に対して，為替レートが低下することで自国経済への波及は遮断される。これは，変動為替レート制に内包される内外経済の**隔離機能**とよばれる。

(2)　外国利子率の変化

外国が金融緩和を実施し，外国利子率が低下するとしよう。外国利子率の低下は自国利子率を相対的に高め，自国への資本移動（対内投資）を促す。これは *BP* 曲線を下方にシフトさせる効果をもつ。一定の所得のもとで国際収支が均衡を維持するには，自国利子率も低下し，金融収支が一定に保たれることが必要だからである。図 9–5 では BP_0 が BP_1 にシフトし，初期均衡の E_0 点では内外金利差から金融収支が悪化し，国際収支の黒字が発生する。変動為替レート制下では，国際収支黒字が解消されるまで為替レートが低下する。

図 9–5　外国利子率の低下

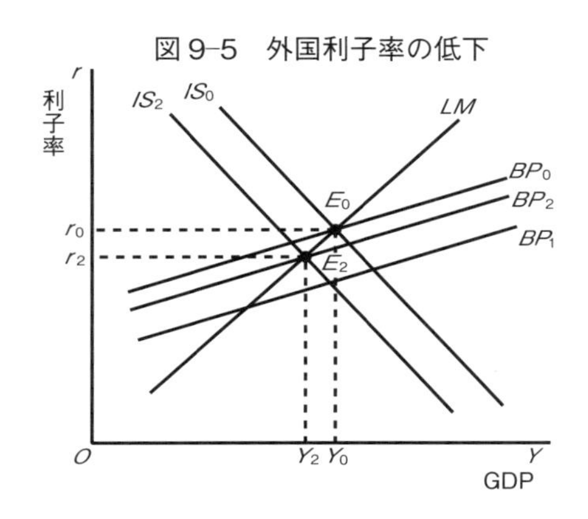

為替レートの低下は経常収支の悪化を引き起こし，*IS* 曲線と *BP* 曲線をともに左方にシフトさせる。図 9-5 では IS_0 が IS_2 に，BP_1 が BP_2 にシフトする。ただし，*BP* 曲線のシフト幅が *IS* 曲線のシフト幅を上回る。外国利子率が低下した場合，経済が E_0 点から E_2 点に移動することで生産物市場，貨幣市場，国際収支の同時均衡が実現する。当初　E_0 点で発生した国際収支の黒字は，為替レートの低下に伴う経常収支の悪化と，自国利子率の低下に伴う金融収支の改善（悪化幅の抑制）によって是正される。

最終均衡点は E_2 であり，所得は Y_0 から Y_2 に減少し，自国利子率は r_0 から r_2 に低下する。利子率の低下により投資需要に喚起されるが，為替レートの低下が経常収支を悪化させ，所得の減少をもたらす。国際間では利子率の動きを通じて波及効果が生じるわけである。外国の金融緩和（外国利子率の低下）は，固定為替レートのもとでは自国所得を押し上げるが，変動為替レートのもとでは自国所得を減少させることになる。

つぎの式から，外国利子率の低下（$\Delta r^* < 0$）は，金融収支の悪化（為替レートの低下による経常収支の悪化）を通じて所得を減少させることが示される。

$$\Delta Y = \frac{f}{1 - c + (b+f)\dfrac{k}{h}} \Delta r^*$$

利子率，為替レート，経常収支の変化はつぎのとおりである。

$$\Delta r = \frac{f\dfrac{k}{h}}{1 - c + (b+f)\dfrac{k}{h}} \Delta r^*$$

$$\Delta e = \frac{f(1 - c + m + b\dfrac{k}{h})}{(x+z)\left\{1 - c + (b+f)\dfrac{k}{h}\right\}} \Delta r^*$$

$$\Delta NX = \frac{f(1-c+b\frac{k}{h})}{1-c+(b+f)\frac{k}{h}}\Delta r^*$$

自国利子率の低下幅は外国利子率の低下幅より小さく，ここから金融収支は悪化する。また，為替レートの低下と経常収支の悪化が生じることがわかる。

3　完全資本移動と財政・金融政策

ここでは，完全資本移動（$f=\infty$）のもとでの財政・金融政策の効果を検討する。

3-1　財政政策

図 9-6 (a) において，初期均衡が IS_0，LM，BP の交点 E_0 で与えられ，均衡 GDP は Y_0，利子率は $r=r^*$ である。また，当初の国際収支は均衡している。

政府支出の増加によって IS_0 が IS_1 に移動し，それに応じて経済は E_0 点から E_1 点に移行する。E_1 点は IS 曲線と LM 曲線の交点であるから生産物市場と貨幣市場は均衡しているが，BP 曲線の上方に位置し，国際収支は黒字の状態にある。所得拡大によって経常収支は悪化し，自国利子率が外国利子率を上回って金融収支も悪化する。完全資本移動下では瞬時かつ大規模な資本移動が発生し，経常収支と金融収支の差である国際収支は黒字になる。

国際収支が黒字の場合，為替レートは低下し，経常収支の悪化を通じて IS 曲線を左方にシフトさせる。国際収支の黒字が解消されるまで為替レートの低下が続き，IS 曲線は IS_0 にシフトし，経済は初期均衡の E_0 点に押し戻される。政府支出の増加が生じたとしても所得は Y_0 で不変であり，財政政策は所得拡大に無力になる。利子率は一定であるから投資需要は変化せず，政府支出の増加は為替レートの低下に伴う経常収支の悪化によって完全に相殺される。すなわち**完全なクラウディング・アウト**が発生する。

完全資本移動下の財政政策（$\Delta G>0$）の所得への効果は $\Delta Y / \Delta G = 0$

図 9-6　完全資本移動

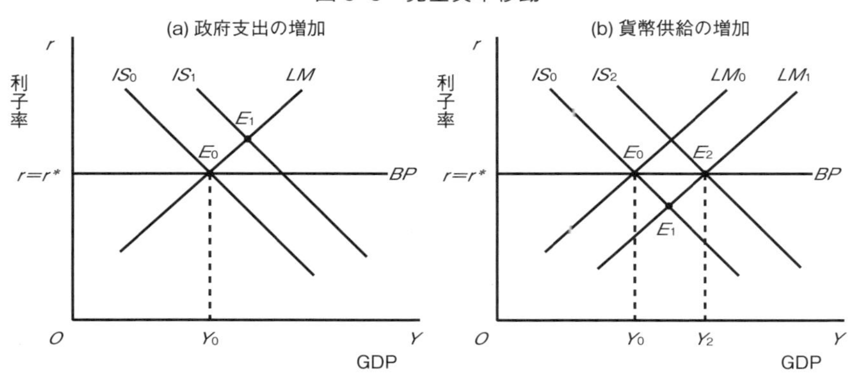

である。また，自国利子率 r は外国利子率 r^* の水準で変わらない。為替レートと経常収支への影響は以下のとおりであり，為替レートの低下，政府支出の拡大と同規模の経常収支の悪化が生じることが示される。

$$\varDelta e = -\frac{1}{x+z}\varDelta G$$

$$\varDelta NX = -\varDelta G$$

Column　貿易政策の効果

変動為替レートのもとでの貿易政策の効果を検討する。自国が輸入数量制限を課すと，当初，輸入の減少（経常収支の改善）が生じ，図 9-6 (a) のように，*IS* 曲線が右方にシフトする。このとき，国際収支の黒字が発生する。変動為替レート制下では，国際収支の均衡が回復するまで為替レートの低下が続く。為替レートの低下は，当初の経常収支の改善を完全に打ち消し，所得や経常収支を初期均衡の水準に押し戻す。

固定為替レートのもとでの輸入数量制限は，経常収支の改善を通じて所得を押し上げる効果をもつ。他方，変動為替レートのもとでは，輸入数量制限を課したとしても，所得や経常収支には何ら影響を与えることがない。

3-2　金融政策

図 9-6 (b) において，初期均衡が IS_0，LM_0，BP の交点 E_0 で与えられ，均衡 GDP は Y_0，利子率は $r = r^*$ であり，当初の国際収支は均衡している。

貨幣供給が増加すると，LM 曲線が LM_0 から LM_1 にシフトし，経済は E_1 点へと移行する。E_1 点では，生産物市場と貨幣市場は均衡しているが，国際収支は赤字である。これは，所得の増加に伴って経常収支が悪化することと，自国利子率が低下して金融収支が改善することによる。国際収支が赤字の場合，為替レートは上昇する。これは経常収支の改善を引き起こし，IS 曲線を IS_0 から IS_2 にシフトさせ，経済を E_2 点に移行させる。利子率は外国利子率 r^* の水準で一定であるから投資支出も不変であり，経常収支の改善を通じて所得が Y_0 から Y_2 に拡大する。

金融政策（$\Delta M > 0$）が所得，為替レート，経常収支におよぼす効果は，

$$\Delta Y = \frac{1}{k}\Delta M$$

$$\Delta e = \frac{1-c+m}{k(x+z)}\Delta M$$

$$\Delta NX = \frac{1-c}{k}\Delta M$$

であり，為替レートの上昇に伴う経常収支の改善を通じて所得拡大が生じることがわかる。

Column　完全雇用下の財政・金融政策

物価の動きを考慮した生産物市場，貨幣市場，国際収支の均衡条件は 193 ページの Column で示したとおりである。完全雇用のもとで，財政政策は，為替レートの低下を通じて完全なクラウディング・アウトを招き，所得や物価に影響を与えない。

図 A は金融政策の効果を描いている。Y_0 は**完全雇用 GDP** にあたる。名目貨幣供給 M が増加すると，LM_0 は LM_1 にシフトする。このとき，国際収支赤字を通じて為替レートが上昇し，IS_0 は IS_2 にシフトする。所得は Y_0 から Y_2 に拡大するが，Y_2 は完全雇用 GDP（Y_0）より大きく，物価が上昇しはじ

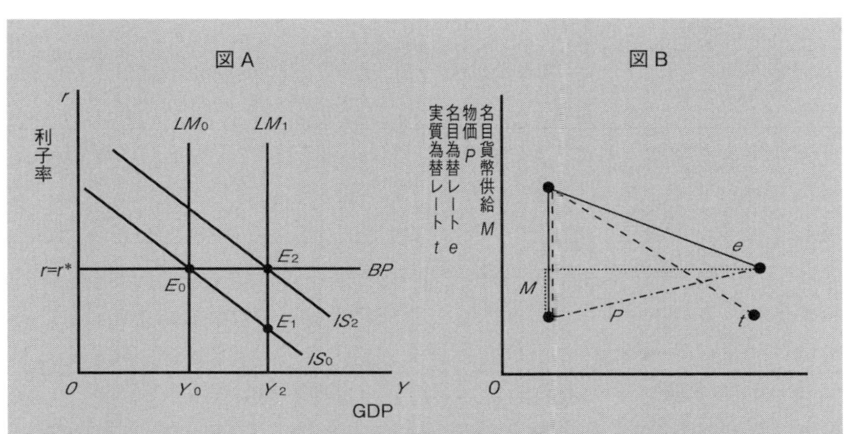

める。生産物市場では，自国財の価格競争力の低下によって IS_2 は IS_0 に，貨幣市場では，実質貨幣供給 $M／P$ の減少を通じて LM_1 は LM_0 に押し戻される。

最終的に，所得 Y，利子率 r は一定であり，生産物市場では，名目為替レート e の上昇と物価 P の上昇が一致して購買力平価が成り立ち，実質為替レート $eP^*／P$ は不変となる。それゆえ，経常収支も一定である。貨幣市場では，物価の上昇によって実質貨幣供給が一定に維持される。名目貨幣供給 M，物価 P，名目為替レート e は同率で変化し，**貨幣の中立性**が成立する。

図Bは，名目貨幣供給 M の増加に伴う名目為替レート e，実質為替レート $eP^*／P$，物価 P の動きを示している。名目貨幣供給が拡大すると，当初，物価は一定に維持され，名目為替レートと実質為替レートが同じだけ上昇する。これは図Aにおける E_0 点から E_2 点への動きと対応する。つぎに物価が上昇すると，名目為替レートが反転して低下し，実質為替レートも低下する。これは図Aにおける E_2 点から E_0 点への動きと一致する。ここから，E_2 点における名目為替レートは，最終均衡点 E_0 における名目為替レートに比べてオーバーシュートしていることがわかる。結果として，名目貨幣供給の増加率 $\Delta M／M$，物価の上昇率 $\Delta P／P$，名目為替レートの上昇率 $\Delta e／e$ が同じになり，実質為替レートは初期の均衡水準に押し戻される。

4 資本移動の完全制限と財政・金融政策

資本移動が完全に制限されているケース（資本収支 $F = 0$，資本移動の利子感応度 $f = 0$）における財政・金融政策を取り上げる。

4-1　財政政策

図 9-7 (a) において，初期均衡は IS_0，LM，NX_0 の交点 E_0 で得られ，均衡 GDP は Y_0，均衡利子率は r_0 である。E_0 点では，国際収支（経常収支）は均衡している。政府支出の増加は IS 曲線を IS_0 から IS_1 にシフトさせ，経済を E_0 点から E_1 点に移行させる。E_1 点は経常収支均衡曲線 NX_0 の右側に位置し，生産物市場と貨幣市場は均衡しているものの，経常収支は赤字になる。このため，為替レートは上昇し，経常収支の改善を通じて IS 曲線を右方に，また，NX 線も右方にシフトさせる。NX 曲線のシフト幅は IS 線のシフト幅より大きくなる。経常収支が赤字であるかぎり為替レートの上昇は続き，IS_1 が IS_2 に，NX_0 が NX_2 にそれぞれシフトし，経済が E_2 点に到達したところで生産物市場，貨幣市場，経常収支は同時に均衡する。

最終均衡は E_2 点で表され，所得は Y_0 から Y_2 に増加し，利子率は r_0 から r_2 に上昇する。E_1 点で生じた経常収支の赤字は為替レートの上昇によって

図 9-7　資本移動の完全制限

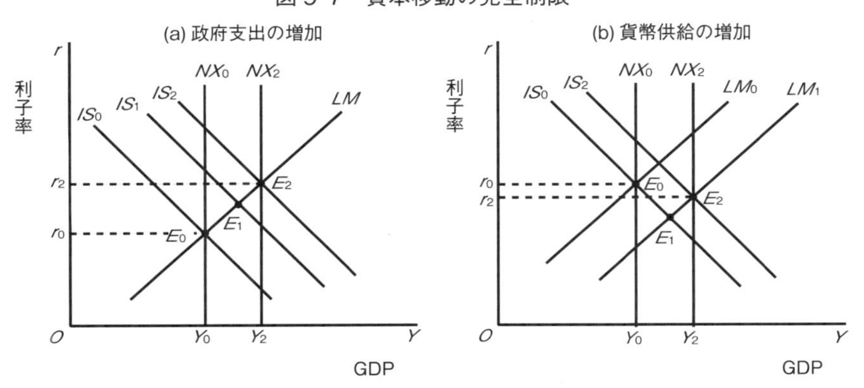

相殺される。資本移動が完全に制限されている場合，政府支出の増加が生じたとしても経常収支は不変である（$\Delta NX / \Delta G = 0$）。

財政政策（$\Delta G > 0$）の効果を数式によって求めると，つぎのように表される。

$$\Delta Y = \frac{1}{1 - c + b\dfrac{k}{h}} \Delta G$$

$$\Delta r = \frac{k}{h(1-c) + bk} \Delta G$$

$$\Delta e = \frac{m}{(x+z)\left(1 - c + b\dfrac{k}{h}\right)} \Delta G$$

政府支出の増加は所得拡大をもたらすが，**財政政策乗数**は，国際取引が存在しない閉鎖経済下の乗数と同じになる。資本移動が発生しない場合，為替レートの変動を通じて経常収支はつねにゼロに維持されるからである。利子率の上昇も閉鎖経済と同じである。政府支出の増加によって利子率の上昇が投資需要を減退させ，閉鎖経済と同様のクラウディング・アウトを引き起こす。為替レートは経常収支の均衡を保つように上昇する。

財政政策の所得拡大効果は，資本移動が完全に制限されているもとで最大になり，資本移動の利子感応度が高くなるにつれて小さくなることがわかる。

4-2　金融政策

図9-7（b）では，当初，IS_0，LM_0，NX_0 の交点 E_0 で均衡し，均衡GDPは Y_0，均衡利子率は r_0 である。また，E_0 点での経常収支は均衡している。

貨幣供給が増加すると，LM 曲線が右方にシフトし，LM_0 は LM_1 に移動する。E_1 点では，生産物市場と貨幣市場は均衡するが，経常収支赤字が生じている。このため，為替レートは上昇し，経常収支を改善するように作用する。このため，IS 曲線と NX 線はともに右方にシフトし，IS_0 は IS_2 に，NX_0 は NX_2 に動く。ただし，IS 線のシフト幅は NX 曲線のシフト幅を下回る。経常収支の赤字が完全に解消されるまで為替レートの上昇が続き，経済

は E_1 点から E_2 点に変化する。

貨幣供給の増加によって均衡は E_0 点から E_2 点に移行し，Y_0 から Y_2 への所得の増加と r_0 から r_2 への利子率の低下が生じる。経常収支は均衡を保つから，利子率の低下が投資需要を喚起することで所得が押し上げられる。また，E_1 点における経常収支赤字は為替レートの上昇によって完全に打ち消される。それゆえ，資本移動が制限されている場合，金融政策は経常収支に影響をおよぼさない（$\Delta NX / \Delta M = 0$）。

金融政策（$\Delta M > 0$）が所得，利子率，為替レートに与える影響は，

$$\Delta Y = \frac{\frac{b}{h}}{1 - c + b\frac{k}{h}} \Delta M$$

$$\Delta r = -\frac{1 - c}{h(1 - c) + bk} \Delta M$$

$$\Delta e = \frac{bm}{(x + z)\{h(1 - c) + bk\}} \Delta M$$

である。**金融政策乗数**も閉鎖経済下の乗数と一致し，利子率の低下が投資需要を刺激することで所得を増加させる。また，為替レートは上昇する。資本移動が制限されている場合，金融政策の所得拡大効果は最小になる。資本移動の利子感応度が大きくなるにつれて金融政策の所得拡大効果は大きくなり，完全資本移動下で最大になる。

5　経済安定化と財政・金融政策の割り当て

変動為替レート制のもとでは，内生変数は所得，利子率，為替レートであり，政府支出と貨幣供給という2つの政策手段を発動して**経済安定化**を実現することになる。

5-1　国内均衡曲線，目標利子率曲線，目標為替レート曲線

基本モデル(1)式～(3)式から，国内均衡曲線，目標利子率曲線，目標為替

レート曲線を導き出す。図9–8では，縦軸に貨幣供給Mを，横軸に政府支出Gをはかっている。

国内均衡曲線は，**完全雇用GDP**を維持する政府支出と貨幣供給の組み合わせの軌跡である。図9–2，図9–3でみたように，不完全資本移動下では，財政政策（政府支出の増加）と金融政策（貨幣供給の増加）はともに所得の拡大をもたらす。このため，完全雇用GDPを維持するには，政府支出の増加に伴う所得の拡大が，貨幣供給の減少に伴う所得の縮小によって相殺されなければならない。図9–8において，この関係は国内均衡曲線Yとして描かれる。また，Y曲線より右側の領域では景気過熱の状態にあり，それより左側の領域では景気後退の状態にある。

政府支出Gの水準を一定として，減税（Tの減少）が実施されると，GDPの拡大が生じる。外国利子率r^*の上昇は，為替レートの上昇を通じて経常収支の改善をもたらし，GDPを拡大させる。期待インフレ率π^eの上昇は，実質利子率の低下を通じて投資支出を拡大させるとともに，為替レートの上昇によって経常収支を改善させる。これらの変化に対して，完全雇用GDPを維持するには，貨幣供給Mが減少することが必要になる。減税，外国利子率の上昇，期待インフレ率の上昇は国内均衡曲線Yを下方にシフトさせる。

完全雇用GDPを$\overline{Y}$で表し，(1)式～(3)式から国内均衡曲線を導出すれば（簡単化のため外国所得Y^*は省略している），つぎの式を得る。

$$M = -\frac{h}{b+f}G - \frac{h}{b+f}\left[C_0 - cT + I_0 + fr^* + (b+f)\pi^e\right] + \frac{h}{b+f}\left[1 - c + (b+f)\frac{k}{h}\right]\overline{Y}$$

国内均衡曲線の傾きは$-h/(b+f)$である。貨幣需要の利子感応度hが小さいほど，投資の利子感応度bと資本移動の利子感応度fが大きいほど，国内均衡曲線は緩やかに描かれる。減税，外国利子率の上昇，期待インフレ率の上昇は縦軸切片を下方に変化させる。

目標利子率曲線は，利子率の目標値を一定に維持する政府支出と貨幣供給の組み合わせの軌跡である。不完全資本移動下では，政府支出の増加は利子

図 9–8　国内均衡曲線，目標利子率曲線，
目標為替レート曲線

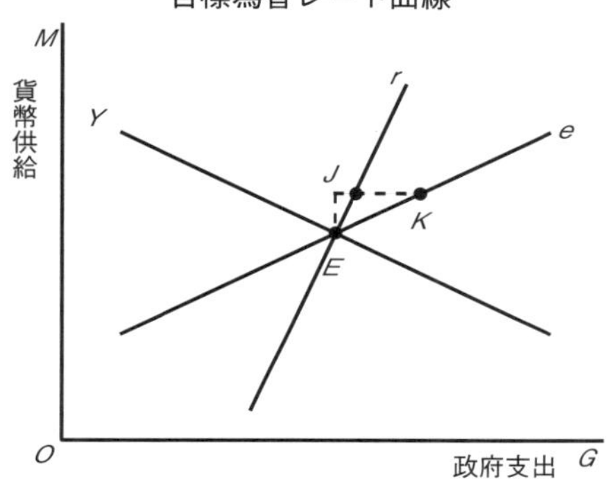

率を高め，貨幣供給の増加は利子率を低下させる。このため，利子率の目標値を保つには，政府支出の増加と貨幣供給の増加が同時に生じることが必要となる。ところで，利子率が一定に保たれる場合，国際収支の均衡条件から金融収支も一定に維持される。外国利子率 r^* を所与とすれば，目標利子率曲線は，金融収支（したがって経常収支）を一定に保つ政府支出と貨幣供給の組み合わせという側面をもつ。図 9–8 において，目標利子率曲線は右上がりの r として描かれる。r 曲線より右側（左側）の領域では，利子率の目標値と比較して実際の利子率は高い（低い）水準にある。

政府支出を一定とすれば，減税は利子率の上昇要因となり，目標利子率を維持するために，貨幣供給の拡大が必要になる。また，期待インフレ率の上昇は実質利子率を低下させるために，貨幣供給が減少することで実質利子率が一定に保たれる。さらに，外国利子率の上昇は自国利子率の上昇をもたらす。このため，貨幣供給が拡大することで利子率は一定値になる（厳密にいうと，目標利子率曲線は内外利子率の格差を一定に保つ政府支出と貨幣供給の組み合わせになる）。ここから，減税と外国利子率の上昇は r 曲線を上方に，また，期待インフレ率の上昇は r 曲線を下方にシフトさせる。なお，目標利子率 $\bar{r}$ そのものを引き下げた場合，貨幣供給を拡大させることが必要となり，r 曲線は上方にシフトする。

目標利子率を $\bar{r}$ で表し，(1)式〜(3)式から目標利子率曲線を導出すれば，

$$M=\frac{k}{1-c}G+\frac{k}{1-c}(C_0-cT+I_0+fr^*)-h\pi^e-\frac{h}{1-c}\left[1-c+(b+f)\frac{k}{h}\right]\bar{r}$$

を得る。目標利子率曲線の傾きは $k/(1-c)$ であり，減税と外国利子率の上昇は縦軸切片を上方に，期待インフレ率の上昇は切片を下方に移動させる。また，目標利子率 $\bar{r}$ の引き下げは切片を上方に変化させる。

目標為替レート曲線は，為替レートの目標値を維持する政府支出と貨幣供給の組み合わせの軌跡である。図 9–8 では，資本移動の利子感応度 f が大きい場合を想定し，目標為替レート曲線 e は右上がりに描かれている。資本移動性が高い場合，政府支出の増加は為替レートの低下をもたらし，それは貨幣供給の増加に伴う為替レートの上昇によって相殺される。図 9–8 において，e 曲線より上方（下方）の領域における為替レートは目標為替レートよりも上昇（低下）した状態にある。

政府支出を一定とした場合，減税は為替レートを低下させる。目標為替レートを維持する場合，貨幣供給を増加させることが必要である。外国利子率の上昇と期待インフレ率の上昇は為替レートの上昇要因になる。それゆえ，貨幣供給を減少させることで目標為替レートが保たれる。ここから，減税は e 曲線を上方に，外国利子率の上昇や期待インフレ率の上昇は e 曲線を下方にシフトさせる。また，目標為替レート $\bar{e}$ そのものを上昇させた場合，貨幣供給を拡大させることが要請され，e 曲線は上方にシフトする。

目標為替レートを $\bar{e}$ で表せば，(1)式～(3)式から目標為替レート曲線は，

$$M=\frac{fk-hm}{f(1-c+m)+bm}G+\frac{fk-hm}{f(1-c+m)+bm}(C_0-cT+I_0)$$
$$-\frac{fh\left(1-c+m+b\frac{k}{h}\right)}{f(1-c+m)+bm}r^*-h\pi^e+\frac{h(x+z)\left[1-c+(b+f)\frac{k}{h}\right]}{f(1-c+m)+bm}\bar{e}$$

になる。目標為替レート曲線の傾きは $(fk-hm)/[f(1-c+m)+bm]$ であり，分子は $fh\left(\frac{k}{h}-\frac{m}{f}\right)$ になるから，資本移動の利子感応度が大きく，LM 曲線の傾き k/h が BP 曲線の傾き m/f より大きければ，e 曲線は右上がりに描かれる。また，減税は縦軸切片を上方に，期待インフレ率の上昇

と外国利子率の上昇は切片を下方に変化させる。目標為替レート$\bar{e}$そのものを上昇させれば，縦軸切片は上方に移動する。

図9-8では，目標利子率曲線rと目標為替レート曲線eはともに右上がりになるが，前者のほうが急な形状で描かれる。いまE点から貨幣供給を増加させてみる。貨幣供給の増加に伴う利子率の低下は，政府支出の増加による利子率の上昇によって相殺され，J点において目標利子率が維持される。国際収支をみれば，目標利子率が一定であるために金融収支は不変であり，経常収支も一定である。経常収支$(x + z)e - mY$をみれば，E点からJ点への過程で，貨幣供給の増加と政府支出の増加は，所得Yの増加を通じて経常収支を悪化させる。つまり，J点では経常収支を一定に保つために，所得Yの増加に伴う経常収支の悪化が，為替レートeの上昇に伴う経常収支の改善によって打ち消される必要がある。J点における為替レートは，E点における目標為替レートよりも上昇することになる。このため，目標為替レートを維持するには，政府支出がK点まで拡大し，為替レートが低下することが必要である。これが，r曲線がe曲線より急に描かれる理由である。

図9-8では，国内均衡曲線Y，目標利子率曲線r，目標為替レート曲線eの交点Eにおいて，完全雇用GDP（$\bar{Y}$），目標利子率$\bar{r}$，目標為替レート$\bar{e}$が同時に実現する。

5-2　財政・金融政策の割り当て

図9-9をもとに，経済安定化と財政・金融の役割を考える。当初，経済がA点に位置している。A点は，国内均衡曲線Yの左側，目標利子率曲線rの左側，目標為替レート曲線eの右側に位置している。それゆえ，不完全雇用，目標値を下回る利子率，目標値よりも低下した為替レートという状況にある。財政政策（政府支出）および金融政策（貨幣供給）を用いて，経済安定化点Eをめざすことになる。

まず，B点において目標為替レートを実現するように，貨幣供給を増加させる。貨幣供給の拡大幅は国内均衡を実現するには不十分であるが，利子率の低下による投資支出の増加と対外投資の拡大すなわち金融収支の改善（為替レートの上昇による経常収支の改善）を通じて，所得の増加と雇用の拡大に寄与する。しかし，B 点では，利子率はその目標値よりも低下している。このため，C 点をめざして政府支出の増加を図る。国内需要の拡大は，所得・雇用の拡大と利子率の上昇を引き起こし，C 点において目標利子率が維持される。C 点では国内均衡に近づくが，為替レートは目標値より低下しているから，つぎに貨幣供給の増加を図り，D 点において目標為替レートを回復することが必要とされる。

このように，金融政策は為替レートを調整することに効果を発揮する。また，財政政策は金融政策を補完し，需要の創出を通じて利子率を補整的に調整することに効力をもつ。為替レートと利子率の目標値（ターゲット）を設定したうえで，上述のような政策割り当てを行うことで経済の安定化を実現する E 点に収束する。

ところで，目標利子率と目標為替レートの水準を修正することで，経済安定化への調整過程を変更することが可能である。目標利子率を低下させる場合，所与の政府支出のもとで貨幣供給を拡大させることが必要である。これは，目標利子率曲線が上方にシフトすることを意味する。さきに示した目標利子率曲線の式から，$\bar{r}$ の低下によって縦軸切片が上方に移動することがわかる。また，目標為替レートを上昇させた場合にも，所与の政府支出のもとで貨幣供給を増加させることが必要になる。この結果，目標為替レート曲線が上方にシフトする。目標為替レート曲線の式から，$\bar{e}$ の上昇は縦軸切片を上方に移動させることが確認できる。

図 9–9　経済安定化と財政・金融政策

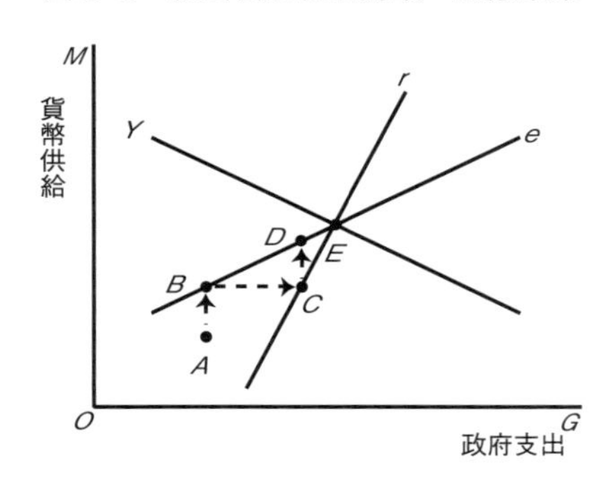

図 9–10　目標利子率と目標為替レートの調整

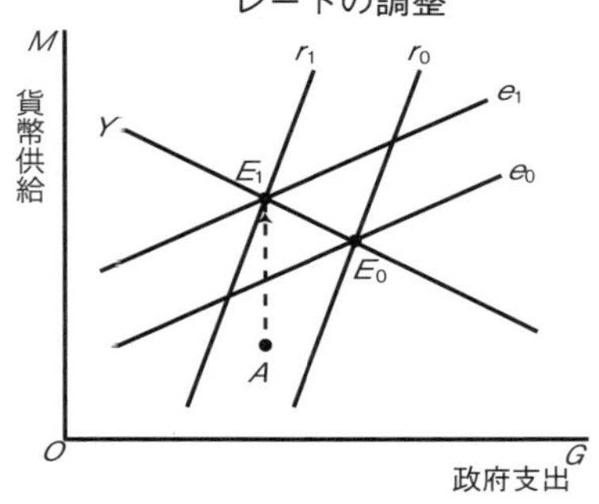

図 9−10 は，利子率と為替レートの目標値を修正したケースを描いている。たとえば，経済安定化の目標を E_0 点から A 点の真上に位置する E_1 点に変更する場合を考える。このとき，目標利子率の引き下げと目標為替レートの上昇を図ることで，目標利子率曲線は r_0 から r_1 にシフトし，目標為替レート曲線は e_0 から e_1 にシフトする。このような利子率と為替レートのターゲットの修正により，金融政策に依存して経済安定化をめざすことになる。

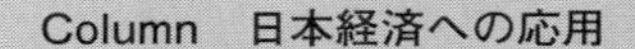

Column　日本経済への応用

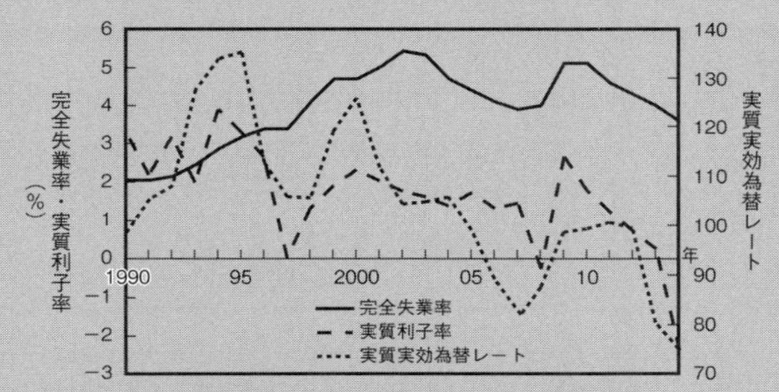

（注）　実質利子率は，国債流通利回り（10 年物）と消費者物価指数上昇率（2010 年を 100）との差
　　　実質実効為替レート（2010 年を 100）は，数値が大きいほど実質円高を示す。
資料：内閣府『経済財政白書（長期経済統計）』2015 年，日本銀行ホームページ

本文中で述べた政策割り当ては，利子率と為替レートの調整を通じて完全雇用を実現し，経済安定化をめざすものである。図は完全失業率，実質利子率，実質実効為替レートを示している。完全失業率は国内均衡にかかわる指標である。国内均衡の実現とは完全失業率を低下させることにほかならない。

ここで，実質利子率と実質為替レートの連動性を読みとることができる。つまり，実質利子率の低下（上昇）は実質円安（実質円高）を生じさせる。趨勢的には，実質利子率は低下傾向にあり，それに応じて実質為替レートも円安の方向に動いている。また，実質利子率が高く，実質円高になると，完全失業率が上昇している。反対に，実質利子率が低下し，為替レートが実質円安に転じると，完全失業率は低下している。利子率と為替レートの調整によって経済の安定化を図ることは有効な手段と考えられる。

目標とする為替レートの水準は 150 ページの Column で取り上げた購買力平価にあたる。この場合，物価の動きも考慮することになるが，目標為替レー

トに向けて利子率を調整することが必要になる。

6 財政・金融政策の国際的波及効果*

ここでは，小国の仮定を緩和し，**2国モデル**のもとで国際的な経済の相互依存を考慮して，財政・金融政策の効果を検討する。

6-1　基本モデル

まず，2国モデルの基本形を提示する。物価の硬直性の仮定から，単純化のために，自国の物価 P と外国の物価 P^* を1とする。また，初期の為替レート e も1とする。

自国の生産物市場の均衡条件はこれまでと同様である（ただし，$C_0 = T = I_0 = 0$ とする）。

$$Y = cY - br + G + m^*Y^* - mY + (x + z)e$$

外国の生産物市場の均衡条件は，

$$Y^* = c^*Y^* - b^*r^* + G^* - \frac{m^*Y^* - mY + (x+z)e}{e}$$

である（外国の変数は右肩に＊を付し，簡単化のために $C_0^* = T_0^* = I_0^* = 0$ とする）。外国の経常収支は，自国の経常収支を為替レート e で除し，マイナスを付したものに等しい。

自国と外国の貨幣市場の均衡条件はそれぞれ，

$$M = kY - hr$$

$$M^* = k^*Y^* - h^*r^*$$

である。

また，完全資本移動を前提とすれば，金利裁定条件

$$r = r^*$$

が成立する。

6-2　財政政策

図 9-11 (a) において，自国では IS_0 と LM_0 の交点 E_0 で均衡し，所得は Y_0 である。他方，図 9-11 (b) において，外国では IS_0^* と LM_0^* の交点 E_0^* で均衡し，所得は Y_0^* である。当初，金利裁定が成り立ち，自国利子率と外国利子率は $r_0 = r_0^*$ において均等化している。

図 9-11 (a) において，自国の政府支出の増加は IS 曲線を IS_0 から IS_1 へと右方にシフトさせる。経済は E_0 点から E_1 点に移り，所得は Y_0 から Y_1 に増加し，利子率は r_0 から r_1 に上昇する。自国所得の増加は輸入を誘発し，経常収支を悪化させる。他方，外国では，自国への輸出が増加し，経常収支が改善する。図 9-11 (b) において，外国の輸出拡大は IS 曲線を IS_0^* から IS_1^* へと右方にシフトさせるから，経済は E_0^* 点から E_1^* 点へと移動する。所得は Y_0^* から Y_1^* に増加し，利子率は r_0^* から r_1^* に上昇する。両国の利子率を比べると，自国の政府支出の増加は自国経済を大きく刺激すると考えられ，自国利子率が外国利子率を上回る（$r_1 > r_1^*$）。それゆえ，自国では対内投資が増加し，金融収支は悪化する。金融収支の悪化幅は経常収支の悪化幅を上回り，経常収支から金融収支を引いた国際収支は黒字になる（外国の国際収支は赤字である）。

つぎに，為替レートの調整を通じて国際収支の調整が図られる。国際収支黒字を解消するように為替レートは低下し，図 9-11 (a) では，経常収支の

図 9-11　政府支出の増加

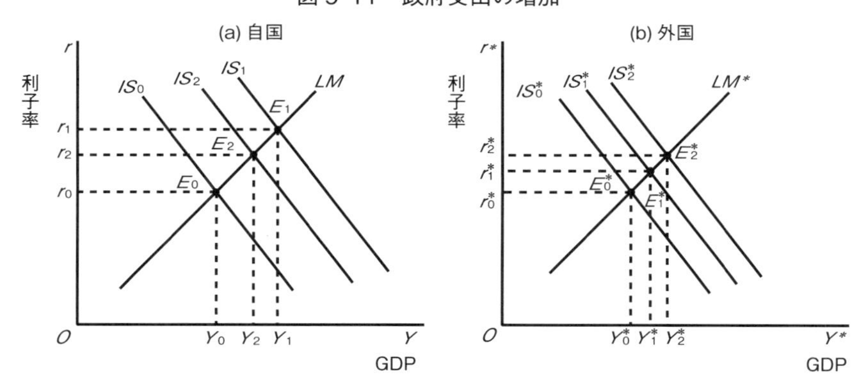

さらなる悪化が生じて IS_1 は IS_2 へと左方にシフトする。経済は E_1 点から E_2 点に移り，所得は Y_1 から Y_2 に減少し，利子率は r_1 から r_2 に低下する。他方，図 9–11 (b) において，外国では通貨価値の下落により経常収支の改善が進み，IS_1^*はIS_2^*へと右方にシフトする。IS 曲線のシフトにより，経済はE_1^*点からE_2^*点に動き，所得はY_1^*からY_2^*に拡大し，利子率はr_1^*からr_2^*に上昇する。自国利子率と外国利子率は $r_2=r_2^*$において再び均等化する。この調整過程では，為替レートの低下による経常収支の悪化幅の拡大と，利子率の反転低下に伴う金融収支の改善（悪化幅の抑制）から国際収支の均衡が回復する。完全資本移動下の小国モデルでは，政府支出の拡大は景気調整に無効となることが示されたが，2 国モデルでは，自国の政府支出の増加は，自国の所得と外国の所得をともに増加させる効果を発揮する。

政府支出の増加が自国と外国の所得，国際利子率，為替レートにおよぼす効果を求めれば，つぎの式が求められる。

$$\Delta Y=\frac{1}{1-c+\dfrac{k}{h}\left[b+b^*+(1-c^*)\dfrac{h^*}{k^*}\right]}\Delta G$$

$$\Delta Y^*=\frac{\dfrac{k}{h}\cdot\dfrac{h^*}{k^*}}{1-c+\dfrac{k}{h}\left[b+b^*+(1-c^*)\dfrac{h^*}{k^*}\right]}\Delta G$$

$$\Delta r=\frac{\dfrac{k}{h}}{1-c+\dfrac{k}{h}\left[b+b^*+(1-c^*)\dfrac{h^*}{k^*}\right]}\Delta G$$

$$\Delta e=\frac{m-\dfrac{k}{h}\left[b^*+(1-c^*+m^*)\dfrac{h^*}{k^*}\right]}{(x+z)\left[1-c+\dfrac{k}{h}\left\{b+b^*+(1-c^*)\dfrac{h^*}{k^*}\right\}\right]}\Delta G$$

以上から，自国の財政政策によって自国と外国の所得は拡大し，国際利子率は上昇することがわかる。しかし，為替レートの変動は確定できない。

ここで，両国の経済構造が同質（$c = c^*$，$b = b^*$，$m = m^*$，$k = k^*$，$h = h^*$）であると仮定して，財政政策の効果を示せば，

$$\Delta Y = \frac{1}{2\left[1 - c + b\dfrac{k}{h}\right]}\Delta G$$

$$\Delta Y^* = \frac{1}{2\left[1 - c + b\dfrac{k}{h}\right]}\Delta G$$

$$\Delta r = \frac{\dfrac{k}{h}}{2\left[1 - c + b\dfrac{k}{h}\right]}\Delta G$$

$$\Delta e = -\frac{1}{2(x + z)}\Delta G$$

を得る。自国の政府支出の増加によって，自国と外国の所得は同じ規模で拡大し，為替レートは低下することが明確になる。

6-3　金融政策

図 9-12 (a) において，自国の貨幣供給の増加は LM 曲線を LM_0 から LM_1 へと右方にシフトさせる。経済は E_0 点から E_1 点に動き，r_0 から r_1 への利子率の低下によって投資需要が刺激され，所得は Y_0 から Y_1 に拡大する。自国では所得拡大が輸入を増加させ，経常収支は悪化する。他方，外国では輸出の増加によって経常収支が改善し，図 9-12 (b) において，IS 曲線が IS^*_1 から IS^*_2 にシフトし，経済は E^*_0 点から E^*_1 点に移る。所得は Y^*_0 から Y^*_1 に増加し，利子率は r^*_0 から r^*_1 に上昇する。自国利子率と外国利子率は $r_1 < r^*_1$ という関係にあり，自国から外国への対外投資が拡大する。自国では，所得拡大に伴う経常収支の悪化と，内外利子率の格差に伴う金融収支の改善から国際収支赤字が生じる。

すると，国際収支赤字を調整するように為替レートが上昇する。これによって自国の経常収支は改善し，図 9-12 (a) において，IS_1 は IS_2 へと右方

図 9-12　貨幣供給の増加

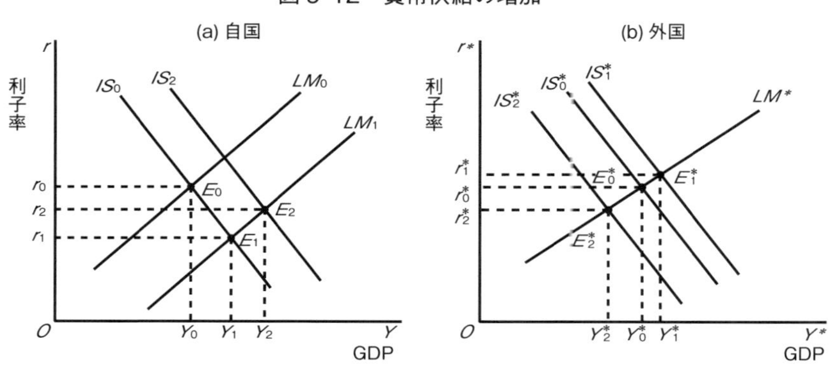

にシフトし，経済は E_1 点から E_2 点に移行する。所得は Y_1 から Y_2 に増加し，利子率は r_1 から r_2 に反転して上昇する。外国では，通貨価値の上昇から経常収支が悪化し，図 9-12 (b) において，IS_1^*はIS_2^*へと左方にシフトして経済はE_1^*点からE_2^*点に移動する。所得はY_1^*からY_2^*に減少し，利子率はr_1^*からr_2^*へと低下する。自国利子率の上昇と外国利子率の低下から，内外利子率は $r_2=r_2^*$において均等化する。この調整過程の中で，自国では，為替レートの上昇による経常収支の改善と，利子率の反転上昇による金融収支の悪化（改善幅の抑制）を通じて国際収支は均衡を回復する。

貨幣供給の増加は自国の所得を拡大させるが，外国の所得を減少させる。また，外国所得の減少に伴い，自国所得の増加が減殺され，2 国モデルにおける貨幣供給の所得拡大効果は，小国モデルの効果より小さくなる。小国モデルでは，貨幣供給の増加に伴う LM 曲線の右方へのシフト幅だけ所得が増加するからである。

つぎの式から，金融政策の発動によって自国の所得は増加するが，外国の所得は減少し，国際利子率の低下と為替レートの上昇が生じることが確認できる。

$$\Delta Y=\frac{b+b^*+(1-c^*)\dfrac{h^*}{k^*}}{h\left[1-c+\dfrac{k}{h}\left\{b+b^*+(1-c^*)\dfrac{h^*}{k^*}\right\}\right]}\Delta M$$

$$\Delta Y^* = -\frac{(1-c)\dfrac{h^*}{k^*}}{h\left[1-c+\dfrac{k}{h}\left\{b+b^*+(1-c^*)\dfrac{h^*}{k^*}\right\}\right]}\Delta M$$

$$\Delta r = -\frac{1-c}{h\left[1-c+\dfrac{k}{h}\left\{b+b^*+(1-c^*)\dfrac{h^*}{k^*}\right\}\right]}\Delta M$$

$$\Delta e = \frac{m\left[b+b^*+(1-c^*)\dfrac{h^*}{k^*}\right]+(1-c)\left[b^*+(1-c^*+m^*)\dfrac{h^*}{k^*}\right]}{h(x+z)\left[1-c+\dfrac{k}{h}\left\{b+b^*+(1-c^*)\dfrac{h^*}{k^*}\right\}\right]}\Delta M$$

自国の金融政策は，他国の犠牲のうえに自国の景気回復が実現するという**近隣窮乏化政策**（beggar-thy-neighbor policy）になる。近隣窮乏化は自国から外国への「失業の輸出」に等しい。ある国の経済行動は他国の経済に波及するという相互依存が高まる中で，主要国を中心に経済政策の調整を図る**国際政策協調**（international policy coordination）の枠組み（たとえば「金融世界経済に関する首脳会合 G20」など）が構築されている。国際政策協調は，93ページのColumnで述べた「囚人のジレンマ」を回避するとともに，近隣窮乏化に陥らないための仕組みとみることができる。

参考文献

本書は，

大畑弥七『国際貿易論』成文堂，1992年

のフレームワークを活かし，全面的に書き換えたものである。その際，

横山将義『経済政策』成文堂，2012年

の第Ⅲ部「国際経済の理論と政策」を取り入れて拡張を図っている。

また，執筆にあたっては以下に記した文献を参考にしている。本書は多くの先学の業績のうえに成り立っている。なお，著者自身のものは加筆・修正のうえで利用した。

1. 国際経済学（国際貿易論・国際金融論・国際マクロ経済学）

[1] 池間誠『国際貿易の理論』ダイヤモンド社，1979年
[2] 石井・清野・秋葉・須田・和気・ブラギンスキー『入門・国際経済学』有斐閣，1999年
[3] 石黒馨『国際経済学を学ぶ』ミネルヴァ書房，2012年
[4] 伊藤元重・大山道広『国際貿易』岩波書店，1985年
[5] 岩本武和『国際経済学 国際金融編』ミネルヴァ書房，2012年
[6] 大山道広『国際経済学』培風館，2011年
[7] 小田正雄『現代国際経済学』有斐閣，1997年
[8] 木村福成『国際経済学入門』日本評論社，2000年
[9] 小島清『多国籍企業の直接投資』ダイヤモンド社，1981年
[10] 小島清『海外直接投資のマクロ分析』文眞堂，1989年
[11] 小宮隆太郎・天野明弘『国際経済学』岩波書店，1972年
[12] 澤田康幸『国際経済学』新世社，2003年
[13] 須田美矢子『国際マクロ経済学』日本経済新聞社，1988年
[14] 高増明・野口旭『国際経済学』ナカニシヤ出版，1997年
[15] 中西訓嗣『国際経済学 国際貿易編』ミネルヴァ書房，2013年
[16] 村田安雄・里麻克彦『金融・為替と価格・投資』多賀出版，1995年
[17] 藪内・大川・柿元『国際経済学の基礎』中央経済社，1998年
[18] 横山将義『開放マクロ経済学と日本経済』成文堂，2003年
[19] 若杉隆平『国際経済学（第3版）』岩波書店，2009年
[20] ポール・クルーグマン／モーリス・オブズフェルド（山本章子訳）『クルーグマンの国際経済学 上（貿易編）・下（金融編）』丸善出版，2014年
[21] ハーバート・G・グルーベル（柴田裕他訳）『貿易と為替の理論・政策・歴史』成文堂，

1980年
[22] R・E・ケイブス／J・A・フランケル／R・W・ジョーンズ（伊藤隆敏監訳・田中勇人訳）『国際経済学入門　I（国際貿易編）・II（国際マクロ経済学編）』日本経済新聞社，2003年
[23] ハリー・G・ジョンソン（小島清監修・柴田裕訳）『国際貿易と経済成長』弘文堂，1970年
[24] ルーディガー・ドーンブッシュ（大山・堀内・米沢訳）『国際マクロ経済学』文真堂，1984年
[25] H・ロバート・ヘラー（木村滋・村上敦訳）『国際貿易論（第2版）』ダイヤモンド社，1983年
[26] ロバート・A・マンデル（渡辺・箱木・井川訳）『新版国際経済学』ダイヤモンド社，2000年

2. ミクロ経済学
[27] 嶋村・佐々木・横山・片岡・高瀬『入門ミクロ経済学』中央経済社，2002年
[28] 嶋村紘輝・横山将義『図解雑学ミクロ経済学』ナツメ社，2003年
[29] 嶋村紘輝『新版ミクロ経済学』成文堂，2005年
[30] ジョセフ・E・スティグリッツ／カール・E・ウォルシュ（藪下他訳）『スティグリッツ ミクロ経済学（第4版）』東洋経済新報社，2012年
[31] ポール・クルーグマン／ロビン・ウェルス（大山他訳）『クルーグマン ミクロ経済学』東洋経済新報社，2007年

3. マクロ経済学
[32] 嶋村・佐々木・横山・晝間・横田・片岡『入門マクロ経済学』中央経済社，1999年
[33] 嶋村紘輝『マクロ経済学』成文堂，2015年
[34] 廣松／R・ドーンブッシュ／S・フィッシャー『マクロ経済学 上・下』CAP出版，1998，1999年
[35] N・グレゴリー・マンキュー（足立・地主・中谷・柳川訳）『マンキュー マクロ経済学 入門編・応用編（第3版）』東洋経済新報社，2011，2012年

4　その他
[36] 早稲田大学ビジネス・エコノミクス研究会『ビジネスのための経済学入門』中央経済社，2015年

索引

サ　行

タ 行

ナ 行

ハ 行

マ　行

ヤ　行

ラ　行

著者紹介

大畑弥七（おおはた やしち）

早稲田大学名誉教授（故人）

主要著書

『日本の国際適応力』(編著) 有斐閣，1986 年
『国際貿易論』成文堂，1992 年
『アセアンの経済・日本の役割』(編著) 有斐閣，1992 年
『経済のグローバル化と日本経済』(共編著) 早稲田大学出版部，1998 年
『オープン・エコノミーと日本経済』(共著) 成文堂，1999 年

横山将義（よこやま まさのり）

1966 年　神奈川県生まれ
1989 年　早稲田大学商学部卒業
1994 年　早稲田大学大学院商学研究科博士後期課程単位取得
2001 〜 2003 年　オックスフォード大学 Visiting Scholar
現在　早稲田大学商学学術院教授　博士（商学）

主要著書

『経済のグローバル化と日本経済』（共編著）早稲田大学出版部，1998 年
『入門マクロ経済学』（共著）中央経済社，1999 年
『オープン・エコノミーと日本経済』（共著）成文堂，2003 年
『入門ミクロ経済学』（共著）中央経済社，2002 年
『図解雑学 ミクロ経済学』（共著）ナツメ社，2003 年
『開放マクロ経済学と日本経済』成文堂，2003 年
『経済政策』成文堂，2012 年
『ビジネスのための経済学入門』（共著）中央経済社，2015 年

国際経済学

2016年11月 1 日　初 版第 1 刷発行

著　者　大畑弥七
　　　　横山将義

発行者　阿部成一

〒162-0041　東京都新宿区早稲田鶴巻町514番地
発行所　株式会社　成文堂
電話 03（3203）9201　FAX 03（3203）9206
http://www.seibundoh.co.jp

製版・印刷・製本　シナノ印刷
©2016　Y. Ohata, M. Yokoyama　　Printed in Japan
☆落丁・乱丁本はおとりかえいたします☆
ISBN978-4-7923-4259-3 C3033　　検印省略
定価（本体2500円＋税）